3

4

5

6

Wally und Horst Hagen

Das Buch der Löwen

Rasch und Röhring Verlag

Sämtliche Fotos: Wally und Horst Hagen

Zeichnungen: Jutta Schütt, nach Fotovorlagen
von Wally und Horst Hagen oder nach deren Vorgaben

CIP-Titelaufnahme der Deutschen Bibliothek

Hagen, Wally:
Das Buch der Löwen / Wally und Horst Hagen
– Hamburg: Rasch und Röhring, 1992
ISBN 3-89136-461-X
NE: Hagen, Horst

Schutzumschlag: Peter Albers
Satzherstellung: Utesch Satztechnik, Hamburg
Druck- und Bindearbeiten: Ernst Uhl GmbH, Radolfzell
Printed in Germany

Inhalt

Prolog

Der Löwe – König der Tiere

Im ausgetrockneten Masek-See in der südlichen Serengeti steht ein Mähnenlöwe. Die tiefstehende Morgensonne modelliert mit rötlichem Licht und schwarzen Schatten ganze Pakete der sehr kräftigen Muskulatur seines Schultergürtels. Die Vorderbeine wirken wie aus dem Boden gewachsene Stämme, auf denen der massige Oberkörper mit dem dunkel gemähnten großen Kopf ruht. Die breiten Vorderpranken verleihen dem Tier etwas ausgesprochen Statisches. Der Löwe vermittelt den Eindruck erdgebundener Festigkeit. Die nicht weniger kräftigen Hinterbeine kontrastieren dazu wie gespannte Federn. Man ahnt, daß sie den schweren Körper jederzeit aus dem Stand losschnellen lassen können. Im Gegensatz zu den gestreckten Vorderbeinen sind die Hinterbeine ein wenig eingeknickt, eben sprungbereit. Die Hinterpranken liegen fest dem Boden auf.

Ohne uns Betrachtern auch nur den leisesten Hauch von Aufmerksamkeit zu widmen, steht der Löwe aufreizend lange an der gleichen Stelle, als wäre er erstarrt. Körper und Kopf sind bewegungslos. Ruhiger rhythmischer Atem hebt und senkt kaum merklich den Brustkorb. Die dunkle Schwanzquaste zeichnet harmonische Figuren in die Luft. Sie wandert langsam nach rechts und nach oben, dann berührt sie, ehe sie sich nach links wendet, fast den Boden. Ab und zu flickern die Ohren, offenbar als Reaktion auf die ersten zudringlichen Fliegen dieses Morgens. Im kaum spürbaren, sanften Luftzug wehen die Haare der Mähne sachte hin und her.

Dort, wohin der Löwe so lange seinen Blick richtet, haben wir nichts Auffälliges entdeckt. Jetzt wendet er den Kopf nach rechts und schaut in die offene Fläche. Auch dort erkennen wir nichts, was einen Löwen fesseln könnte. Nun mustert er erneut die Büsche in der vorigen Blickrichtung, wiederum über einen langen, uns ewig erscheinenden Zeitraum. Erneut sieht er dann nach rechts, auch diesmal endlos lange. Als ob Zeit für ihn nicht existiere, schaut er dann minutenlang nach links und wieder nach vorn. Alles geschieht in selbstsicherer Gemessenheit, ohne irgendeine erkennbare Hast.

Während der Löwe konzentriert in eine Richtung starrt, geht er das Risiko ein, nicht zu sehen, was hinter ihm geschieht. Angst scheint ihm fremd zu sein. Wer könnte es auch wagen, diesem mächtigen Löwen auf der Höhe seiner Kraft etwas anzutun? Sein Umherblicken gilt denn auch ganz ungerichtet nur der Durchmusterung seines Gebietes und offenkundig nicht der Aufdeckung einer tatsächlichen oder vermeintlichen Gefahr. Etliche Minuten stehen wir jetzt schon hier, ohne daß der Löwe Anstalten macht, etwas anderes zu erwägen, als unter Nichtachtung ablaufender Zeit in drei verschiedene Richtungen zu blicken. Gerade deshalb wirkt sein Verhalten mit den spärlichen Bewegungen so faszinierend.

Löwen verfolgen nicht ständig irgendein festes Ziel. Zwar lassen sich alle Lebensäußerungen auf bestimmte Ursachen und Auslöser zurückführen, dennoch sind Löwen nicht von dem uns Menschen so beherrschenden Imperativ getrieben, alle Handlungen müßten auf einen bestimmten Sinn oder Zweck gerichtet sein. Und erst recht muß für Löwen nicht alles so schnell wie möglich gehen.

Was mag dieser Löwe sehen? Was erwartet er? Welche Folgerungen ergeben sich für ihn aus dem, was er gesehen oder vielleicht nicht gesehen hat? Sollen wir, dürfen wir solche Fragen überhaupt stellen? Muß denn überhaupt alles hinterfragt, registriert, analysiert und schließlich auch noch gedeutet werden? Unersättlicher Explorationsdrang zwingt den Menschen, seine Kenntnisse von der Welt unaufhörlich zu erweitern, auch sein Wissen vom Leben des Löwen. Aber Wißbegierde muß nicht immer unser gesamtes Leben beherrschen. Kontemplatives Schauen mit vorbehaltloser Öffnung der Sinne und der Seele hat als menschliche Lebensäußerung und zugleich als Methode zur Bewältigung unseres Lebens die gleiche Berechtigung wie der Einsatz unseres Verstandes.

Im eigenen Lebensraum zu stehen und lange umherzusehen, ist für einen Löwen nicht Zweck, nicht Ursache, nicht Folge von irgend etwas Wichtigem, es ist einfach Leben. Es ist Lebendigsein, prall erfülltes Dasein. Von dieser Zweckfreiheit geht Würde aus. Solch ein Anblick verdrängt die Rastlosigkeit unseres Alltags in unendliche Ferne.

Nachdem der Löwe gemessen schreitend im Busch verschwunden ist, reflektieren wir über den Eindruck, den er bei uns hinterlassen hat. Unser persönliches Verhältnis zu den Tieren schließt aus, sie zu vermenschlichen. Wir vermeiden das mit gedanklicher Sorgfalt, selbst wenn man mit anthropomorphen Gleichnissen manche Sachverhalte besonders deutlich ausdrücken und gleichzeitig dabei richtigstellen könnte, daß eine tatsächliche Gleichsetzung von Mensch und Tier nicht gemeint ist. Auch solche Anthropomorphismen in Anführungszeichen zu setzen oder als »sogenannte« darzustellen, bleibt problematisch. Man kann Anführungszeichen nicht sprechen. Trotz dieses gewichtigen Vorbehaltes fanden wir unseren Löwen »doch wirklich majestätisch«. »Sieht er nicht stolz aus?« »Ein wahrhaft königliches Tier!« Wir rechtfertigen unsere Ausdrucksweise unverzüglich, noch im Anblick des Löwen. Unsere Sprache hat nicht für alles treffende Wörter. Man muß deshalb oft den Vergleich heranziehen und etwas »genauso wie« oder »ähnlich wie« oder »als ob« nennen. Aber diese Bedenken muß man auch immer im Hinterkopf behalten, um Tiere nicht falsch zu beurteilen.

Als Maß aller Dinge hat der Mensch ausgedient. Die wachsenden Erkenntnisse der Naturwissenschaften haben ihn von seinem selbst errichteten einsamen Thron hoch über der Natur heruntergeholt und ihn auf die Ebene der anderen Lebewesen gestellt. Noch fällt es dem Menschen schwer, diesen neuen Standort zu akzeptieren oder sich auch nur mit ihm vertraut zu machen. Mit großer Beharrlichkeit hat er jahrtausendelang Überheblichkeit als wichtiges Kriterium des Menschlichen tradiert. So hat er eine Bewertungsskala für alles Lebende zementiert, an deren Spitze für viele auch heute noch der Mensch steht.

Nur wenigen Tieren ist in ihrer Beurteilung durch den Menschen ein hoher Rangplatz eingeräumt worden. Aus dem abwertend »niedere Tiere« genannten und als »Getier« bezeichneten Kreis der Tiere hebt sich der Löwe besonders hervor. Im Streben des Menschen, die Welt hierarchisch zu gliedern, sind dem Löwen hohe Titel zuteil geworden. Ganz unabhängig von seiner tatsächlichen zoologischen Verwandtschaft und Darwin zum Trotz hat er die nächsten Verwandten des Menschen im Rang weit hinter sich gelassen. Der Löwe wurde König der Tiere. Etwas rangniederer, aber dennoch deutlich hervorgehoben, wird er zumindest als König bestimmter Lebensräume bezeichnet. So nennt man ihn »Wüstenkönig«, obwohl er in der eigentlichen Wüste keinen Lebensraum hat. Auch »König des Dschungels« ist ein falsches Prädikat, denn auch der Dschungel ist kein typischer Lebensraum des Löwen. Weniger monarchisch, dennoch auf despotische, uneingeschränkte Macht hindeutend ist der Titel »Herrscher«, dabei ist der Begriff »Herrscher der Steppe« wiederum keine sehr treffsichere Bezeichnung für den Lebensraum des Löwen. Aber im Sprachgebrauch vieler Laien wird zwischen Steppe und Savanne nicht deutlich unterschieden. Etwas korrekter ist denn auch der Titel eines Königs oder Herrschers der Savannen.

Was in der menschlichen Gesellschaft nicht mehr unwidersprochen hingenommen wird, die absolute Vorherrschaft des männlichen Geschlechts, behält unverändert für die Tierwelt noch seinen

Stellenwert: Vom Löwen wird mit einer gewissen Hochachtung als »Herr« der oder über die Tiere gesprochen.
Diese Titel und insbesondere auch diese Machtstellung wurden und werden dem Löwen allein auf Grund seines Erscheinungsbildes zugebilligt. Seine Verhaltensweisen, sein Platz im Gleichgewicht der Natur – Halbgebildete sagen heute »seine ökologische Stellung« – haben keine Rolle für die Zuweisung seines hohen Ranges und seiner Titel gespielt. Denn im Alltag der Löwen geht es beileibe nicht hoheitlich zu. Durch Geburt privilegierte Könige oder nicht-monarchische, gewählte oder sogar selbsternannte Herrscher leben jedenfalls anders als Löwen. Sie benehmen sich auch anders, sogar wenn man solche Vergleiche nur sinngemäß meint. Im übrigen wurden dem Löwen diese Titel und diese Macht bereits in einer Zeit zugestanden, als die Kenntnisse von der Biologie dieser Großkatze noch außerordentlich lückenhaft waren und und durch krasse Fehldeutungen gekennzeichnet waren.
Es war also, seit der Mensch dem Löwen begegnete, dessen Erscheinung, dessen Äußeres, das ihm diesen hohen Rang in der Skala menschlicher Bewertungen eintrug. Löwen sind tatsächlich allein von ihrer Erscheinung her imponierende Tiere. Man kann sich beim Anblick eines Löwen, vor allem, wenn man ihm in seinem angestammten Lebensraum begegnet, der von ihm ausgestrahlten Faszination kaum entziehen.
Unser naturwissenschaftlich geschulter Geist kann uns davor bewahren, die Stellung des Löwen auf einer menschlichen Werteskala einzuordnen. Unser Eindruck vom Löwen wird dennoch von unseren subjektiven menschlichen Empfindungen geprägt. Es läßt sich analysieren, welche Formen und Farben des Löwen und welche seiner Bewegungen und Verhaltensweisen unser ästhetisches Empfinden ansprechen und welche Einzelheiten unsere Gedanken bei der Bewertung stimulieren. Das schmälert in keiner Weise unser Staunen, unsere Bewunderung, unsere Zuneigung. Selbst wenn man sich der tierlichen Natur des Löwen in jedem Moment voll bewußt ist, spielt die Ähnlichkeit des Löwen mit dem Menschen in unzähligen Details eine wichtige Rolle.
Das meiste, was uns am Löwen imponiert, erfahren wir auf optischem Wege. Lautäußerungen oder Gerüche »sagen« uns nicht viel. Taktiler Kontakt ist nicht möglich, obwohl unser Verlangen groß sein mag, das kuschelige Fell junger Löwen zu streicheln oder ihre Körperformen tastend wahrzunehmen.
In seiner gesamten Körperlichkeit beeindruckt uns der Löwe durch seine ausgewogenen Proportionen. Sie erwecken unsere Bewunderung schon beim ruhenden oder stehenden Tier und viel mehr noch in der Bewegung. Kraft und Eleganz fließen beim Löwen zu einer imposanten Einheitlichkeit zusammen. Die Massigkeit eines Mähnenlöwen demonstriert seine jederzeit einsatzbereite gewaltige Kraft. Die Geschmeidigkeit selbst kleiner Bewegungen einer Löwin vermittelt den Eindruck harmonischer Eleganz. Löwen verbreiten große Selbstsicherheit, als wüßten sie, daß ihnen niemand etwas anhaben kann, daß es niemand wagen kann, sie zu gefährden. Auch das ruft bei uns Bewunderung hervor.
Manche Einzelheiten im Verhalten des Löwen bezeichnen wir mit dem menschlichen Begriff der Gelassenheit. Zwar können Löwen auf der Jagd, beim Spiel oder der Verteidigung ihres Lebensraumes gegen Artgenossen oder im Sexualverhalten unerwartet schnell agieren. In der Regel jedoch wirkt ihr Verhalten tatsächlich gelassen.
Viele Selbstverständlichkeiten im Leben des Löwen decken sich mit unerfüllbaren Wünschen des Menschen. Macht, Stärke, Sicherheit gehören dazu, aber auch die ihm freiwillig gezollte Hochachtung und der ohne Vorleistung zuerkannte Rang. So mischt sich in unsere menschliche Bewunderung des Löwen wohl auch ein wenig uneingestandener Neid mit der Resignation darüber, vieles von dem auch mit noch so viel Anstrengung nie erreichen zu können.

Einleitung

Faszination durch Löwen

Löwen haben im Leben des Menschen schon seit grauer Vorzeit immer eine besondere Rolle gespielt. Sie gehören zu den bekanntesten Tieren überhaupt. Dennoch wissen die meisten Menschen recht wenig Einzelheiten über diese mächtigen Großkatzen mit ihren interessanten Lebensgewohnheiten und Verhaltensweisen. Unsere eigene Faszination durch Löwen wuchs von Jahr zu Jahr, je länger und eingehender wir uns mit ihnen befaßten.

Deshalb folgten wir gern der Anregung unseres Verlegers, den die Löwen ebenfalls seit Jahren in ihren Bann geschlagen haben, dieses Buch über Löwen zu verfassen. Wir möchten damit einem größeren Kreis aufgeschlossener Menschen ein umfassendes Bild von dieser Großkatze vermitteln.

Körperbau, Sinnesleistungen und Einbindung des Löwen in seinen Lebensraum werden in ihren vielfachen Wechselwirkungen geschildert. Das facettenreiche Zusammenleben der Löwen in Familien oder ihr Leben als Nomaden – also ihr komplexes Sozialverhalten – erfahren als ökologische Anpassung an ihre Umwelt eine ausführliche Würdigung.

Bei den meisten Tieren sind dieselben körperbaulichen Merkmale und ganze Ketten von Verhaltensabläufen in sehr unterschiedliche Funktionen eingebunden. So vermögen Löwen mit dem Gebiß einerseits Beutetiere zu töten und andererseits ihre empfindlichen Jungtiere zu transportieren. Das gleiche Grollen begleitet aggressive Handlungen gegen Feinde wie die Begattung. Typische Besonderheiten des Körperbaus und komplexe Verhaltensabläufe haben wir meist in jenem Zusammenhang geschildert, in dem sie im Leben der Löwen am häufigsten vorkommen oder besonders auffällig sind. Über Merkmale, die von allgemeiner Bedeutung sind, und über solche, die keine Schwerpunkte in besonderen Funktionskreisen darstellen, berichten wir im Kapitel »Biologischer Steckbrief«.

Trotz unseres Bestrebens, vor allem zur Verbreitung möglichst eingehender Kenntnisse über Löwen beizutragen, möchten wir zusätzlich über einige, der Öffentlichkeit weniger bekannte, neuere Teilbereiche der modernen Biologie berichten, die auch für uns Menschen von Belang sind. Viele derartige Aspekte lassen sich gerade am Beispiel des Löwen gut darstellen.

I.

Afrika ist groß – wie verschieden Löwen leben

Unsere Kenntnisse über Löwen verdanken wir zwei unterschiedlichen Quellen: eigener Anschauung und eingehendem Studium der Fachliteratur. Während der letzten 25 Jahre hatten wir auf über 70 Reisen in 15 afrikanische Länder zahlreiche Begegnungen mit Löwen. Noch länger verfolgen wir das umfangreiche wissenschaftliche Schrifttum.

Der Vergleich der Ergebnisse unserer eigenen Beobachtungen mit den in der Literatur niedergelegten Erkenntnissen erwies sich für uns als sehr nützlich. Ein gründlicher Einblick in wissenschaftliche Forschungsvorhaben hat unseren eigenen Methoden beim Beobachten im Feld wichtige Impulse gegeben und besondere Schwerpunkte gesetzt. Das Durcharbeiten von Veröffentlichungen über Löwen hat uns angeregt, unsere eigenen Beobachtungen kritisch zu deuten. Viele unserer Beobachtungen erscheinen uns überaus interessant, dennoch haben wir nichts kritiklos interpretiert und schon gar nicht verallgemeinert. Andererseits können wir durch unsere eigenen Beobachtungen im Feld mehr Einzelheiten in vielen Veröffentlichungen verstehen, als uns das ohne eigene Anschauung möglich gewesen wäre. Allerdings trauen wir uns auch zu, einigen Ergebnissen der Löwenforschung verhaltene Skepsis entgegenzubringen. Selbst »statistisch hochsignifikante« Forschungsergebnisse und am Computer komponierte Modelle, wie Tiere sich »eigentlich« richtig verhalten müßten, sind oft nicht geeignet, daraus verallgemeinernde Schlüsse zu ziehen. Sie gelten immer nur dort, wo sie erarbeitet wurden und nur als Antwort auf die konkrete Frage, zu deren Lösung sie beitragen sollten. Die jeweils im einzelnen untersuchten Löwen können auf Grund ihrer gesamten Lebensumstände nicht für alle Löwen als repräsentativ gelten, und das trifft auch für die meisten der an ihnen gewonnenen Daten zu.

Diese Zusammenhänge sind uns vor allem dadurch klargeworden, daß wir in Afrika weit herumgekommen sind. Überall unterschieden sich die äußeren Lebensbedingungen der von uns beobachteten Löwen, und überall fanden wir Neues, was wir bei bisher von uns beobachteten Löwen noch nicht festgestellt hatten.

An die Unterschiede zwischen eigenen Beobachtungen und dem aus wissenschaftlichen Veröffentlichungen Angelesenem und an die daraus resultierenden Wechselwirkungen mußten wir uns bei der Abfassung dieses Manuskriptes immer wieder erinnern. Wir hoffen, beides ausgewogen berücksichtigt zu haben, denn wir möchten mit diesem Buch weder einen subjektiven Erlebnisbericht noch einen nüchternen Wissenschaftsreport über Löwen vorlegen. In populärwissenschaftlichen Darstellungen von Forschungsergebnissen müssen Autoren wie Leser immer wieder der Versuchung widerstehen, beobachtete Einzelheiten zu verallgemeinern. Wissenschaftliche Ergebnisse gelten stets nur unter den Bedingungen, unter denen sie erarbeitet wurden. Die Biologie des Löwen liefert zu dieser allgemeinen Problematik besonders gute Beispiele, von denen im folgenden einige geschildert werden. Sehr auffällig waren für uns immer die geographischen Unterschiede zwischen den einzelnen Löwenpopulationen. Das gilt sowohl für großgeographische Räume als auch für benachbarte, qualitativ sehr unterschiedliche Biotope. Löwen in der kargen Kalahari sind in vieler Hinsicht nicht mit Löwen aus dem üppigen Uganda vergleichbar. Löwen im ganzjährig lebensfreundlichen Buschland der Serengeti leben anders als die des Nachbarrudels in der lange Monate lebensfeindlichen Grassavanne. Diese Beobachtungen belegen, daß die ökologischen Bedingungen, unter denen die Löwen leben, an denen geforscht wird, entscheidenen Einfluß auf die Resultate haben.

Kein Löwe gleicht dem anderen

Körperliche oder Verhaltensmerkmale können bei Einzeltieren und bei ganzen Populationen in so unterschiedlicher Ausprägung auftreten, daß sie nicht für die gesamte Art verallgemeinert werden dürfen. Die Ursachen für solche Variabilität sind vielfältig. Sie hängen mit der Umwelt des Tieres oder seiner Population zusammen. Keineswegs bewirken nur lebende Strukturen besondere Erscheinungsformen von körperlichen Merkmalen oder Verhaltensweisen. Oft sind es in der Fachsprache der Biologie sogenannte abiotische ökologische Faktoren. Dazu gehören beispielsweise Temperatur, Luftfeuchtigkeit, Niederschlagsmenge, Nebelbildung, Hauptwindrichtung und -stärke, Höhe über dem Meeresspiegel, Dauer und Intensität der Sonneneinstrahlung, Unterschiede im Tages- und Nachtrhythmus, Entfernung vom Äquator, deutliche Ausprägung von Jahreszeiten oder einander abwechselnde Trocken- und Regenzeiten. Diese abiotischen Faktoren bestimmen weitgehend auch die qualitative und quantitative Zusammensetzung der belebten Natur eines Gebietes zu einer bestimmten Zeit. In Gegenden mit langen Nächten, großen Regenmengen, wenig Sonnenschein und stark wechselnden Temperaturen wachsen andere Pflanzen, von denen andere Tiere leben, als in einer Region mit gleicher Länge von Tag und Nacht, wenig Regen, viel Sonnenschein und konstant hohen Temperaturen.
Das Verbreitungsgebiet des Löwen reicht von den nördlichen Subtropen über die Tropen bis in südliche subtropische Regionen, es umfaßt kühle Berge und heiße Halbwüsten. Es leuchtet ein, daß allein diese Unterschiede starke Anpassungen erfordern, die sich in körperlichen Merkmalen und Verhaltensunterschieden bemerkbar machen.
Individuen, denen es angeborenermaßen leichter fällt, sich an bisher für die Art ungewöhnliche äußere Bedingungen anzupassen, haben größere Aussicht, ihr Erbgut zu verbreiten als andere, die gegenüber ungewöhnlichen äußeren Verhältnissen Anpassungsschwierigkeiten haben. Je anpassungsfähiger eine Tierart ist, desto unterschiedlichere Lebensräume kann sie besiedeln.
So entwickeln sich über sehr lange Zeiträume allmählich und schrittweise aus solchen Populationen Unterarten und schließlich Arten. Die im jeweiligen Lebensraum herrschenden Verhältnisse haben einen gewissen regelhaften Einfluß auf unterschiedliche Ausprägung bestimmter körperlicher Merkmale, wie etwa auf das Körpergewicht und die Größe.
Die inzwischen ausgerotteten Berber- und Kap-Löwen waren massiver im Körperbau als die ostafrikanischen Masai-Löwen. Bei den Kalahari- und Kamerun-Löwen findet man mehr schwere Exemplare als bei den Masai-Löwen.
Die Durchschnittsgewichte und -größen unterliegen von Gebiet zu Gebiet großen Schwankungen. Je weiter eine Population vom Äquator entfernt lebt, desto größer und schwerer sind die Einzeltiere im Durchschnitt. Das gilt übrigens ebenfalls für viele andere Tierarten. Körpermaße werden unter oft recht unterschiedlichen Bedingungen ermittelt, zum Teil wird der Mageninhalt erschossener Löwen nicht mitgerechnet (92). Aus vielen Angaben der Fachliteratur wird nicht erkennbar, ob das Alter berücksichtigt wurde. Das kann wichtig sein, denn selbst erwachsene Löwen wachsen in beiden Geschlechtern noch bis zum 6. Lebensjahr (77).
Allein deshalb ist es sehr problematisch, in verallgemeinernder Weise von dem Durchschnittsgewicht des Löwen schlechthin zu sprechen. Es ist deshalb vernünftig, Ober- und Untergrenzen anzugeben, wenn man vom Löwengewicht spricht, oder zu erwähnen, aus welchem Gebiet die Löwen stammen, über die jeweils berichtet wird.

Im Wald und in der Wüste

Noch deutlicher als bei körperlichen Merkmalen wird das Ausmaß der Variabilität, wenn man Verhalten und Lebensgewohnheiten in verschiedenen Löwenpopulationen betrachtet. Das zeigt sich beispielsweise an der Bevorzugung bestimmter Beutetiere. In Ostafrika sind Gnu und Zebra die Hauptbeutetiere des Löwen. Deshalb kann man diese Arten aber nicht grundsätzlich als Nahrungsgrundlage der Löwen schlechthin angeben. Immerhin gibt es zahlreiche Löwenpopulationen, in deren Lebensraum Zebras und Gnus überhaupt nicht vorkommen. Löwen stellen sich auf die örtliche Verfügbarkeit geeigneter Beutetiere ein.
Eine für alle Löwenpopulationen zutreffende Rudelgröße läßt sich nicht festlegen. Dort, wo besonders große Beutetiere zur Verfügung stehen – in manchen Teilen Sambias sind zum Beispiel Büffel die Hauptbeute –, findet man im Durchschnitt eine größere Kopfzahl in den einzelnen Rudeln als in Gegenden, in denen mittelgroße Antilopen die Hauptbeute des Löwen darstellen, wie etwa in machen Gegenden Ugandas, wo weder Gnus noch Zebras vorkommen.
Löwen unterscheiden sich auch in der Technik, mit der sie ihre Beutetiere schlagen. So starr auch die Abläufe der einzelnen Handlungsschritte beim Töten eines Beutetieres angeboren vorprogrammiert sind, so flexibel passen sich Löwen andererseits an die Besonderheiten ihrer jeweiligen Beutetiere an. In der Kalahari jagen Löwen sehr oft Spießböcke, deren wehrhafte, lange Hörner selbst für Großkatzen gefährlich sind. Dort benutzen sie eine andere Taktik des Ergreifens und Tötens der Beute als Löwen, die sich überwiegend von Zebras ernähren, deren Hufschläge ihnen zu schaffen machen können. So richtet sich der Angriff der Löwen auf einen Spießbock gegen dessen Hinterteil, beim Zebra und den meisten anderen Beutetieren dagegen gegen deren Kopfpartie.
Die vom Laien so häufig gestellten Fragen, »Was ist die Hauptbeute des Löwen?« oder »Wie groß ist ein Löwenrudel?« oder »Auf welche Weise töten Löwen ihre Beutetiere?«, sind daher nicht allgemeingültig zu beantworten. Für eine verbindliche Aussage muß man die Verflechtung des Verhaltens der Tiere mit den geographischen und zeitlichen äußeren Bedingungen in ihrem jeweiligen Lebensraum kennen und berücksichtigen.
Die moderne Biologie räumt der Verhaltensökologie (Etho-Ökologie), also der Wissenschaft von der Verflechtung des Verhaltens mit den Besonderheiten ihres jeweiligen Lebensraumes, immer mehr Bedeutung ein. Solche Beziehungen sind schon lange genau bekannt, sie werden in den meisten Arbeiten auch entsprechend berücksichtigt. Der wohl berühmteste Löwen-Forscher – der in Deutschland geborene Amerikaner Professor George B. Schaller – nennt deshalb sein Buch mit der sehr eindrucksvollen Materialsammlung über Löwen ausdrücklich »Der Serengeti-Löwe«. Schaller will damit betonen, daß seine Ergebnisse nur auf Löwen im Bereich der Serengeti und ihrer Umgebung bezogen werden können und die von ihm zusammengetragenen wissenschaftlichen Daten nur dort Anspruch auf Gültigkeit erheben.

Im Mondschein und in der Sonne

Ebenso wie man Forschungsergebnisse nur mit dem Hinweis, an welchen Orten sie jeweils ermittelt wurden, interpretieren darf, ist es auch notwendig, auf die Zeit hinzuweisen, zu der die Untersuchungen durchgeführt wurden. Das gilt sowohl für die Jahres- als auch für die Tageszeit.
In Gegenden mit großen saisonalen Wanderungen der Huftiere sind diese als Nahrung für seßhafte Löwen von Monat zu Monat in anderer Häufigkeit verfügbar. Das Nahrungsangebot ändert sich außerdem nicht nur mit der Verfügbarkeit wandernder Beutetiere, sondern auch mit deren Lebenszyklus. Huftierarten, die zur gleichen Zeit ihre Jungen werfen, bieten den Löwen in dieser Phase leichtere Beute, als wenn keinerlei Fürsorgepflichten für den Nachwuchs die Mobilität einer Herde behindern. Wenn die großen Wanderherden der Gnus und Zebras in der Serengeti oder der

Weißohrmoorantilopen im südlichen Sudan aus dem Streifgebiet eines Löwenrudels abgezogen sind, müssen diese Löwen auf alles Eßbare, was sie erbeuten können, ausweichen. Damit ändert sich nicht nur die Zusammensetzung ihres Speisezettels, sondern auch ihre Jagdmethode. Auch auf das soziale Zusammenleben in den Rudeln hat diese Veränderung Einfluß: In »satten« Zeiten mit reichlichem Vorkommen von Beutetieren geht es harmonischer zu, als wenn alle Löwen Hunger haben. Die Fragen nach der Hauptbeute wie nach der Jagdmethode des Löwen lassen sich also nicht generell, sondern nur abhängig von der Jahreszeit beantworten.

Auch die Tageszeit verdient bei Angaben über den Beuteerwerb besondere Beachtung. Löwen im deckungsreichen Buschland jagen häufiger tagsüber als Artgenossen in offenem Gelände, die dazu die Nacht bevorzugen. Im übrigen wird keineswegs alles, was geschieht, auch von Wissenschaftlern beobachtet. Die meisten Untersuchungen über Löwen – vor allem über Nahrungserwerb oder Sozialverhalten – wurden bei Tageslicht angestellt. Auf die nächtlichen Aktivitäten der Tiere wird oft nur aus erkennbaren Spuren geschlossen. Sofern nachts untersucht wurde, haben manche Forscher dazu mondhelle Nächte bevorzugt. Es ist aber nur wenig darüber bekannt, wie anders sich Löwen und nicht zuletzt auch ihre Beutetiere in solchen hellen Nächten im Vergleich zu stockfinsteren Neumondnächten verhalten. Im Queen-Elizabeth-Nationalpark in Uganda sind die Löwen in mondlosen Nächten bei der Jagd doppelt so erfolgreich wie in mondhellen, und bei drohenden Gewittern – wenn sich Feldforscher möglicherweise zurückziehen oder schlechte Beobachtungsmöglichkeiten haben – gehen Löwen häufiger auf Jagd als bei Wetterlagen ohne Gewittergefahr (48).

Ein anderer Trugschluß über den Beuteerwerb ist es, wenn man am frühen Morgen an einem Riß fressende Löwen auch als die nächtlichen Erbeuter ansieht. Oft haben Hyänen nachts ein Tier gerissen und die Löwen haben es nur übernommen. Das führte zu Fehldeutungen nicht nur über das Verhalten der Löwen, sondern auch über das der tatsächlichen Jäger solcher Beute sowie auch über die Beutetiere. Denn viele morgens beim Fressen angetroffene Löwen haben weder die Art des Beutetieres ausgewählt noch dieses selbst geschlagen.

Auch die vom Standort abhängige Zusammensetzung eines Löwenrudels hat großen Einfluß auf das Verhalten. Viele kleine Junglöwen behindern die Mobilität eines Löwenrudels. Infolge des dadurch eingeschränkten Aktionsradius kann sich das Verhalten ändern, ohne daß man dieses dann vorübergehend verallgemeinern darf.

Gute Mütter – feige Jäger

Löwen sind so hochentwickelte Tiere, daß man bei ihnen Persönlichkeiten unterscheiden kann, die mit ihrem Verhalten ein ganzes Rudel beeinflussen können. So gibt es »gute« und »schlechte« Mütter, die ihre Jungen besonders intensiv oder sehr nachlässig betreuen und damit aktiv oder passiv auf das Verhalten des Rudels und dessen Alterszusammensetzung einwirken. Es gibt »kühne« Löwen, die leichter entschlossen sind, Hyänen deren Beute abzujagen, und es gibt »feige«, die lieber hungern, als zuviel zu riskieren. Ebenso können erfolgreiche oder tolpatschige Jägerinnen in einem Rudel dessen Ernährungslage beeinflussen. Unsere eigenen Beobachtungen erstrecken sich auf Löwen von den halbwüstenartigen Gebieten Botswanas bis zu den kühlen feuchten Bergwäldern der Nyandaruaberge in Kenia, von den glühend heißen Steppengebieten des Waza-Nationalparks in Kamerun über die dichte Buschsavanne Zaires bis zur Grassavanne des Dinder-Nationalparks im Sudan. Wir haben Löwen im Kaokoveld Namibias gesehen, wo Beutetiere äußerst selten sind, und wir haben gestaunt, wie reichlich zu jeder Jahreszeit die Nahrung für Löwen im Ngorongoro-Krater in Tansania ist. Immer wieder waren wir überrascht von der beeindruckenden Variabilität der körperlichen Merkmale und des Verhaltens dieser Großkatzen.

II.

Nicht Räuber und nicht Mörder?

Der Löwe gehört zu den Raubtieren. Diese Säugetierordnung zeichnet sich durch besondere Vielfalt der in ihr zusammengefaßten Familien und Gattungen aus. In der zweiten Hälfte des 20. Jahrhunderts nahmen manche Menschen daran Anstoß, unschuldigen Tieren ein so unmoralisches Verhalten wie das Rauben zu unterstellen und im Namen festzuschreiben. Um der gesamten Säugetierordnung Gerechtigkeit widerfahren zu lassen, wurde ein so schreckliches konstruiertes Wort wie »Beutegreifer« erfunden, das die Bezeichnung »Raubtier« ersetzen soll. Die wissenschaftliche Bezeichnung dieser Ordnung lautet »Carnivora«, was in wörtlicher Übersetzung »Fleischfresser« heißt. Diesem Begriff haftet zwar nicht das Böse des unmoralischen Raubens an. Deshalb hätte die Bezeichnung Fleischfresser eigentlich gute Chancen gehabt, den Namen Raubtier abzulösen. Dem stand jedoch der »Tierprofessor« Bernhard Grzimek im Wege, der soviel für das Verhältnis des modernen Menschen zum Tier geleistet hat. Grzimek wollte alle Bezeichnungen ausmerzen, die das Tier abwerten. »Schnauze« milderte er in seinem Sinne zu »Mund« oder »Lippen« ab, Nahrungsaufnahme durfte für ihn nicht länger als Fressen bezeichnet werden, Grzimek befand, »Essen« sei angebrachter. Unter diesem Einfluß konnte sich ein Wort wie »Fleischfresser« nicht durchsetzen. Der Begriff »Fleischesser« wird unserem Sprachgefühl nicht immer gerecht, wenn man etwa an eine Hyänenmahlzeit am Aas, an das Zerreißen eines Gnukalbs durch afrikanische Wildhunde oder die Nahrungsaufnahme einer Fliegenmade in einem stinkenden Kadaver denkt.

Wenn man einen diffamierenden Namen durch einen neutraleren und wohlklingenden ersetzt, ändert man nicht das damit bezeichnete Tier. Ob man einen Löwen nun Raubtier, Fleischfresser, Fleischesser oder Beutegreifer nennt – die Vorgänge des Nahrungserwerbs mit dem Anschleichen an ein Beutetier, dessen Verfolgung, Ergreifen, Zerreißen und Verschlingen bleiben dieselben, unabhängig davon, wie beschönigend man diese blutigen Vorgänge bezeichnet.

Im übrigen erwerben Löwen in einem nicht geringen Umfang ihre Nahrung dadurch, daß sie diese anderen Raubtieren abnehmen. Dieses Verhalten ist in der Tierwelt nicht selten, es wird von manchen Wissenschaftlern Beuteparasitismus genannt. Wir verwenden im Zusammenhang mit den Löwen diesen Fachausdruck nicht, denn diesem Verhalten fehlen viele Kriterien des Schmarotzertums. Gerade diese Art und Weise, sich Nahrung anzueignen, die von anderen »rechtmäßig« erworben wurde, ist doch eigentlich inhaltlich mehr der Raub von Beute als deren bloßes Greifen.

Selbst bei unserer persönlichen großen Zuneigung zu Löwen und anderen Raubtieren haben wir keine Hemmungen, den alten Begriff Raubtier beizubehalten. Wir werden ihn in diesem Buch auch mit Respekt vor der in Jahrhunderten gewachsenen deutschen Sprache genauso selbstverständlich benutzen, wie wir auch noch Müllplatz statt Entsorgungspark sagen. Wir werden mit anderen Mitteln versuchen, ein gerechtes und umfassendes Bild von unseren Freunden, den Löwen, zu zeichnen.

III.

Der Löwe und seine zoologischen Verwandten

Bei den vielen Einzelheiten, die wir über den Löwen vortragen, erscheint es vernünftig, sich über seine Einordnung im zoologischen System zu orientieren. Die wissenschaftliche Disziplin, nach deren Regeln das geschieht, nennen die Biologen Taxonomie. In diesem Fachausdruck steckt das im Deutschen viel benutzte Fremdwort des Taxierens. Allerdings ist beim Taxieren im üblichen Sprachgebrauch ein hohes Maß an Willkür enthalten, was für die Taxonomie als Wissenschaftszweig der Biologie nicht unterstellt werden kann. Es bestehen feste Regeln, nach denen die Zuordnung zu einer bestimmten taxonomischen Gruppe erfolgt.

Die Familie der »Katzenartigen« aus der Ordnung der »Raubtiere« besteht aus mehreren Gattungen. Löwen gehören in die Gattung »Großkatzen«. Gattungen werden in Arten unterteilt, in unserem Fall heißt die Art Löwe.

Ordnung	Raubtiere	Carnivora
Familie	Katzenartige	Felidae
Gattung	Großkatzen	Panthera
Art	Löwe	Panthera leo
Unterart	Masailöwe o. a.	Panthera leo massaicus
Population	Serengetilöwe o. a.	

Große Katzen = Großkatzen?

Die **Ordnung** der **Raubtiere** besteht aus den Familien der Schleichkatzen, Katzenartigen, Hyänenartigen, Bären, Hundeartigen, Waschbärartigen und Marderartigen. Einige Forscher gliedern die Familie der Schleichkatzen weiter auf und erheben die Ichneumone, zu denen Mungos und Mangusten gehören, in den Rang einer eigenen Familie und rechnen sowohl die Ohrenrobben wie auch die Hundsrobben noch in die Ordnung der Raubtiere. Dabei werden die letzteren herkömmlich als Unterordnung der Wasserraubtiere von den Landraubtieren abgegrenzt.

Die **Familie** der **Katzen** umfaßt mit mehreren Gattungen alle Katzen von der kleinen, im weiblichen Geschlecht nur 1550 Gramm leichten Schwarzfußkatze (84) bis hin zum 275 Kilogramm schweren Sibirischen Tiger.

Der Begriff Großkatze wird in der Zoologie mit zwei grundsätzlich verschiedenen Definitionen benutzt. Einerseits wird jede Katze, unabhängig von ihrer Gattungszugehörigkeit, als Großkatze bezeichnet, wenn sie voll erwachsen mehr als 34 Kilogramm wiegt (27, 23). Zum anderen nennt man die zoologisch-systematisch festgelegte Gattung »Panthera« auf Deutsch Großkatzen. In diesem Buch halten wir uns an diese letztgenannte Definition.

Zur **Gattung** der **Großkatzen** mit dem wissenschaftlichen Namen »Panthera« gehören neben dem Löwen noch Tiger, Jaguar und Leopard. Viele Wissenschaftler rechnen auch den Schneeleoparden dazu. Puma und Gepard sind zwar auch große Katzen, gehören aber in jeweils andere Gattungen, der Gepard ist sogar mit allen übrigen Katzen nur so wenig nahe verwandt, daß seinetwegen eine eigene Unterfamilie aufgestellt werden mußte.

Starkes Gebiß, scharfe Augen

Die nahe Verwandtschaft zwischen den Arten der Gattung Großkatzen läßt sich am Körperbau gut erkennen. Für die zoologische Systematik – also

den Teilbereich der Zoologie, dem es um das Aufzeigen von Verwandtschaftsgraden und Zuordnung zu Arten, Gattungen, Familien etc. geht – spielen die sogenannten Zahnformeln und überhaupt das **Gebiß** eine wichtige Rolle. Hinter der nüchternen Zahnformel $\frac{3131}{3121}$ verbergen sich 30 Zähne von unterschiedlicher Form und mit unterschiedlichen Aufgaben.
Die Zahlen über dem waagrechten Strich symbolisieren die Zähne des Oberkiefers, die Ziffern darunter die des Unterkiefers. Von links nach rechts bedeuten sie folgendes: Die »3« entspricht je drei Schneidezähnen. Die folgende »1« steht für je einen Eck- oder Fangzahn. In der Zahnformel folgen oben 3 und unten 2 sogenannte (prämolare) vordere Backenzähne und schließlich je 1 (molarer) hinterer Backenzahn.

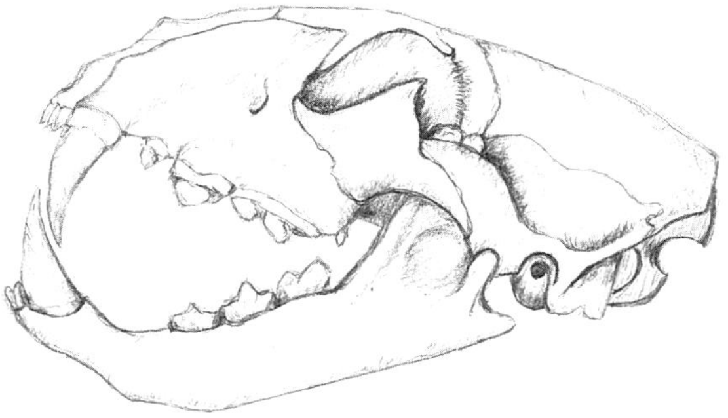

Löwenschädel seitlich

Mit den Schneidezähnen schaben Löwen zum Beispiel Fleischreste von den Knochen. Die Eck- oder Fangzähne werden zum Halten, aber auch zum Töten der Beute eingesetzt. Bei den Großkatzen ähneln sie einander sehr. Diese pfriemenrunden Dolche werden oft fälschlicherweise als Reißzähne bezeichnet. Korrekt aber sind sie Fangzähne. Die Backenzähne arbeiten wie eine Brechschere und dienen dazu, aus größeren Fleischmassen schluckgerechte Brocken herauszureißen. Sie sind daher die (richtigen) Reißzähne.
Bei Löwen muß das Gebiß zwei wichtige Funktionen erfüllen: Zum einen muß die Beute festgehalten werden. Dafür benötigen sie den Typus des sogenannten **Schnappgebisses**, bei dem vorwiegend vordere Zähne, vor allem lange Eckzähne (Fangzähne), eingesetzt werden. Zum anderen ist das Zerreißen des Fleisches in schluckgerechte Brocken notwendig. Diese Aufgabe erledigen vor allem die hinteren Zähne. Bei dieser Konstruktion spricht man von einem **Brechscherengebiß**. Eigentliches Kauen, also Mahlen und Zerkleinern in der Mundhöhle, kommt bei Löwen kaum vor. Im Laufe der Entwicklungsgeschichte haben sich bei fast allen Raubtieren, vor allem aber den Katzenartigen, Gebisse dieser Bauart entwickelt.
Diesen Funktionen entspricht auch die Ausbildung der Kaumuskulatur. Bei Löwen ist der Schläfenmuskel der wichtigste Kaumuskel. Er bewirkt das Schließen der Kiefer. Ein eisern fester Kieferschluß ist zum sicheren Festhalten der Beute mit den Zähnen und zum Zerreißen des Fleisches notwendig. Der andere große Kaumuskel, der sogenannte Masseter, dient mehr dem Kauen, das insbesondere für Pflanzenfresser mit ihrem Mahlgebiß so wichtig ist.
Allen Arten der Gattung Panthera ist gemeinsam, daß sie einander sehr ähnliche, grollende Lautäußerungen erzeugen. Voraussetzungen dafür sind bestimmte anatomische Besonderheiten ihrer Zungenbeine. Diese sind mit einem elastischen Band versehen, dessen Schwingungen eine Verstärkung der vom Kehlkopf erzeugten Laute bewirkt. Nur in der Gattung der Großkatzen sind weittragende Lautäußerungen bekannt, man spricht bei dieser Gattung geradezu von **Brüllkatzen**. Alle anderen Katzenartigen verständigen sich über größere Distanzen nicht akustisch, sondern meist über den Geruch.
In der Leistungsfähigkeit ihrer Sinnesorgane ähneln sich die Großkatzen sehr. Das hängt mit den bei diesen Tieren ebenfalls recht ähnlichen Formen ihres Jagdverhaltens zusammen. Zum Beuteerwerb benötigen sie einen guten Geruchssinn, ein empfindliches Gehör, das auch durch die Beweglichkeit des Kopfes und der Ohrmuscheln sehr gut zum Richtungshören geeignet ist. Großkatzen haben ein ausgezeichnetes Sehvermögen, zu dem auch ein exaktes räumliches Sehen gehört, um Entfernungen präzise abschätzen zu können.

Löwen und Tiger zeigen in ihrem Skelett und in ihrer Muskulatur weitgehende Übereinstimmungen, die man angesichts der sehr unterschiedlichen Fellfärbung nicht vermuten möchte. Es ist nur an einigen Schädelmerkmalen möglich, Löwenskelette von Tigerskeletten zu unterscheiden. Auffällig wird auch die Ähnlichkeit zwischen Löwen und Leoparden, wenn man eine kleine Löwin mit einem großen Leoparden vergleicht. Wir haben in Afrika auf große Entfernungen, wenn die Fellzeichnung im Gegenlicht oder in der Dämmerung nicht deutlich erkennbar war, mehrfach Schwierigkeiten gehabt, beide Arten voneinander zu unterscheiden. Allerdings sind die Bewegungen bei Leoparden geschmeidiger, fließender, während sie bei Löwen kraftvoller wirken. Leoparden bewegen sich meist geduckter fort als Löwen, die außer im Spiel und bei der Jagd aufrechter schreiten. Aus menschlicher Perspektive hat man den Eindruck, daß selbst wenig scheue Leoparden keine große Neigung haben, von anderen Tieren gesehen zu werden, während Löwen ihre Gegenwart meistens nicht verheimlichen wollen.

Männer, Macht und Mähnen

Eine weitere Gemeinsamkeit der Großkatzen ist ein auffälliger sogenannter Geschlechtsdimorphismus. Darunter versteht man die Unterschiede im Körperbau von Männchen und Weibchen. So auffällig die Mähne des Löwen das männliche Geschlecht kennzeichnet, ist es doch nicht das markanteste Unterscheidungsmerkmal zwischen Männchen und Weibchen. Vielmehr ist bei allen Großkatzenarten die Massigkeit und die Mächtigkeit des männlichen Tieres gegenüber dem weiblichen auffällig. Der Kopf ist im männlichen Geschlecht bei allen Arten größer und breiter, der Brustkorb und die Schulterpartie sind mächtiger und das Körpergewicht überwiegt das der Weibchen bei weitem. Bei Löwen werden diese Unterscheidungsmerkmale besonders deutlich, wenn man mähnenlose oder nur sehr schwach gemähnte voll erwachsene Löwenmänner mit Löwinnen vergleicht.

Innerhalb der Gattung der Großkatzen, ja sogar innerhalb der Ordnung der Raubtiere, nimmt der Löwe wegen seiner Mähne eine Sonderstellung ein. Einen derartig stark ausgeprägten und auffälligen Geschlechtsdimorphismus gibt es bei keiner anderen Raubtierart. Zweifellos hängt das u. a. auch mit der Sozialstruktur der Löwen zusammen. In erster Linie stellt nämlich die Mähne des Löwen ein unübersehbares Zeichen seines geschlechtsbedingten Sozialstatus unter Artgenossen dar. Zugleich schützt die Mähne bei Auseinandersetzungen mit anderen Löwen vor Verletzungen. Da bei Löwen keine Rangordnung ausgeprägt ist, muß auch nicht immer wieder ausgefochten werden, wer jeweils stärker ist als der andere. Mit der Mähne als wichtigem körperbaulichem Merkmal signalisiert der Löwe seine Mächtigkeit und damit seinen Anspruch auf Rang. Dieser Ranganspruch männlicher Löwen existiert nur gegenüber weiblichen Artgenossen. Tatsächliche Auseinandersetzungen unter männlichen Löwen dienen nicht der Aufstellung einer länger gültigen hierarchischen Ordnung. Vielmehr kommt es bei Löwen immer nur über aktuelle Geschehnisse zu Streitigkeiten. Das können Auseinandersetzungen um Fleisch oder um Wegerecht sein. Der Ausgang solcher Scharmützel hat keine in die Zukunft reichende Bedeutung. Der Verlierer einer Prügelei ist nicht dauerhaft eingeschüchtert. Bei nächster – oft ähnlicher – Gelegenheit scheut er den erneuten Kampf nicht, dann kann er vielleicht der Sieger sein – bis zum nächsten Mal.

Katzbuckeln ist nicht ihre Art

In der modernen zoologischen Systematik werden nicht nur gestaltliche Merkmale als Kriterien für den Verwandtschaftsgrad verschiedener Arten herangezogen. Zunehmend häufiger bewertet man auch Merkmale des Verhaltens, um Arten oder Unterarten gegeneinander abzugrenzen. So verbindet die Gattung der Großkatzen ein großes gemeinsames Verhaltensinventar, etwa in den Funktionskreisen der Fortpflanzung, des Nah-

10

11

12

13

14

15

16

17

18

Wie alle Großkatzen leben Löwen ausschließlich von Fleisch. Wenn sie dies nicht anderen Raubtieren wegnehmen können oder verendete Tiere finden, müssen sie sich ihre Nahrung erjagen. Größte Aufmerksamkeit ist von Beginn der Jagd an erforderlich (Abb. 18). Nach Ansitz oder Anschleichen springen sie ihre Beutetiere an und reißen sie durch ihr eigenes Körpergewicht zu Boden. Die Abb. 10–15 zeigen einen solchen Vorgang. Die erfolgreiche Jägerin hat ihre linke Vorderpranke im Nacken des Weißbartgnus festgekrallt und zieht durch ihr Gewicht das Gnu zu Boden. Selbst als andere Mitglieder ihres Rudels hinzukommen, lockert sie ihren Griff nicht (Abb. 14 u. 15).
Bei wehrhaften Beutetieren ist die Jagd nicht ungefährlich. Selbst einem erfahrenen Jäger können, wie dem Mähnenlöwen auf Abb. 9, zwei untere Schneidezähne ausgeschlagen oder ausgebrochen werden.
Kräftige Mähnenlöwen können ihre Beute fortschleppen, wie der blonde Mähnenlöwe es mit dem Rest eines Impalabocks macht (Abb. 16).
Unter Aufsicht der Mutter beginnt ein halbwüchsiges Löwenkind im Innern eines erbeuteten Kaffernbüffels zu lernen, das Fleisch von den Knochen des Beutetieres zu reißen (Abb. 17).

19

20

21

Eine Löwin, die soeben ein Steppenzebra geschlagen hat, tut gut daran, solange sie noch allein ist, unverzüglich mit dem Mahl zu beginnen (Abb. 19). Sobald männliche Löwen am Riß eintreffen, erheben sie Anspruch auf die Beute (Abb. 21). Erst wenn die männlichen Löwen sich satt gefressen haben, dürfen sich weibliche Tiere wieder an den Riß herantrauen. Selbst von unbedeutenden Resten eines Beutetieres wird eine Löwin von männlichen Artgenossen mit Vehemenz vertrieben (Abb. 20). Satte Löwinnen ziehen nach vollendetem Mahl einträchtig langsamen Schrittes durchs hohe Gras zu einem Schattenplatz (Abb. 22). Auch der Mähnenlöwe von Abb. 21 ruht im Schatten, nachdem er sich satt gefressen hat (Abb. 23).

rungserwerbs und -verzehrs, im Kampf- oder Markierverhalten. Davon wird noch ausführlich die Rede sein.
Im Drohverhalten gegen Artgenossen, aber auch gegen Artfremde unterscheiden sich Großkatzen sehr deutlich von den anderen Katzenartigen. Großkatzen drohen frontal mit gesenktem Kopf und oft an den Boden gepreßtem Körper, während die anderen Katzen ein unverwechselbares Seitwärtsdrohen zeigen. Dazu gehört die Vergrößerung der Körpersilhouette mit Sträuben der Haare, besonders am Schwanz und vor allem durch das typische Katzbuckeln. Zu diesem auffälligen Hochkrümmen des Rückens sind Großkatzen auch fähig, es gehört bei ihnen jedoch zum Komfortverhalten mit Dehnen und Strecken des Körpers und der Beine.

Mildes Aggressivdrohen

Ein weiteres gemeinsames Verhaltensmerkmal der Gattung Panthera besteht darin, daß sie ihren Kot nicht verscharren, wie das die übrigen Katzen zu tun pflegen. Wer Katzen beim Fressen beobachtet, sieht, daß nur die Großkatzen dabei regelmäßig die Vorderpranken zu Hilfe nehmen, indem sie Fleisch zwischen den Pranken halten oder sie daraufstellen, um Fleischbrocken abzureißen. Dieses Verhalten ist bei den meisten kleinen Katzen selten oder gar nicht zu beobachten.
Das als Flehmen bezeichnete Grimassieren beim Prüfen des Urins der Weibchen, um deren Paarungsbereitschaft festzustellen, ist bei den Großkatzen sehr ausgeprägt, kommt aber in Ausnahmefällen auch bei anderen Katzengattungen vor.
Ein Hinweis auf ihre enge Verwandtschaft ist es, daß sich die Großkatzenarten untereinander kreuzen lassen. Das ist natürlich nur unter Gefangenschaftsbedingungen möglich und kommt in freier Wildbahn nicht vor, selbst wenn zwei Großkatzenarten im gleichen Lebensraum zu Hause sind. Die Nachkommen solcher Mischlinge sind sehr oft unfruchtbar. In manchen Lokalgazetten erscheinen immer wieder sensationell aufgemachte Artikel, wenn in Menagerien oder zweitklassigen Zoos solche Kreuzungen zwischen Löwen und Tigern oder Leoparden »geglückt« sind. Wenn mit solchen vom Menschen herbeigeführten Kreuzungen nicht ausdrücklich begründete, wichtige wissenschaftliche Ziele verfolgt werden, die für die beteiligten Arten oder die Biologie insgesamt Nutzen abwerfen, halten wir solche Kreuzungen für unvereinbar mit der Würde des Tieres.

Von Katanga-, blonden und anderen Löwen

Wie wir im vorigen Abschnitt gesehen haben, stützt sich die Unterscheidung der Gattung Großkatzen von den anderen Gattungen der Katzenartigen, wie etwa Luchse oder Kleinkatzen, auf einfach erkennbare Eigenschaften.
Je weiter man die Unterteilung des Tierreiches vornimmt, desto schwieriger ist sie durchzuführen und – zumindest für den Laien – zu verstehen. Je niedriger die Kategorien der Einteilung – die sogenannten Taxa –, desto näher sind die Tiere einander zoologisch verwandt und desto ähnlicher sind sie einander. Hinter einer dem Laien schwer verständlichen Einteilung wird dann oft engstirnige

Willkür oder wissenschaftliche Spitzfindigkeit vermutet.
Kopfzerbrechen kann schon die Abgrenzung einer **Art** bereiten. In der Zoologie ist zur Zeit die Diskussion um den Artbegriff in vollem Gang. Innerhalb einiger Gattungen sind eindeutige Grenzziehungen zwischen einander ähnlichen Arten oft nicht einfach. Die Unterscheidungsmerkmale für die Festlegung von manchen Gattungen und Arten mögen für den Wissenschaftler leicht erkennbar sein, vom Laien sind sie jedoch oft nicht wahrnehmbar. Beim Löwen ist allerdings die Unterscheidung von den anderen Großkatzenarten, wie etwa Tiger oder Jaguar, mit einem Blick möglich.
Das Streben der Wissenschaft nach Gliederung der Tierwelt ist mit der genauen Festlegung der Art noch lange nicht befriedigt. Das hat zu einer weiteren Aufschlüsselung in **Unterarten** geführt, von manchen auch **Rassen** genannt, obwohl dieser Begriff ursprünglich nur für Haustiere galt. Er wird allerdings auch auf den Menschen angewandt. Auch Unterarten lassen sich noch weiter aufgliedern. Ihre taxonomische Abgrenzung ist ein schwieriges Unterfangen.
In der Wissenschaft herrscht keine Einhelligkeit, woran man Unterarten (Rassen) voneinander unterscheiden kann. Ein gewisser Kompromiß besteht darin, die sogenannte 75-Prozent-Regel anzuwenden. Danach spricht man von einer Unterart, wenn sich 75 Prozent aller Einzeltiere in gut feststellbaren Merkmalen von einer anderen Population derselben Art unterscheiden. Natürlich steckt ein hohes Maß Subjektivität darin, bestimmte Charakteristika auch als Unterscheidungsmerkmale zu erkennen und anzuerkennen. Die Löwenunterarten, etwa Katangalöwe, Senegallöwe, Transvaallöwe, voneinander abzutrennen, ist nach äußeren, im Feld erkennbaren Merkmalen selbst dem Fachmann unmöglich. Um solche Unterscheidungen durchzuführen, müssen beispielsweise Skelette untersucht werden, Körpermaße genommen oder andere biologische Daten erhoben und verglichen werden.
In früheren Jahren wurden Unterarten häufig von Museumszoologen aufgestellt, in manchen Fällen wurden sie fast »befohlen«. Bei Säugetieren dienten vor allen Dingen Skelette und Häute als Kriterien für die Unterartbestimmung. Die Zahl der dafür untersuchten Museumsstücke war oft so klein, daß allein deshalb die 75-Prozent-Regel nicht angewandt wurde.
Die deutschen Namen der so geschaffenen Unterarten richteten sich meist nach dem Gebiet des Vorkommens. So unterschied man Berber-, Senegal-, Nubischen, Abessinischen, Kamerun-, Masai-, Katanga-, Transvaal-, Kap- und sonstige Löwen.
Diese Aufsplitterung in viele Unterarten ist bei Löwen wissenschaftlich wahrscheinlich nicht haltbar, dennoch findet sie noch in manchen Büchern und Feldführern Verwendung. Die individuelle Variationsbreite der körperbaulichen und Verhaltensmerkmale ist von Löwe zu Löwe so groß, daß sich zwischen den einzelnen Populationen mit Sicherheit keine 75prozentige Unterscheidung durchführen läßt. Für unser Anliegen in diesem Buch sind Unterarten ohne Bedeutung.
Eine Ausnahme allerdings möchten wir machen, indem wir den Indischen Löwen vom Afrikanischen abgrenzen. Im Ghir-Forest in Vorderindien gibt es noch eine Restpopulation von wenigen Dutzend des Indischen Löwen, dem möglicherweise tatsächlich der Rang einer Unterart zukommt, die als Panthera leo goojratensis bezeichnet wird. Es ist keineswegs endgültig entschieden, ob der Indische Löwe Merkmale trägt, durch die er von den afrikanischen Artgenossen wirklich unterschieden werden kann.
Immer wieder wird behauptet, am Fehlen oder Vorhandensein, an Färbung oder Verteilung der Bauchmähne im männlichen Geschlecht wären die Unterarten gut voneinander zu trennen. Dabei spielt aber offenbar der Zufall eine Rolle. In unserem eigenen Bildarchiv, das Bilder von Löwen aus sehr vielen Gegenden Afrikas enthält, in denen typische Unterarten vorkommen sollen, haben wir alle möglichen Varianten von Bauchmähne gesehen. Dasselbe gilt im übrigen für die ebenfalls zur Unterscheidung herangezogene Mächtigkeit und Farbe der Mähne.

Eine Häufung von schwarzmähnigen Löwen bei bestimmten Unterarten und damit in bestimmten Regionen läßt sich heute nicht mehr sicher nachweisen. Schwarzmähnige Löwen waren für Großwildjäger sehr begehrte Jagdtrophäen. Daher brachten die Erbmerkmale für schwarze Mähnen möglicherweise Nachteile, so daß diese sich in stark gejagten Populationen nicht durchsetzen konnten oder sogar nachteilig waren. Immerhin wurden in früheren Beschreibungen Häufungen schwarzmähniger oder blonder Löwen in bestimmten Gegenden als Rassenmerkmal gewertet.

Wir haben innerhalb ein und derselben Rudellöwen-Koalition (vgl. S. 60f) schwarzmähnige und blonde Löwen nebeneinander gesehen, ebenso in Rudeln aufwachsende Mitglieder derselben Kohorte, deren beginnende Mähnen sehr unterschiedliche Farben zeigten.

Eine weitere Aufschlüsselung aus taxonomischer Sicht ist die Unterteilung einer Unterart in **Populationen**. Man bezeichnet als Population jene Tiere einer Art, die über mehrere Generationen hinweg in einem mehr oder weniger lockeren Zusammenhang im gleichen Raum leben. Eine Population stellt eine Fortpflanzungsgemeinschaft dar. Deshalb können sich bestimmte vorteilhafte erbliche Merkmale in einzelnen Populationen als Anpassung an die ökologischen Bedingungen des Lebensraums häufen. Wenn solche vererbten Merkmale zu 75 Prozent häufiger auftreten als in einer benachbarten, kann damit der Übergang von einer Population zu einer Unterart vollzogen sein. Manche Populationen können sich von ihren Nachbarpopulationen in einigen Besonderheiten durchaus unterscheiden, jedoch noch nicht so deutlich, daß die erwähnte 75-Prozent-Regel bereits zutrifft.

Zwei womöglich benachbarte Populationen nach ihren kennzeichnenden Merkmalen voneinander abzutrennen, ist nur möglich, wenn eine größere Anzahl von Individuen verglichen werden kann. Dabei sind unterschiedliche Verhaltensanpassungen an verschiedene Lebensräume wichtige Kriterien. Das gilt zum Beispiel für bevorzugte Beutetiere, Jagdmethoden, Rudelgrößen, Sozialverhalten, Verhältnis zwischen Rudellöwen und Nomaden.

IV.

Biologischer Steckbrief

Löwen richtig kennenlernen

Löwen teilen viele Einzelheiten im Bauplan und im Verhalten mit anderen Raubtieren. Manche Besonderheiten sind ausschließlich in der Familie der Katzenartigen zu finden, andere allein in der Gattung der Großkatzen und eine Reihe von Merkmalen nur bei der Art des Löwen.
Wenn man wirklich solide Kenntnisse über Löwen erwerben möchte, dann muß man die geschilderten körperlichen Kennzeichen im Zusammenhang mit ihrer Funktion bewerten. Umgekehrt sind alle Verhaltensweisen in Verbindung mit ihren körperbaulichen Voraussetzungen zu sehen. Nicht immer gelingt es, solche Zusammenhänge herauszustellen. In vielen Bereichen bestehen ausgesprochen große Wissenslücken, die neben körperlichen und verhaltensbiologischen Kenntnissen auch ökologische Bereiche betreffen. Die Fragen, auf die dieses Buch antworten möchte, sind vielfältig. In diesem Kapitel ist von den körperlichen Voraussetzungen die Rede, die Löwen zur Bewältigung des Lebens brauchen.

Vier Zentner Lebendgewicht

Bestimmte körperbauliche Besonderheiten des Löwen haben wir in jenen Kapiteln erwähnt, in denen sie für das Verständnis ihrer Funktion besonders wichtig sind. So haben wir beispielsweise über den zum Schnurren befähigenden Kehlkopf und seinen Aufbau beim Brüllen berichtet, die Mähne bei tätlichen Auseinandersetzungen zwischen männlichen Löwen erwähnt und den Sinnesorganen jeweils eigene Kapitel gewidmet. Vom Gebiß ist im Kapitel über die Abgrenzung gegen andere Raubtierarten die Rede, aber auch im Zusammenhang mit dem Töten des Beutetieres, dem Zerteilen der Beute und der Bedeutung des Gebisses für die Altersbestimmung.
Im folgenden schildern wir weitere charakteristische Merkmale des Löwen:
Löwen sind Großsäuger. Ihre **Körperlänge** variiert von Unterart zu Unterart, von Population zu Population und besonders stark zwischen Männchen und Weibchen. Die Kopf-Rumpflänge reicht im männlichen Geschlecht von 1,70 bis 2,50 m. Weibchen variieren zwischen 1,58 und 1,92 m. Der Schwanz ist etwa 90 cm lang, die Angaben schwanken zwischen 60 und 100 cm. Daraus ergibt sich dann eine Gesamtlänge – also von der Nasenspitze bis zum Schwanzende – für männliche Tiere von 2,56 bis 3,28 m und bei weiblichen Tieren von 2,38 bis 2,74 m. Eine Rekordlänge wird in der Literatur mit 3,35 m angegeben.
Im **Gewicht** wird wiederum der Geschlechtsunterschied sehr deutlich. Männliche Löwen wiegen zwischen 150 und 238 kg mit einem Durchschnittsgewicht von 180 bis 200 kg. Weibliche Tiere bringen es auf 122 bis 182 kg mit einem Durchschnitt von etwa 150 kg.
Bei der **Höhe** des Löwen muß die Schulterhöhe von der Gesamthöhe – also bis zur Scheitelspitze – unterschieden werden. Männliche Löwen bringen es auf eine Schulterhöhe von 100 bis 107 cm und eine Scheitelhöhe von 123 cm. Löwinnen bleiben in ihrer Schulterhöhe meist unter 90 cm, die Scheitelhöhe beträgt bei ihnen maximal 97 cm. Im allgemeinen ist die Schulterhöhe ein verläßlicheres Maß als die Kopfhöhe, denn im Rahmen des körperlichen Ausdrucksverhaltens kann der Löwe den Kopf sehr unterschiedlich hoch halten.

Am liebsten ganz langsam

Löwen sind **Zehengänger**. Das heißt, beim Gehen haben nur die Finger- oder Zehenknochen Bodenkontakt, ihre Flächen sind mit weicher, haarloser Haut gepolstert. An den Vorderpranken haben sie fünf Zehen, an den Hinterpranken nur vier. Vorne ist der erste Strahl, der dem menschlichen Daumen entspricht, kürzer als die übrigen Zehen. Das ist vorteilhaft für das Festhalten von Nahrung. Der kürzere erste Finger kann zwar nicht wie der menschliche Daumen abgespreizt und den übrigen Fingern entgegengestellt, also zum richtigen Greifen benutzt werden, jedoch werden manchmal schmale Beuteteile, z. B. Beine, zwischen dem ersten Finger und den übrigen nahezu eingeklemmt. Bei den Fußabdrücken der Vorderpranken erscheint der erste Finger nicht, weil er körperwärts nach oben zurückversetzt ist. An der Hinterpranke fehlt der erste Strahl, also jene Zehe, die unserer Großzehe entspricht.

Elastisches Band an der Kralle

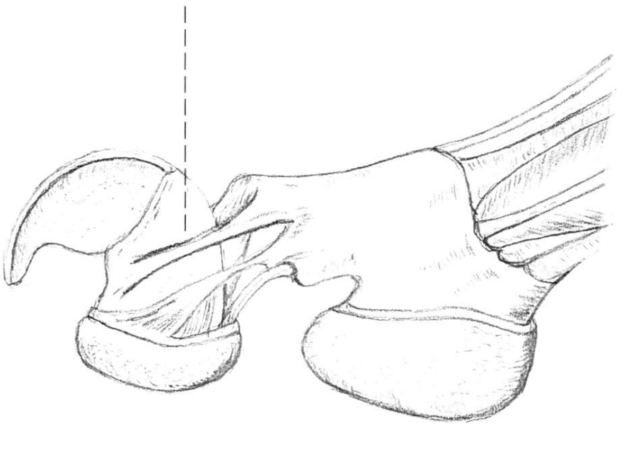

Die **Krallen** sind halbmondförmig gebogen, äußerst spitz, seitlich zusammengedrückt und sehr scharf. Sie sind in Ruhehaltung vollständig in Hautscheiden an den Fingerenden zurückgezogen. Das ermöglicht den Löwen »auf leisen Sohlen« zu gehen und vor allem Beute anzuschleichen, ohne den Boden aufzukratzen. In entspannter Haltung sind die Finger gekrümmt, wodurch die Krallen mit Hilfe eines besonderen elastischen Bandapparates an der Außenseite von Mittel- und Endglied eingezogen werden. Um die Krallen vorzustrecken, müssen die Finger aktiv ausgestreckt werden, dabei wird das erwähnte dehnbare Band gespannt. Werden die Finger wieder in ihre Ruhestellung zurückgenommen, zieht dieses Band die Krallen wieder in ihre Scheiden zurück.
Die Verhornungen an den Spitzen der Zehen bei den Säugetieren hatten ursprünglich die Funktion, den Verschleiß oder die Abnutzung bei der Fortbewegung auf hartem Grund zu mildern. Im Laufe der Entwicklungsgeschichte sind aus dieser Verhornung bei den verschiedensten Tierarten die unterschiedlichsten Instrumente geworden: Hufe zum Laufen, Krallen zum Festhaken, Instrumente zur Körperpflege, zum Bodenscharren oder zum Graben, um nur einige Funktionen zu nennen. Beim Löwen sind die Krallen in erster Linie gefährliche Greifapparate, die beim Beuteerwerb eine große Rolle spielen. Zugleich gestatten sie dem Löwen, die Beute festzuhalten. Auch bei der Fortbewegung können sie den Pranken festen Halt bieten. Immerhin können Löwen sogar Bäume mit glatter Rinde erklimmen. Im Kampf mit Artgenossen oder Feinden sind die Krallen sehr gefährliche Waffen.
Die normale Fortbewegung des Löwen ist der **Schritt** im Kreuzgang. Dabei werden jeweils die einander diagonal gegenüberliegenden Extremitäten nahezu gleichzeitig angehoben und wieder aufgesetzt. Linkes Vorderbein und rechtes Hinterbein werden also etwa gleichzeitig vom Boden abgehoben und wieder aufgesetzt und dann folgt dasselbe mit dem rechten Vorderbein und linken Hinterbein. Der Schritt ist die hauptsächliche Gangart, in der Löwen auch große Entfernungen überwinden, etwa auf dem Wege zu einem neuen Jagdgebiet, zu einem Ruheplatz, zur Tränke oder beim Wechsel des Lagerplatzes.
Die nächst schnellere Gangart ist der **Trab**. Hierbei werden genau wie beim Schritt die diagonalen Beine gleichzeitig bewegt, das geschieht aber schneller als beim Schritt und streng gleichzeitig. In Trab fallen Löwen nur, wenn sie sich irgendeinem Ziel besonders schnell nähern wollen und dabei nicht von Beutetieren oder Feinden entdeckt

werden wollen. Ein hungriger Mähnenlöwe kann sich über viele hundert Meter seinem am Riß fressenden Rudel im Trab nähern.

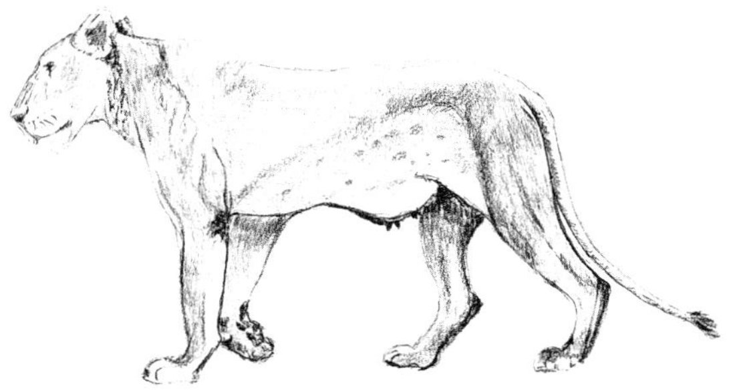

Gehende Löwin

Die Gangart des **Galopp**, bei der Löwen kurzfristig eine Geschwindigkeit bis zu 65 km pro Stunde erreichen können, wird vor allem beim Beuteerwerb, aber gelegentlich auch bei der Verfolgung von Feinden oder gegnerischen Artgenossen benutzt. Hierbei stoßen sich die Tiere mit den Hinterbeinen ab und verlassen auf der Höhe des Galoppsprunges mit allen vier Beinen den Erdboden. Je nachdem, welches Vorderbein dabei führt, unterscheidet man einen Linksgalopp von einem Rechtsgalopp. Im letzten Sprung, etwa beim Schlagen der Beute oder bei einem Angriff auf Gegner oder Feinde, können Löwen es auf eine Sprungweite von über sechs Meter bringen.
Insbesondere bei der Fortbewegung im Galopp und im Sprung erfüllt die Wirbelsäule eine wichtige Aufgabe. Sie ist außerordentlich biegsam. Wenn sie sich in der Mitte nach unten durchbiegt, wird dadurch die Streckung der Beine nach weit vorn und weit hinten gefördert; umgekehrt gestattet die Krümmung nach oben im Sinne eines Katzenbuckels, die Beine unter die Mitte des Körpers zu bringen, der dadurch geradezu verkürzt wird. Je weiter die für den Sprung ausschlaggebenden Hinterbeine unter den Massenmittelpunkt des Körpers nach vorn gelangen können, um so kraftvoller können sie das ganze Tier abstoßen. Ein elastischer Bandapparat, der die einzelnen Wirbel miteinander verbindet, schnurrt bei maximaler Streckung der Wirbelsäule ebenso wie bei ihrer Beugung wie ein Gummiband zusammen und unterstützt dadurch die Arbeit der Beinmuskulatur beim schnellen Laufen und Springen. Diese Muskeln sind ohnehin besonders kräftig ausgebildet. Im Schritt können Löwen erstaunlich lange Strekken zurücklegen, wobei sie häufig Pausen einschalten, in denen sie sich hinsetzen oder -legen. In den schnelleren Gangarten sind Löwen jedoch keineswegs ausdauernde Läufer. Das hängt damit zusammen, daß ihr Herz nicht für die Dauerleistung ausgelegt ist, die kräftigen Bein-, Lauf- und Sprungmuskeln über längere Zeit mit Blut zu versorgen. Ein Maß dafür ist die **Herzgröße**, sie beträgt beim männlichen Löwen nur 0,46 Prozent des Körpergewichtes, bei der Löwin 0,57 Prozent. Löwinnen sind daher bei hohen Geschwindigkeiten etwas ausdauernder. Bei der Jagd kommt ihnen das zugute. Bei Tüpfelhyänen wiegt das Herz etwa 10 Prozent des Körpergewichtes, sie sind daher viel ausdauerndere Schnelläufer als Löwen. Wegen der mangelhaften Dauerleistung ihres Herzens besitzen Löwen auch nicht die Voraussetzungen zur Verfolgungsjagd wie etwa Tüpfelhyänen oder Afrikanische Wildhunde. Herzgröße und Jagdmethoden stehen also in einem engen Abhängigkeitsverhältnis.

Kraftübertragung durch Krallen

»Ex ungue leonem«, stellte bereits der griechische Philosoph Plutarch fest: an der Kralle erkennt man den Löwen. Zweifellos ist mit dieser Feststellung nicht gemeint, daß nur Form, Größe oder Schärfe und andere Besonderheiten der Löwenkralle die wichtigsten Erkennungsmerkmale dieser Tierart seien. Die Krallen des Löwen und ihre Besonderheiten sind zwar für diese wehrhafte Großkatzenart recht charakteristische gestaltliche Merkmale, ebenso bedeutsam aber ist ihr funktionaler Aspekt beim artgemäßen Gebrauch. Der Besitz dieser Krallen ist mit vielen sehr typischen Verhaltensweisen eng verknüpft. Die Krallen sind Werkzeuge bei der Entfaltung von Kraft. Sie sind zugleich Symbole der Macht. Die Kralle macht deutlich, daß der Löwe vom Fleisch anderer Tiere lebt. Insofern ist sie ein viel charakteristischeres

Merkmal für den Löwen als die muskelbepackte Gestalt, die mächtige Mähne, das donnernde Grollen oder der freundliche Umgang mit Rudelmitgliedern. Plutarch hatte offenbar schon klar erkannt, daß auch Verhaltensweisen für die Charakterisierung eines Tieres hohe Bedeutung haben. Damit bekundet der Philosoph, daß schon in der Antike eine aufgeschlossene biologische Denkweise herrschte.

Der Stachel am Schwanz

Eine Besonderheit ist der **Hornstachel** am Ende des Schwanzes, er ist in der schwarzen Schwanzspitze verborgen. Nach Angaben vieler Autoren haben nicht alle Löwen diesen Hornstachel. Über seine Funktion und seine Entstehung ist viel gerätselt worden. Einige Wissenschaftler meinen, es handele sich um die Überreste des letzten Schwanzwirbels. Diesem Hornstachel wird gelegentlich eine »anstachelnde« Wirkung zugeschrieben, wenn Löwen mit den Schwänzen peitschen. Hierbei bleibt offen, zu welcher Tätigkeit Löwen sich selbst oder die vom Stachel getroffenen Artgenossen »anstacheln« wollen. Es ist müßig, um nicht zu sagen töricht, in allen Besonderheiten des Körperbaus – und sogar des Verhaltens – irgendeinen Sinn oder Zweck erblicken zu wollen. Vermutlich ist der Hornstachel im Schwanz des Löwen das Rudiment von Strukturen, die den Vorfahren des Löwen auf irgendeine, für uns nicht mehr erkennbare Weise geholfen haben, das Überleben zu sichern.

Das gilt auch für den **Penisknochen**, der bei Löwen vorkommt, für dessen aktuelle Existenz es aber keine funktionelle Erklärung gibt. Wahrscheinlich ist auch er nur ein Rudiment, das sich im Erbgut erhalten hat, da das Vorhandensein eines Penisknochens keine Überlebensnachteile zur Folge hat.

V.

Kommen da Büffel oder Zebras?

In der Savanne des Meru-Nationalparks in Nordkenia döst ein Löwenrudel. Mehrere Weibchen liegen mit enger, flächiger Körperberührung auf der Seite. Etwas abseits schlafen unter einem Busch zwei große Mähnenlöwen. Eine Löwin liegt in der typischen Sphinxstellung auf einem flachen Termitenhügel. Die Vorderbeine sind nach vorn gestreckt, der Kopf ruht bei weit vorgestrecktem Hals auf den Vorderpranken. Diese Löwin schläft nicht, aus welchen Gründen auch immer. Sie döst nicht einmal.

Die Savanne ist übersät mit grasenden Gazellen. Deren Meidedistanz gegenüber den Löwen beträgt hier etwa 50 Meter. Alle Augenblicke mustert die eine oder andere Gazelle das Löwenrudel für ein paar Sekunden, um dann ruhig weiter zu weiden. Die Löwen nehmen von den Gazellen keine Notiz, obwohl sie diese mit Sicherheit schon lange entdeckt haben. Plötzlich erhebt die wache Löwin auf dem Termitenhügel ruckartig ihren Kopf und blickt angespannt in die Ferne. Wir folgen ihrem Blick und sehen in etwa zwei Kilometern Entfernung eine Gruppe von sechs bis acht dunklen, großen Tiere. Mit dem Glas können wir erkennen, daß es sich um Büffel handelt. Die Löwin legt den Kopf wieder auf die Vorderbeine, ohne den Blick von den Büffeln zu wenden. Von Zeit zu Zeit hebt sie ihren Kopf und sieht konzentriert in Richtung der Büffel. Als diese nur noch 300 Meter vom Rudel entfernt sind, werden sie von zwei weiteren Löwinnen entdeckt.

An den eingefallenen Bäuchen der Löwen sehen wir und aus den Beobachtungen der letzten Tage wissen wir, daß die Löwinnen dieses Rudels seit Tagen keine Beute geschlagen haben. Sie sind hungrig. Löwen mit knurrenden Mägen sind immer sehr aufmerksam. Sie müssen abschätzen, ob sie ein Beutetier überwältigen können. Die Büffel kommen immer näher: 200 Meter, 150 Meter, 80 Meter. Sie marschieren geradenwegs in das Löwenrudel hinein. Da der Wind von der Seite kommt, haben sie noch keine Witterung von den Löwen. Ebenso können die Löwen die Büffel noch nicht mit der Nase wahrnehmen. Jetzt bleibt einer der Bullen stehen. Er stellt sich breitseits und wendet den Kopf zu den Löwen hin. Schlagartig sind alle Löwen hellwach. Auch alle Büffel haben das Rudel gesehen.

Hier im Meru-Nationalpark stehen Büffel normalerweise nicht auf dem Speiseplan für Löwen. Außerdem sind diese sechs Bullen besonders massig und wehrhaft. Sie kommen als Beute für die Löwen nicht in Frage. Eine erfolglose Jagd würde nur Energie kosten und nicht ungefährlich sein. Das haben auch die Löwen erkannt. Mit einer kleinen Korrektur ihrer Richtung ziehen die Büffel ohne Hast an den Löwen vorbei. Sie wirken furchtlos. Nur ab und zu schenken sie den Großkatzen ein wenig Aufmerksamkeit. Die Löwen dagegen beachten jeden Schritt und Tritt. Sie machen aber keine Anstalten, die Büffel zu jagen.

Als die massigen Hornträger längst vorbeigezogen sind, trägt der Wind ihre Witterung den Löwen zu. Jetzt heben sie die Nasen und wittern, nachdem sie die Verfolgung mit den Augen bereits aufgegeben haben.

Eine Stunde später nähert sich aus derselben Richtung eine Zebrafamilie. Sie wird zuerst von einer anderen Löwin als der vorher erwähnten gesehen und offenbar sofort als geeignete Beute eingeschätzt. Die Erstentdeckerin schaut sehr auffällig zu den Zebras und erhebt sich ein wenig. Dadurch

werden auch die anderen Löwinnen aufmerksam. Im Handumdrehen verbreitet sich Jagdstimmung, und schon schleichen sich drei Jägerinnen in etwas unterschiedlichen Richtungen davon. Nach allem, was wir von Löwen kennen, haben sie ganz eindeutig die Absicht, die Zebras zu jagen.
Aus uns nicht ersichtlichem Grund galoppieren die Zebras plötzlich zurück in die Richtung, aus der sie gekommen sind. Wir glauben nicht, daß sie bei dem großen Abstand die Löwinnen entdeckt haben. Diese aber haben die Flucht der Zebras sofort wahrgenommen, sie verlassen ihre Dekkung und kehren unter Mißachtung jeder Vorsicht, gesehen zu werden, in langsamem Schritt zum Rudel zurück. Sie haben mit ihren Augen wahrgenommen, daß für eine erfolgreiche Jagd keine Chancen mehr bestehen.
Von der abgebrochenen Jagd zurückkehrend, haben die Löwinnen den Ruheplatz des Rudels noch nicht ganz erreicht, als man aus einem nahen Gebüsch das Aufeinanderkrachen von Hörnern hört. Vor ein paar Stunden haben wir dort Impalas gesehen. Wir halten es für möglich, daß dort ein territorialer Bock gegen einen Eindringling kämpft. Obwohl das Hörnerkrachen nicht zu überhören ist, nimmt keiner der Löwen davon Notiz. Offenbar bewerten sie diese Geräusche als für ihre Belange unbedeutend. Impalas sind wegen ihrer Wachsamkeit und Behendigkeit für Löwen äußerst schwer zu erjagende Beutetiere. Wahrscheinlich haben diese Löwen entsprechende Erfahrungen gemacht.
Aus weiter Ferne erreicht uns, für unsere Ohren eben hörbar, das unverkennbare grollende Gebrüll eines Löwen. Wie vom Blitz getroffen sind alle Löwen in unserem Rudel wach und sogleich sehr aufmerksam. Einige kommen auf die Beine und alle blicken in die Richtung, aus der das Gebrüll immer noch erschallt. An den zuckenden Schwänzen der erwachsenen Löwen kann man deren Erregung ablesen. Drei oder vier antworten dem fernen Artgenossen mit ein paar Rufreihen. Doch schnell hat sich das Rudel wieder beruhigt. Offenbar können Löwen nicht nur über große Entfernungen Laute wahrnehmen, sondern diese auch noch recht genau deuten. Vielleicht kennen sie die fernen Rufer.
Die Sonne steht schon sehr tief, sie wird bald untergehen. Da springt eine erwachsene Löwin auf. Sie hebt den Kopf, und man sieht förmlich, wie sie – den ganzen Körper gegen den Wind gestellt – irgend etwas riecht. Die Nase ist hoch erhoben, wir sehen, wie sie die Luft einzieht. Weitere Löwinnen erheben sich und stellen sich in die gleiche Richtung. Einige gehen ein paar Schritte dem Wind entgegen, bleiben wieder stehen, riechen erneut und verschwinden im Gebüsch.
Die Mähnenlöwen bleiben liegen, die Junglöwen wirken unschlüssig, verlassen aber den Rudelplatz nicht. Die Dunkelheit hindert uns, den schnell verschwindenden Löwinnen zu folgen. Offensichtlich haben sie Witterung von einem Beutetier zugetragen bekommen. Am nächsten Morgen finden wir, drei Kilometer vom gestrigen Lagerplatz des Rudels entfernt, die kümmerlichen Reste eines Zebras, um das sich die Geier streiten. Keine 200 Meter entfernt treffen wir auf zwei Löwinnen unseres Rudels und ihre Jungen – mit prall gefüllten Bäuchen. Wir vermuten sicher nicht zu Unrecht, daß ein leistungsfähiger Geruchssinn die Löwinnen hier zur Beute geführt hat.

Wie Löwen ihre Sinne beieinanderhaben

Für die vielfältigen Aufgaben der Verständigung werden die Sinnesorgane, abhängig von der Situation, in unterschiedlicher Häufigkeit eingesetzt. Dem Gesichtssinn kommt bei Löwen besonders große Bedeutung zu. Viele Einzelheiten optischer Verständigung bedürfen keiner besonderen Erklärung, weil wir Menschen als visuell eingestellte Lebewesen sie besonders gut nacherleben können. Aber obwohl Löwen Augentiere sind und sehr viele Informationen über ihre Umwelt sehen, tauschen sie auch untereinander eine breite Palette unterschiedlicher Nachrichten durch Lautäußerungen, Gerüche und Berührungen aus. Häufig sind diese verschiedenen Verständigungskanäle untereinander und zugleich noch mit dem optischen gekoppelt.

Ein großer Teil der Aktivität der Löwen spielt sich in der Nacht ab. Manche Löwen leben in einem Biotop, in dem auch am hellichten Tag kein weiter Rundumblick möglich ist, weil die Gegend dicht mit Büschen bewachsen oder von Felsbrocken übersät ist. Unter diesen Bedingungen kann selbst der beste Gesichtssinn wenig zur Verständigung oder Orientierung beitragen. Da sind differenzierte Lautäußerungen und ein empfindlicher Gehörsinn notwendig.
Als mobile Tiere mit riesigen Streifgebieten oder Territorien können Löwen manche Information allein aus räumlichen Gründen weder sehen noch hören. Um sich dennoch mit Artgenossen oder artfremden Tieren verständigen zu können, sind geruchliche Signale und eine empfindliche Nase sehr nützlich. Als Tiere mit sehr engem körperlichen Kontakt kann es für Löwen sinnvoll sein, sich durch Berührungen zu verständigen, dazu brauchen sie die Augen nicht aufzumachen, die Stille ihres Aufenthaltsortes nicht durch verdächtige Geräusche zu durchbrechen und nicht gezielt Geruchsmarken anzubringen.
Die Methodik, wie sie sich im Einzelfall verständigen, hängt nicht nur davon ab, was Löwen sich zu sagen haben, sondern auch weitgehend von äußeren Gegebenheiten.

Sehen geht über hören

Bei allen Katzenartigen ist der Gesichtssinn hoch entwickelt. Die Sehschärfe der Katzen entspricht ungefähr unserer menschlichen. Die Fähigkeit, in der Dunkelheit zu sehen, ist jedoch bei den Katzen um ein Vielfaches besser als bei uns Menschen ausgeprägt. Das hat zwei Gründe. Die Licht wahrnehmende Zone am Augenhintergrund ist bekanntlich die Netzhaut. Hier sitzen die lichtempfindlichen Zellen, die alle durch die Linse gebündelten optischen Reize empfangen. Die Netzhaut der Katzenartigen ist schon von sich aus sehr lichtempfindlich. Dieser Effekt wird aber zusätzlich dadurch gesteigert, daß im Katzenauge hinter der Netzhaut eine Schicht mit reflektierendem Gewebe liegt. Dieses wissenschaftlich »tapetum lucidum« (wörtlich: leuchtende Tapete) genannte Gewebe ist der Grund dafür, daß in der Dunkelheit von künstlichen Lichtquellen getroffene Katzenaugen so besonders kräftig grüngelb leuchten. Licht, das die Netzhaut bereits passiert hat, geht nicht verloren, es wird von dieser reflektierenden Schicht wie von einem Spiegel noch einmal in die Netzhaut zurückgeschickt.
Ein anderer Grund für das bessere Nachtsehen der Katzen liegt in der Fähigkeit, die Pupillen besonders weit öffnen zu können. Bei allen Arten der Gattung der Großkatzen sind die Pupillen rund, während sie bei Kleinkatzen eine ovale Form haben. Diese schlitzförmig ovalen Pupillen sind besonders gut geeignet für eine schnelle und weitgehende Abblendung besonders hellen Lichtes bei gleichzeitiger Möglichkeit zu großer Erweiterung in der Dunkelheit.
Als Beutegreifer im eigentlichen Sinne dieses Wortes und auch wegen anderer Besonderheiten ihres Lebens müssen alle Katzen möglichst gut räumlich sehen können. Diese Fähigkeit wird immer dann erreicht, wenn sich die Gesichtsfelder beider Augen in der Mitte möglichst weit überschneiden. Wenn ein und derselbe Gegenstand aus der Umgebung gleichzeitig von beiden Augen scharfgesehen wird, kann seine Entfernung zum Betrachter dadurch ziemlich genau abgeschätzt werden.
Der fast parallele Verlauf der Sehachsen beider Augen verleiht im übrigen jedem tierlichen Gesicht einen bestimmten, uns Menschen besonders ansprechenden Ausdruck. Das Gesichtsfeld, in dem beim Löwen räumliches Sehen möglich ist, entspricht weitgehend dem des Menschen. Bei einäugigem Sehen schaffen es Löwen besser als der Mensch, ohne den Kopf zu bewegen, ein wenig mehr von dem zu sehen, was hinter ihnen vorgeht. Für das Tier selbst ist diese Ausrichtung der Augen mit gewissen Nachteilen verbunden. Mit beiden Augen nach vorn blickende Tierarten sehen nicht alles, was hinter ihnen geschieht. Um diesen Mangel auszugleichen, haben sie meist die Fähigkeit, den Kopf sehr weit nach hinten drehen zu können. Am stärksten ist das bei Eulen ausgeprägt, die ihren Kopf um 180 Grad nach hinten drehen kön-

nen. So gut wie die Eulen können die Katzen das zwar nicht, aber als wehrhafte Tiere sind sie auch nicht so gefährdet, hinterrücks überfallen zu werden.

Dieser fast parallelen Augenstellung steht jene Anordnung der Augen gegenüber, die man bei den bevorzugten Beutetieren der Löwen, also den Pflanzenfressern, vor allem Huftieren, findet. Bei ihnen liegen die Augen nicht fast plan nebeneinander im Gesicht, sondern seitlich am Kopf. Daher können die meisten Huftiere fast ihr gesamtes Umfeld durchmustern, ohne den Kopf bewegen zu müssen. Natürlich besteht bei diesen Arten keine Notwendigkeit, vor ihnen befindliche Objekte räumlich zu sehen oder die Entfernung ihrer pflanzlichen Nahrung abzuschätzen. Da orientieren sie sich besser mit dem Geruchssinn und dem feinen Gefühl ihrer empfindlichen Nüstern und Lippen.

Die nach vorn gerichtete Stellung der Augen ist eine Teilursache dafür, daß wir durch die Art, wie Löwen uns ansehen, fasziniert werden. Wer sich in einem Fahrzeug einem Löwen auf wenige Meter nähert und dessen Aufmerksamkeit erregt, wird von diesem Tier herausfordernd direkt angesehen.

Junglöwe: Aufmerksamkeitsgesicht

Mensch und Löwe blicken einander tief in die Augen und beiden wird dabei diese optische Begegnung bewußt. Jeder sieht, daß der andere ihn ansieht. Allen Bewegungen seines Gegenübers folgt der Löwe durch Bewegung seiner Augäpfel, die mit einem präzise funktionierenden Muskelapparat ausgestattet sind. Nach wenigen Sekunden löst der Löwe meist den Blick vom Auge des Betrachters. Dann entsteht bei diesem das Gefühl, der Löwe blicke durch ihn hindurch. Tatsächlich hat der Löwe dann beide Sehachsen wieder parallel gerichtet. Er schaut dann in die Ferne, selbst wenn es dort nichts für ihn Interessantes zu sehen gibt.

Nicht nur die Stellung der Augen, sondern auch die Beweglichkeit beider Augäpfel verleiht dem Löwengesicht etwas Fesselndes. Ohne den auf die Vorderpranken gelegten Kopf heben zu müssen, kann ein Löwe zum Beispiel einen fliegenden Geier allein dadurch fixieren, daß er die Augäpfel nach oben dreht. Die Lider des Löwenauges sind ausgesprochen beweglich. Er kann die Lidspalte – etwa im grellen Sonnenlicht – lediglich zu einem schmalen Schlitz öffnen. Nur wenig geöffnete Lider gestatten es, daß die Pupillen dennoch weit bleiben. Bei weit aufgerissenen Lidern mit mehr Lichteinfall verengen sie sich zu kreisrunden Löchern. Pupillenweite, Lidspaltengröße und Bewegungen der Augäpfel sind wichtige Elemente des mimischen Gesichtsausdrucks eines Löwen.

Um die detaillierten Einzelheiten aller optischen Eindrücke zu deuten, besitzen Löwen ein gut ausgebildetes Sehhirn. Hier werden die Bilder der Netzhaut dem Bewußtsein zugänglich gemacht, mit anderen Sinneseindrücken verknüpft, mit bestimmten Erwartungen verglichen und schließlich – bei Bedarf – zu Reaktionen weiterverarbeitet.

Für die Entdeckung und Verfolgung der Beute bei der Jagd, aber auch für die Orientierung im Gelände hat der Gesichtssinn der Löwen besonders große Bedeutung.

Wir haben in Afrika einseitig blinde Löwen gesehen, die durch die Unfähigkeit zum räumlichen Sehen deutlich behindert waren. Im Luangwa-Nationalpark in Sambia sahen wir eine Löwin, deren linkes Auge offenbar durch einen Tumor oder eine sehr stark wuchernde Narbe blind geworden war. Auf Grund ihrer Stärke und ihres ausgezeichneten Ernährungszustandes schätzten wir, daß sie früher eine aktive und erfolgreiche Jägerin war. Sie nahm an mehreren von uns beobachteten Jagden des Rudels nicht mehr teil, weil sie wahrscheinlich für die Jagd nicht mehr ausreichend plastisch sehen konnte.

Ihre trotzdem noch ausgezeichnete Konstitution verdankte sie offenkundig der sozialen Lebensweise im Rudel, durch die sie von verwandten Artgenossinnen gut versorgt wurde.
Einseitig blinde Mähnenlöwen haben wir öfter gesehen. Bei Auseinandersetzungen sind Löwen bekanntlich nicht zimperlich. Mit ausgestreckten Krallen verprügeln sie sich gelegentlich gegenseitig. Dabei kann schon einmal versehentlich auch ein Auge getroffen werden. Bei männlichen Löwen ist das fast immer mit einem Verlust von Selbstbewußtsein verbunden. Denn wenn ein Löwenmann die auf sein Gesicht herabprasselnden Prankenschläge nicht mehr sieht und den Kopf nicht abwenden kann, um die Schläge mit der dicken Mähne abzupuffern, unterliegt er in einem Kampf fast regelmäßig. In einer Rudellöwen-Koalition muß ein solcher Löwe dennoch seinen Platz nicht verlieren, weil seine Koalitionsgenossen ihm grundsätzlich freundlich gegenüberstehen, zumindest solange er Auseinandersetzungen mit ihnen meidet.

Mit gespitzten Ohren

Wie alle Katzen besitzen auch Löwen einen empfindlichen Gehörsinn. Ein gutes Ohr brauchen Löwen schon für die sehr vielfältigen Lautäußerungen, zu denen Löwen fähig sind und deren sehr unterschiedliche Bedeutung sie erkennen müssen. Für Tiere, die viel von ihrer Aktivität in der Nacht, insbesondere in mondlosen Nächten, entwickeln, ist ein gutes Gehör sehr wichtig. Dasselbe gilt für viele Löwen, die in unübersichtlichem Gelände mit dichter Vegetation leben oder in hügeligem Gelände oder in Biotopen, in denen Felsblöcke die Sicht behindern. Auch für das Aufspüren ihrer Jagdbeute unter diesen Bedingungen brauchen die Großkatzen ein leistungsfähiges Gehörorgan. Der Tonumfang, den Löwen hören können, entspricht etwa demjenigen, den auch wir Menschen hören. Genaue Untersuchungen über die Empfindlichkeit des Organs sind uns nicht bekannt.
Bei den Löwen, die wir an vielen Stellen Afrikas beobachtet haben, waren unsere Gehöre im groben Vergleich denen der Löwen etwa gleichwertig. Wir konnten jedes Geräusch, das Löwen aufmerksam werden ließ, unsererseits auch hören. Die Bedeutung des Hörens läßt sich nicht allein an der Qualität des Signalempfängers Ohr erklären. Vielmehr muß diesem leistungsfähigen Hörapparat ein Gehirnteil entsprechen, der in der Lage ist, viele äußerst unterschiedliche Töne, Laute, Geräusche zu deuten. Das Hörhirn, nicht der Schallempfangsapparat Ohr liefert dem Löwen die Information, ob er eine Beute, einen aggressiven oder freundlich gestimmten, einen alten oder jungen Artgenossen vor sich hat und was dieses Tier jeweils beabsichtigt.
Richtungshören ist für Löwen überaus wichtig. Sehr bewegliche Ohrmuscheln erleichtern die Ortung einer Lautquelle im Umfeld. Ein Geräusch, das den Kopf des Löwen von links trifft, wird vom linken Ohr zuerst wahrgenommen und bereits an das Gehirn weitergeleitet, während der Schall durch die Luft noch zum rechten Ohr unterwegs ist. Allein dadurch kann der Löwe feststellen, aus welcher Richtung der Schall kommt. Jetzt kann er den Kopf in die betreffende Richtung drehen und in Feinabstimmung die Ohrmuscheln exakt so ausrichten, daß er eine recht genaue Lokalisation der Geräuschquelle vornehmen kann.

Die richtige Nase fürs Rudel

In vielen Bereichen des Soziallebens der Löwen, aber auch zur Orientierung im Raum und zum Auffinden der Beute wird oft der geruchliche Verständigungskanal eingesetzt. Die Verständigung zwischen Löwen untereinander, aber auch mit Tieren ganz anderer Arten ist immer dann auf den geruchlichen Sinneskanal angewiesen, wenn die »Gesprächs«-Partner nicht zu sehen oder nicht zu hören sind. Die Verständigung über Gerüche ist im übrigen unter bestimmten Umständen auch deshalb sehr vorteilhaft, weil Gerüche sehr lang anhaltende Mitteilungen darstellen. Wenn optische Signale, mit denen sich Tiere verständigen wollen, wegen Dunkelheit oder Sichtbehinderung nicht genau zu sehen sind, kann die beabsichtigte

Verständigung nicht zustande kommen und auch nicht kontrolliert werden. Es kann sein, daß im wahrsten Sinne des Wortes nur ein Augenblick zur Verfügung steht, um eine bestimmte Information von einem anderen Tier zu empfangen. Dieses mag sich nach einmaliger »Sendung« einer Nachricht entfernen, verstecken oder aus äußeren Gründen wegen dazwischen liegender Hindernisse oder ungünstiger Sichtverhältnisse nicht mehr erkannt werden. Eine einmal verpaßte optisch übermittelte Nachricht kann unter Umständen für immer verloren sein. Dasselbe gilt für Schallwellen. Sie breiten sich zwar nicht so schnell aus wie jene elektromagnetischen Schwingungen, die Grundlage des Sehens sind, sind aber dennoch nur sehr kurzfristig wirksame Informationsmittel. Dem verpaßten Augenblick im Rahmen der optischen Verständigung entspricht der ungehört verhallte Ruf in der akustischen Kommunikation.

Das kann bei Gerüchen nicht so leicht passieren. Geruchsquellen sind eben keine elektromagnetischen Wellen, sondern chemische Substanzen. Diese können sich zwar schnell in nicht mehr riechbare andere Verbindungen umwandeln, normalerweise überdauern geruchliche Signale jedoch eine gewisse Zeit. Wenn sie vom Wind herangetragen werden, besteht für den Empfänger die Möglichkeit, sie bei der nächsten Luftströmung noch einmal zu kontrollieren. An Gegenständen oder Vegetation angebrachte Duftmarken kann jedes Tier, das sie riecht, immer und immer wieder überprüfen, bis es sicher ist, was dieser betreffende Duft alles ausdrückt. Bestimmte Nachrichtenübermittlung kann auch geruchlich sehr viel gefahrloser erfolgen. Um einen Löwen zu riechen, braucht sich ein durch ihn gefährdetes Beutetier ihm nicht auf Sicht- oder Hörweite zu nähern. Unterlegene Artgenossen, die in ein Rudelterritorium eindringen, erfahren durch den Geruch sehr schnell Einzelheiten über die Besitzer des Territoriums. Sie können sich aus dem Staube machen, ehe sie gesehen oder gehört werden und sich dadurch der Gefahr der Verfolgung aussetzen. Sie können auch am Geruch erkennen, ob sie einen schwachen oder gar kranken Artgenossen vor sich haben, den sie nicht fürchten müssen. Umgekehrt können Eindringlinge ihre Geruchsmarken hinterlassen, um den Territoriums-Besitzern mitzuteilen, daß hier auch noch andere Löwen leben.

So ist es verständlich, daß Löwen eine sehr empfindliche Nase haben, die nicht nur auf kleine Mengen von riechbaren Substanzen anspricht, sondern – in Verbindung mit einem gut entwickelten Riechhirn – diese Gerüche auch in vielerlei Hinsicht sehr präzise zu deuten vermag. Geruchliche Verständigung über die Nähe eines Artgenossen innerhalb eines Rudels, insbesondere unter Gleichaltrigen, hat den großen Vorteil, von Außenstehenden nicht bemerkt zu werden. Löwenbabys werden beispielsweise durch den Geruch ihrer Mutter besänftigt, ohne daß die Mutter verdächtige Laute ausstoßen muß oder durch besondere Bewegungen oder Körperhaltungen die Aufmerksamkeit auf sich lenkt.

Um die Geruchseindrücke zu intensivieren, können Löwen an bestimmten Objekten, die geruchsmarkiert sind, herumschnüffeln, zum Beispiel um sich zu versichern, Artgenossen aus dem eigenen Rudel vor sich zu haben.

Rudelmitglieder erkennen einander sicherlich optisch und akustisch genau. Dennoch spielt das geruchliche Erkennen eine sehr große Rolle. Bei jeder Begrüßung – oft mehrfach am Tage – beschnüffeln sich Rudelmitglieder besonders an jenen Stellen, die Gerüche verströmen. Beim Wangenreiben imprägnieren sie einander gegenseitig mit dem Rudelgeruch. Für die soziale Bindung des Rudels, aber auch für die Mutter-Kind-Bindung haben Gerüche große Bedeutung. Es ist für jedes Rudelmitglied wichtig und trägt oft zum Wohlbefinden des einzelnen bei, zu riechen, wo sie zu Hause sind, wo sie hingehören.

Auf Tuchfühlung – beim Schmusen und beim Töten

Berührungsreize haben im Leben des Löwen eine große Bedeutung. Alle Körperpartien haben empfindliche Sinnesorgane zum Empfang von Berührungssignalen. Den langen Schnurrhaaren kommt für den Tastsinn eine besondere Bedeutung zu. An ihrer Wurzel sitzen Sinnesorgane, die auf Berührung empfindlich reagieren. Die Schnurrhaare sind Verstärker selbst schwächster Berührungsreize, weil sie als lange Hebel wirken, die den Berührungsempfängern die Reize zuleiten. Zugleich können Löwen mit den Schnurrhaaren beispielsweise die Weite einer Öffnung »nachmessen«, in die sie ihre Köpfe hineinstecken oder die sie durchschreiten müssen. Bei Nacht und dichtem Unterbewuchs kann das sehr wichtig sein.

Im Sozialverhalten spielen Berührungen eine außergewöhnlich große Rolle. Bei Begrüßungen, beim Schmusen, bei Beschwichtigungen läuft ein reger Austausch von wechselseitigen Berührungen ab. Zwei aneinander vorbeigehende Löwen trachten oft danach, sich so großflächig und so lange wie möglich gegenseitig zu berühren. Sie reiben zunächst die Wangen aneinander und gleiten dann unter Körperberührung aneinander vorbei, bis sich nur noch die Schwänze berühren und diese schließlich den Kontakt verlieren.

Nicht nur in Schnurrhaaren und Wangen, vielmehr auch in Nase, Zunge und Lippen haben Löwen Organe, die sehr empfindlich Berührungsreize aufnehmen. Diese Bedeutung wird besonders im Mutter-Kind-Verhalten deutlich, aber auch bei Kontakten unter Erwachsenen. So wird für die Einführung des Penis bei der Begattung ausgeprägter Berührungssinn benötigt.

Wenn man Löwen bei der Überwältigung eines erjagten Beutetieres beobachtet, entsteht der Eindruck, daß Berührungsreize dazu beitragen, Zähne und Krallen in die richtige Position zu bringen. Besonders die Hinterpranken werden beim Niederbringen und Töten eines Beutetieres solange immer wieder neu angesetzt, bis durch Berührungsreiz gemeldet wird, daß die Hinterpranken »richtig« positioniert sind. Auch bei Änderungen des Bisses mit aufgerissenen Kiefern erfolgt die Orientierung zum »richtigen« Biß durch Berührungsreize. Das gilt sowohl für den Tötungsbiß als auch für die späteren Bisse, mit denen Fleisch in jener Menge abgerissen wird, die für das Verschlingen geeignet ist.

VI.

Wie und worüber sich Löwen verständigen

Löwen steht ein großes Inventar von optisch erkennbaren Ausdrucksmitteln zur Verfügung. Ganz passiv signalisieren sie Artgenossen und anderen Tieren eine Fülle von Informationen über Stärke, Hunger, Aggression, Hilfsbedürftigkeit und andere körperliche Verfassungen. Jederzeit können sie solche Verständigungssignale durch entsprechende Bewegungen aktiv verstärken. Diese Signale können sie so lange wiederholen oder intensivieren, bis sie merken, auch »verstanden« worden zu sein. Dazu setzen Löwen eine sehr ausdrucksvolle Mimik oder bestimmte Haltungen und schließlich gerichtete Bewegungen des ganzen Körpers ein. Nicht selten dient die Kombination des beabsichtigten sichtbaren Ausdrucks mit anderen Äußerungen auf ganz anderen Sinneskanälen der Verständigung. So können sehr vielfältige Lautäußerungen den optischen Eindruck eines Signals verstärken. In manchen Funktionskreisen kann das auch durch Gerüche oder durch Berührungen geschehen. Welche der verschiedenen Ausdrucksmittel jeweils zur Verständigung eingesetzt werden, ändert sich von Fall zu Fall und von Funktionskreis zu Funktionskreis.

Das Gesicht spricht Bände

Löwen haben sehr viele verschiedene Gesichter, die jeweils ihre ganz bestimmte Stimmungslage, aber auch ihre unmittelbaren Absichten widerspiegeln.
Die verschiedenen Gesichtsausdrücke des Löwen sind auch für uns Menschen gut zu verstehen. Ganz grob kann man beim Löwen eine nicht aggressive Mimik von einer aggressiven unterscheiden. Einige Ausdrucksweisen lassen sich wegen typischer Erscheinungsformen voneinander abgrenzen, zumal sie stets in gleichem Zusammenhang auftreten.

*Mähnenlöwe:
Zufriedenheitsgesicht mit geschlossenem Mund*

Zufriedenheitsgesicht nennen wir, was im Englischen vielfach consummatory face genannt wird (abgeleitet vom englischen consummate = zum Abschluß führen). In Anlehnung an Untersuchungen über Affen wird dieser Gesichtsausdruck auch neutral genannt oder als entspanntes Gesicht bezeichnet (36). Der englische Fachausdruck deutet darauf hin, daß dieses Gesicht die Endhandlung einer Kette von angeborenen Verhaltensweisen begleitet oder erst nach deren vollendetem Ablauf gezeigt wird. Tiere zeigen dieses Gesicht also, wenn sie von irgendeiner Handlungsaktivität nicht mehr oder noch nicht in Anspruch genommen werden. Die jeweils bis zur Endhandlung abgelaufene letzte Aktivität muß dabei keineswegs erfolgreich abgeschlossen, sie muß nur beendet sein. Deshalb findet man dieses Zufriedenheitsgesicht sogar nach dem Ende einer erfolglosen Jagd. Man sieht es auch nach einer Auseinandersetzung zwischen zwei Löwen beim Sieger wie beim Unterlegenen, sobald die Kampfhandlungen beendet sind.

Löwin:
Zufriedenheitsgesicht mit geöffnetem Mund

Löwin:
Zufriedenheitsgesicht mit geschlossenem Mund

Bei diesem Zufriedenheitsgesicht können die Augen geschlossen gehalten werden oder – ohne ein bestimmtes Ziel zu fixieren – in die Ferne gerichtet sein. Schaller spricht von einem »entrückten Blick«. Die Ohren sind in Mittelstellung, also weder nach vorn gerichtet noch angelegt. Die Lippen sind entspannt, fast schlaff. Je nach dem Alter kann dabei die Lippenspalte geschlossen sein, oder die Lippen können herabhängen und passiv Teile des Gebisses freilegen. Je nach der Öffnung des Maules kann ein Zufriedenheitsgesicht mit offenem oder mit geschlossenem Maul unterschieden werden.

Das **Aufmerksamkeitsgesicht** findet man bei Löwen in angespannten Situationen jeglicher Ursache. Es ist als Ausdruck einer gesteigerten Aufmerksamkeit oder Konzentration auf ein bestimmtes Ereignis zu werten. Löwen zeigen diesen Gesichtsausdruck beispielsweise, wenn sie Beute

Mähnenlöwe: Aufmerksamkeitsgesicht

oder etwas Unbekanntes sehen, hören oder riechen. Auch bei Annäherung oder aktivem Davongehen von Artgenossen sieht man bei Löwen dieses Aufmerksamkeitsgesicht oft als einzige Reaktion auf sich bewegende Artgenossen. Ebenso ist das der Fall, wenn soziale Kontakte eingeleitet werden, also eine Begrüßung abläuft, eine Aufforderung zum Spiel bei Artgenossen beobachtet wird oder überhaupt irgend etwas geschieht, was die Löwen zu Reaktionen veranlaßt. Die Augen

25

Der Körperpflege widmen Löwen besondere Aufmerksamkeit. Rudellöwen zeigen darüber hinaus einander mit liebevollen Körperkontakten ihre Zuneigung. Besonders die vorderen Körperpartien werden mit der rauhen Zunge ausgiebig gereinigt und geleckt (Abb. 25). Die Pranke dient zum Kratzen (Abb. 32). Um die Krallen zu schärfen und zugleich die Muskulatur zu üben, kratzen Löwen oft an Baumstämmen (Abb. 26), was genau wie das Gähnen (Abb. 33) oft beim Aufbruch zur Jagd stattfindet. Schmusen unter Erwachsenen ist häufig (Abb. 31), besonders das Wangenreiben ist ein Zeichen der Vertrautheit (Abb. 27). Löwenbabys »kleben« förmlich an ihrer Mutter (Abb. 29), Halbwüchsige entwickeln beim Spiel Phantasie, wie das Spielen mit dem Schwanz eines Spielgefährten zeigt (Abb. 30).

26

27

28

29

30

31

32

33

Das ausgiebige, auf die meisten Betrachter faul wirkende Räkeln, Dösen und Schlafen ganzer Rudel (Abb. 28) ist Ausdruck der für Katzen ungewöhnlich sozialen Lebensweise der Löwen. Der mächtige Alte aus der Rudellöwen-Koalition döst wie hingegossen friedvoll neben einem Junglöwen (Abb. 37). Während am Riß das Gesetz der Stärke über die Rangfolge beim Fressen entscheidet, herrschen an der Tränke Eintracht und Frieden. Da trinkt eine einzelne Mutter neben ihrem einzigen Kind (Abb. 36) oder eine Löwin inmitten ihrer Kinder, Nichten und Neffen (Abb. 34). Auch die mächtigen Mähnenlöwen haben nichts dagegen, gleichzeitig mit anderen Rudelmitgliedern zu trinken (Abb. 35). Löwen lassen sich an der Tränke Zeit.
Ein Drittel aller Löwen führt ein nomadisches Leben. Eine nomadisierende Löwin (Abb. 24), die also keinen Platz in einem festgefügten Rudel hat, muß immer auf der Hut sein. Sie kann nicht die sozialen Kontakte mit verwandten Rudellöwinnen genießen und hat auch nicht den Vorteil, durch die Gemeinschaft des Rudels geschützt zu sein.

34

35

36

37

werden dabei weit geöffnet, die Ohren aufgerichtet und nach vorn gestellt. Der Kopf weist dabei exakt in jene Richtung, aus der ein optisches, akustisches oder geruchliches Signal kommt. Das Maul ist geschlossen oder eine Spur geöffnet, ohne daß jedoch die Lippen gespannt wären. Die Zähne werden nicht aktiv entblößt. Der Nasenrücken bleibt glatt und wird nicht gerunzelt.

Löwin: Aufmerksamkeitsgesicht

Das **Spielgesicht** können Löwen zeitlebens, also bis ins hohe Alter zeigen. Allerdings kommt Spielverhalten bei erwachsenen männlichen Löwen sehr selten vor, während erwachsene Löwinnen häufig nicht nur mit Jungtieren, sondern auch mit gleichaltrigen Rudelgenossinnen spielen. Ein typisches Spielgesicht begleitet jedes eigene Spiel und ist manchmal auch dann bei einem Löwen zu sehen, wenn in dessen unmittelbarer Nachbarschaft Junge spielen und seine aktive oder passive Einbeziehung in das Spiel jederzeit möglich ist. Das Spielgesicht drückt Handlungsbereitschaft zum Spiel aus. Im Spiel der Löwen sind neben Anschleich-, Lauf- und Objektspiel Elemente von gebremster Aggressivität enthalten. Manche Spielzüge erfordern die volle Aufmerksamkeit der Beteiligten. Im Spielgesicht sind dann Züge des Aufmerksamkeitsgesichtes ebenso erkennbar wie Charakteristika des Drohgesichtes, von dem noch die Rede sein wird. Bei Anschleichspielen mit überfallartigen Phasen sind mehr Komponenten des Aufmerksamkeitsgesichtes erkennbar als bei Beißspielen, die mehr oder weniger deutliche Züge eines milden Drohens enthalten.

Spielverhalten wird im Hinblick auf Motivation und Handlungsabläufe in der Ethologie kontrovers diskutiert. Es besteht keine Einigkeit, ob es Sinn oder gar Zweck des Spiels ist, notwendige Ernsthandlungen zu trainieren oder gar zu erlernen. Spiel ist eine aktive komplexe Handlung, die jedoch in allen Einzelheiten nicht »ernst« gemeint ist. Auf jeden Fall ähneln viele Züge des Spiels Handlungsweisen, die sonst in »Ernstfällen« ablaufen.

So ist es zu erklären, daß im Spielgesicht mimisches Verhalten, wie es Ernstfälle begleitet, immer nur angedeutet wird. Die Augen können offen oder geschlossen sein. Gerade der Wechsel zwischen diesen beiden Möglichkeiten charakterisiert das Spiel beim Löwen. Die Ohren werden in kurzen Spielphasen nach vorn gerichtet, dann wieder in neutraler Stellung oder als Teil einer Drohmimik zurückgenommen oder angelegt. Beim Spielgesicht sind die Mundwinkel fast immer und in allen Phasen zurückgezogen. Dadurch werden die Lippenspalten beiderseits länger. Der Nasenrükken ist selten und dann auch nur geringfügig in Falten gelegt. Zähne werden beim Spielgesicht selten aktiv gezeigt. Wenn das geschieht, mildern zumeist andere mimische Veränderungen den Eindruck von Ernsthaftigkeit ab. Überhaupt ist das Nebeneinander von mimischen Einzelheiten, die sinngemäß oft »nicht zusammenpassen«, auffällig. Drohungen müssen im Spiel durch gleichzeitige Beschwichtigungen abgeschwächt werden. Ein Löwe, der mit Lippen, Zähnen und Maul droht und zugleich entspannte Ohren hat, kann seine Drohung nicht ernst meinen.

Die spielerische Motivation für das Spielgesicht wird unterstrichen durch andere Elemente des Ausdrucksverhaltens, wie zum Beispiel Sprungbereitschaft, Schleichhaltung, Schwanzschlagen, Grollen, Fauchen oder Wechsel zwischen Flucht und Angriff.

Das **Gähngesicht** gehört zum meist fotografierten Verhalten eines Löwen, wenn man das beim Gähnen eines Löwen ungeheuer häufige Klicken der Touristen-Kameras als Maßstab nimmt. Im Gegensatz zu sehr vielen anderen Tierarten gähnen Löwen nur vor Müdigkeit oder beim Aufwachen und nie im Rahmen des Drohverhaltens. Bei Affen und Flußpferden beispielweise kommt dagegen häufig ein Drohgähnen vor.

Mähnenlöwe: Gähnen

Beim Gähnen halten Löwen die Augen meist geschlossen. Die Kiefer werden so weit auseinandergerissen, daß alle Zähne sichtbar werden und bei gutem Licht der Zungengrund in allen Einzelheiten erkannt werden kann. Die Lippen entblößen dabei die Zähne. Die Zunge wird bei nach oben gehobener Spitze meist über die Lippen herausgestreckt. Der Kopf wird während des Gähnvorgangs in den Nacken gelegt. Nicht selten folgt dem Gähnen ein Lippenlecken. Wenn das Maul am weitesten aufgerissen ist, sind die Ohren meist angelegt und weit nach hinten gerichtet.

Das **Flehmgesicht** ist ein weiterer sehr markanter Gesichtsausdruck aus dem Bereich der nicht aggressiven Mimik. Als Flehmen bezeichnet man die mit eigenartigem Mienenspiel verbundene chemische Prüfung fremden Urins. Bei vielen Säugetierarten stellen männliche Tiere die Begattungsbereitschaft weiblicher Artgenossen durch Beriechen von deren Urin fest. Allerdings kommt Flehmen gelegentlich auch bei Weibchen vor. Schließlich gilt Flehmen manchmal auch anderen Geruchsstoffen als nur dem Urin und seinen duftenden Beimengungen. Bei den Katzenartigen sind es die Großkatzen, und unter ihnen wiederum die Löwen, die dieses Verhalten häufig zeigen.

Die Oberlippe wird dabei in ganzer Ausdehnung angehoben, so daß die Zähne des Oberkiefers und das Zahnfleisch bloßliegen. Das Maul wird dabei geöffnet, aber niemals so weit wie beim Gähnen, die Zunge wird nicht herausgestreckt. Zugleich wird der Nasenrücken in starke Falten gelegt. Der Kopf wird angehoben, und die Nasenspitze hebt sich zusätzlich, so daß der Beobachter häufig den Eindruck hat, die Löwen würden beim Flehmen in den Himmel schauen. Der Geruchsstoff wird wahrscheinlich durch Lippen- und Zungenbewegungen in das sogenannte Jacobsonsche Organ befördert. Das ist ein Sinnesorgan, mit dem vor allem bestimmte chemische Substanzen, die über die Bereitschaft zur Begattung oder Befruchtung etwas aussagen, analysiert werden können. Es liegt in der Mundhöhle am harten Gaumen. Der Gesichtsausdruck des Flehmens wird auch häufig als Grimassieren bezeichnet.

Unter den aggressiven Gesichtsausdrücken wird sehr häufig das **Drohgesicht** als wichtiges Lenkungsinstrument des sozialen Zusammenlebens gezeigt. Das Drohgesicht in sehr unterschiedlichen Abstufungen verhindert in den meisten Fällen eine sonst unumgängliche körperliche Auseinandersetzung. Immer dann, wenn die persönliche Sphäre eines einzelnen Löwen gefährdet ist oder gefährdet zu sein scheint, reagiert das betroffene Tier darauf mit einem Drohgesicht. Löwen drohen zur Durchsetzung ihres eigenen beabsichtigten Verhaltens aggressiv. Bei einem tatsächlichen oder vermeintlichen Angriff auf einen einzelnen Löwen selbst kommt es zu defensivem Drohen. Beide Formen des Drohens laufen immer nur auf der Stufe jener Intensität ab, die gerade eben noch ausreicht, den eigenen Willen durchzusetzen oder einen Angreifer in Schach zu halten. Der mit dem Ausdrucksverhalten sehr erfahrene deutsche Katzenforscher Leyhausen hat eine Graphik veröffentlicht, die in Strichzeichnungen die abgestufte Mimik bei der Hauskatze von neutralem Verhalten bis hin zu offensivem und defensivem Drohen zeigt. Solche Gesichtsausdrücke findet man in sehr ähnlicher Weise auch bei Löwen. Die Abbildungen zeigen ähnliche Abstufungen der Drohmimik, die wir in Anlehnung an das Schema von Leyhausen aus eigenen Fotos zusammengestellt haben. Diese entscheidenden Merkmale des Drohgesichtes ergeben sich auch aus der Haltung der Ohren, dem Ausmaß der Kieferöffnung, der Lippenhaltung und der Weite oder Enge der Lidspalte.

Der grundsätzliche Unterschied zwischen aggressivem und defensivem Drohen ist leicht zu erkennen. Das **aggressive Drohgesicht** findet man bei Löwen, die sich behaupten oder irgendeine individuelle Absicht verwirklichen wollen und dabei auf vermeintlichen oder tatsächlichen Widerstand stoßen. Meist werden dabei Artgenossen angedroht. Löwen benutzen aber das gleiche aggressive Drohgesicht auch gegenüber anderen Tierarten, wie zum Beispiel Hyänen, die sich Löwen nähern, Schakalen, die von ihrem Riß etwas stehlen wollen. Sogar Geier und Rabenvögel werden auf diese Weise angedroht. Selbst unerwartet sich nähernde Fahrzeuge oder für Löwen bedrohlich wirkende Gegenstände können dieses Drohgesicht auslösen. Natürlich zeigen Löwen ihr Drohgesicht erst recht Menschen, die sich ihnen im Fahrzeug nähern und sie dann durch Zudringlichkeit »ärgern«.

Dieses aggressive Drohgesicht zeichnet sich dadurch aus, daß die Kiefer meist geschlossen gehalten werden, die Lippen entblößen die Zähne nicht. Die Ohren sind aufgestellt und dabei so weit nach hinten gedreht, daß man von vorn die schwarzen

Löwin: Aggressivdrohen

Löwin: Sehr starkes Aggressivdrohen

Löwin: Stärkstes Aggressivdrohen

Mähnenlöwe: Mildes Defensivdrohen

Mähnenlöwe: Deutliches Defensivdrohen

Mähnenlöwe: Sehr ernstes Defensivdrohen

Flecken an den Hinterseiten der Ohrmuscheln sieht. Bei Löwen mit Aufmerksamkeitsgesicht sind die schwarzen Ohrflecken dagegen genau von hinten besonders gut zu erkennen. Im aggressiven Drohgesicht sind die Pupillen eng, die Lidspalten sind mittelweit, manchmal schlitzförmig, der Blick ist genau auf das angedrohte Objekt gerichtet, der Kopf wird insgesamt tief gehalten, für den Angedrohten kommt die Aggression sozusagen von unten.

Das **defensive Drohgesicht** unterscheidet sich vom aggressiven sehr deutlich. Die Ohren sind zurückgezogen und flach an den Kopf gelegt, sie springen aus dem Umriß des Kopfes manchmal überhaupt nicht mehr hervor. Die Vorderzähne, insbesondere die Eckzähne, werden sehr deutlich aktiv entblößt. Das Maul ist geöffnet. Die Lippen sind sehr weit zurückgezogen, die Mundwinkel liegen also ganz weit hinten. Bei mittelweit geöffneten Augen sind die Pupillen groß. Die Augen eines defensiven Drohgesichtes lassen den Angreifer nicht aus dem Blick, sie wirken besonders rund. Während der Kopf beim aggressiven Drohen meist tief gehalten wird, erhebt der defensiv drohende Löwe den Kopf aus liegender Lage in Richtung der Bedrohung.

Die Einteilung in aggressives und defensives Drohen fördert das Verständnis der Drohmimik bei Hauskatzen und anderen Kleinkatzen. Bei Löwen ist jedoch nicht immer ersichtlich, ob die Motivation und damit der Ausdruck eines Drohgesichtes auf aggressives oder defensives Verhalten schließen läßt. Eine Löwin, die aufdringliche, Milch suchende Jungtiere oder solche, die sie in ein Spiel hineinziehen wollen, abwehren will, zeigt gegenüber den Kleinen ein Drohverhalten. Es ist schwer zu sagen, ob das in aggressiver oder defensiver Absicht geschieht. Natürlich können die Kleinen eine erwachsene Löwin, die Mutter oder Tante sein kann, nicht gefährden, sie muß sich also nicht verteidigen. Andererseits ist in der gleichen Situation die Absicht der Löwin vorstellbar, sich durchzusetzen, um ihr Bedürfnis nach Ruhe kundzutun. Wer sie daran hindert, muß aggressiv angedroht werden.

Ähnliches gilt für die Drohungen, die von beiden Geschlechtern bei der Begattung gegeneinander gerichtet werden. Beide Partner wollen zur Kopula gelangen, haben aber möglicherweise vom dazu geeigneten Zeitpunkt unterschiedliche Vorstellungen. Ist der Partner (noch) nicht einverstanden, wird er aggressiv angedroht, um das Ziel der Begattung »notfalls mit Gewalt« durchzusetzen. Während der Begattung und durch die dabei ablaufenden Vorgänge fühlen sich dagegen beide Partner bedroht. Die unten kauernde, womöglich noch unerfahrene Löwin fühlt sich von dem mächtigen Mähnenlöwen über ihr beunruhigt. Dieser wiederum ist von dem Gefahr verheißenden Drohen beeindruckt, das seine Partnerin ihm von unten entgegenbringt. So ist es verständlich, daß es bei der Abwehr vermeintlich zudringlicher Sexualpartner oder tatsächlich stürmischer Jungtiere mit vielleicht gesteigertem sozial motiviertem Bedürfnis nach Körperkontakt zu einer Mischung aus Aggressivität und Defensive kommt.

In diesem Fall spricht man von einem **Kontaktabwehrgesicht**, das sich immer durch angelegte Ohren auszeichnet. Darin liegt seine Gemeinsamkeit mit dem defensiven Drohgesicht. Immer werden in dieser Situation die Zähne gezeigt. Auch das ist nach der Einteilung von Leyhausen defensiv. Auf der niedrigeren Stufe dieser Kontaktabwehr sind die Kiefer geschlossen; verstärkt sich der Grad der Drohmimik, so wird das Maul zusätzlich geöffnet; dabei sind aber die Mundwinkel nicht so stark zurückgezogen wie beim reinen defensiven Drohen. Große Bedeutung haben die Nasenfalten. Sie werden beim Kontaktabwehrgesicht um so stärker in Falten gelegt, je intensiver das Tier mimisch droht. Ähnliches gilt für das Drohen kurz vor, während und nach der Begattung.

Auch wer meint, sich in den Einzelheiten der Mimik von Löwen gut auszukennen, wird manchmal aus der Absicht des Drohens nicht recht schlau. Die Analyse der einzelnen mimischen Droheelemente ergibt nämlich eine Mischung von Aggression und Defensive. Möglicherweise ist aber die gewisse Unsicherheit darüber, was mit der Drohmimik jeweils gemeint ist, ein ausreichendes Mittel, den unerwünschten Körperkontakt zu beenden. Gerade das macht diese Form der Drohmimik besonders sinnvoll; denn wirklich ernste Kämpfe, ja selbst ernstere Klapse werden so vermieden. Kontaktabwehr heißt ja nicht, dauernde Distanz zu Artgenossen herzustellen, sondern nur vorübergehend Ruhe haben zu wollen.

Mähnenlöwe:
Kontaktabwehrgesicht

Mähnenlöwe:
Starke Kontaktabwehr, beginnendes Aggressivdrohen

Das **Brüllgesicht** begleitet nur das wohldefinierte Brüllen, das der Markierung des Territoriums oder der Kommunikation mit Artgenossen über weite Entfernungen dient. Beim Knurren, Fauchen und Grunzen wird dieses Brüllgesicht nicht gezeigt. Allerdings gehören viele von ausgeprägter Mimik begleitete andere Lautäußerungen des Löwen in den Bereich der Aggression. Beim gegenseitigen Rufen oder als Begleitung zur Begrüßung geäußerte stimmliche Signale werden nicht in jedem Fall von gleichartiger typischer Mimik begleitet. Beim Brüllgesicht heben die Löwen die Nasenspitze leicht an. Die Lippen werden nach vorn gezogen, der seitliche Lippenspalt wird dadurch sehr kurz. Bei einigen Löwen können die Mundwinkel fast bis auf die Höhe der Schneidezähne nach vorn gezogen werden, dabei sind die Lippen breit. Auffällig ist aber, daß sie keine erhöhte Spannung zeigen, vielmehr fast schlaff wirken. Die Augen sind beim Brüllgesicht meist mittelweit, gelegentlich für ein paar Sekunden geschlossen. Die Ohren befinden sich in Mittelstellung. Oft werden sie sogar etwas zurückgenommen, so daß der Abstand von Ohr und Mundwinkel besonders groß erscheint.

Mähnenlöwe: Brüllgesicht

Brüder, seht die Signale!

Die Mimik dient ganz überwiegend der Verständigung unter Artgenossen, schon weil die meisten anderen Tiere nicht so nahe an die Löwen herankommen, um deren Gesichtsausdruck erkennen und deuten zu können. Körperhaltungen dagegen sind auch aus größerer Entfernung gut erkennbar und »sagen« auch Nichtartgenossen etwas über den Löwen, seine Stimmung, seinen Sättigungszustand, seine Absichten.

Löwin: Gestreckte Seitenlage

Löwin: Seitenlage eingerollt

Das bloße Dastehen an irgendeinem Platz ihres Lebensraumes kann für den Artgenossen, aber auch für Tiere anderer Arten viel ausdrücken. Im Gegensatz zu den anderen Katzenartigen haben Löwen nicht sehr viele Gefahren von anderen Tieren zu befürchten. Das verleiht ihnen Selbstsicherheit. Diese kann schon in der Körperhaltung beim Stehen deutlich zur Geltung kommen. Selbstsichere Löwen stehen versammelt mit nebeneinanderstehenden Vorder- und Hinterpranken. Der Kopf ist erhoben, der Schwanz wird nach oben gebogen gehalten. Die Ohren sind bei aufmerksamer Selbstsicherheit nach vorn geöffnet aufgerichtet, bei Unaufmerksamkeit flacher, jedoch nie angelegt. Hat ein stehender Löwe ein bestimmtes Ziel entdeckt – Beute, Artgenossen oder in ihrer Bedeutung zunächst noch unklare Objekte –, wirkt seine Haltung gespannter als die eben beschriebene. Der Kopf wird meist ein wenig mehr nach vorn gestreckt, ist aber immer noch deutlich über dem Körperniveau. Die Ohren sind streng nach vorn auf das Unbekannte gerichtet. Ein Tier, das einem Löwen begegnet, der sich so verhält, muß damit rechnen, von ihm entdeckt zu sein oder von ihm beobachtet zu werden.

Ein auf den Keulen sitzender Löwe ist entspannter als ein stehender. Er signalisiert auch den anderen Tieren seine geringere Aktivität. Beim sitzenden Löwen liegt der Schwanz meist in ganzer Länge auf dem Boden, die Kopfhaltung entspricht der eines stehenden. Liegende Positionen zeigen meist noch größere Entspannung, lediglich die als Sphinx- oder Kauerlage bezeichnete Körperposition vermittelt anderen Tieren das Signal einer gewissen Aufmerksamkeit. Katzen verfügen über die anatomischen Voraussetzungen, die verschiedensten Stellungen einzunehmen. Sie haben sehr bewegliche Gelenke und vor allem eine biegsame Wirbelsäule, die sich vielen Körperpositionen anpaßt.

Löwin: Fast Rückenlage

Löwin: Fast Seitenlage

Besser als viele Worte zeigen die Abbildungen die verschiedenen Körperpositionen des Löwen im Liegen. Diese verschiedenen Lagen sind Ausdrucksformen der entspannten Inaktivität, des Dösens, der Spielbereitschaft oder auch des Angebotes, den Jungen Milch zu geben. Manche Haltungen sind geradezu Aufforderungen zum Spielen. In Kombination mit der Mimik können sie auch das Bedürfnis signalisieren, nicht mehr am Spiel teilnehmen zu wollen, das Kontaktliegen aufgeben zu wollen oder in die Phase der Aktivität eine Ruhepause einschalten zu wollen. Die weitgehend statischen Körperhaltungen des Stehens, Sitzens und Liegens sind Signale sowohl an Artgenossen als auch an Artfremde. Ein stehender oder sitzender, aufmerksam blickender Löwe verdeutlicht einem Zebra, einem Gnu oder einer Gazelle, daß Vorsicht am Platz ist, während ein auf der Seite liegender Löwe den Beutetieren davon Kenntnis gibt, daß er wohl nicht so bald auf Jagd gehen wird.

Löwin: Bauchlage

Junglöwe: Aufmerksame Bauch-Seitenlage

Grundsätzlich läuft die Verständigung unter Artgenossen natürlich sehr viel präziser ab, und sie gestattet auch sehr feine Abstufungen dessen, was Löwen sich zu sagen haben. Dennoch wird die Sprache der Löwen auch von anderen Tierarten oft recht gut verstanden, wie auch umgekehrt Löwen über hervorragende »Fremdsprachenkenntnisse« verfügen, die es ihnen ermöglichen, von anderen Tierarten Nachrichten zu empfangen und zu entschlüsseln.

Junglöwe: Aufmerksame Bauch-Seitenlage

Vorsicht, Pranke!

So ausdrucksvoll die Mimik im Rahmen des Sozialverhaltens und der Feindabwehr eingesetzt werden kann, so unmöglich ist es, sie als Mittel der Verständigung unter Artgenossen isoliert zu betrachten. Vielmehr müssen die Positionen des Körpers und insbesondere die Ausdrucksbewegungen als zusätzliches Ausdrucksverhalten gesehen und bewertet werden. So gut sich Leyhausens Schema der Mimik im Rahmen des Drohens von Kleinkatzen auf Großkatzen übertragen läßt, so ungeeignet ist die analoge Zusammenstellung von Körperhaltungen auf Großkatzen, insbesondere Löwen, anzuwenden. Wo die Kleinkatzen ihre Gegner breitseits androhen, machen die Löwen das frontal. Statt eines Katzenbuckels werden Löwen bei zunehmend aggressivem wie defensivem Drohverhalten immer »flacher«. Sie ducken sich, besonders mit dem Vorderkörper, auf den Boden und halten bei allen Formen der Drohung den Kopf tief. Ganz grob kann man sagen, daß aggressiv drohende Löwen sich so flach wie möglich machen wollen und sich an den Boden drücken. Sie greifen förmlich von unten an. Defensives Drohen erfolgt demgegenüber von oben, die Löwen möchten – so wirkt es auf den Menschen – möglichst groß erscheinen und allein durch ihre Größe schon abschrecken.

Die Haltung der Vorderpranken spielt unter den Drohhaltungen eine sehr wichtige Rolle, nicht zuletzt, weil derartige Drohungen unmißverständlich sind. Wie alle Katzen schlagen Löwen – wenn sie es ernst meinen – stets mit der Pranke von oben nach unten und nicht seitwärts. Je höher eine Pranke erhoben wird, desto größer ist die Intensität des Drohens. Eine Steigerung der Warnung, womöglich in der nächsten Sekunde loszuschlagen, zeigt das Ausstrecken der Krallen an. Nicht selten kommt es zu Scheinschlägen, bei denen der Schlag sehr deutlich in Richtung auf das angedrohte Tier zielt, allerdings ohne dieses zu berühren. Diese Art dringlicher Warnung und höchster Drohung ist eine sogenannte Intentionsbewegung. Sie zeigt dem Gegner an, was gleich passieren wird, wenn er nicht entsprechend reagiert. Diese Reaktion kann darin bestehen, daß eine Demutshaltung eingenommen wird oder eine Demutsgeste als gezieltes Beschwichtigungsverhalten gezeigt wird. Wir haben öfter gesehen, daß sich Löwen beiderlei Geschlechts bei ganz massiver Bedrohung durch einen Artgenossen auf den Rücken oder auf die Seite legten. Meist wurde dann die drohend erhobene Pranke unverzüglich wieder heruntergenommen.

Auch die Bewegungen des Schwanzes können drohenden Charakter annehmen. Insgesamt steigert sich die Intensität der Schwanzbewegungen bei Drohungen. Oft peitscht der Schwanz förmlich den Boden, die Büsche oder – wenn Kontrahenten nebeneinander stehen – den Gegner. Als erstes erkennbares Zeichen der körperlichen Drohung können auch bereits ganz geringe Zuckungen der Schwanzspitze gewertet werden.

Zahlreiche Elemente des Ausdrucksverhaltens, wie es gegenüber Artgenossen angewandt wird, findet man auch auf der Jagd und bei Auseinandersetzungen mit artfremden Tieren.

Die bisher beschriebenen Drohgesichter und -haltungen dienen in erster Linie der Verständigung zwischen Artgenossen.

Was der Räuber seiner Beute verrät

Für die Verständigung zwischen Tieren verschiedener Artenzugehörigkeit werden dieselben Mittel eingesetzt wie für die Verständigung unter Artgenossen. Die Tiere müssen deshalb nicht »Fremdsprachen sprechen«, aber sie müssen »Fremdsprachen verstehen«. Ganz konkret heißt das, ein Löwe muß erkennen können, daß etwa zwei Antilopen in einen ernsthaften Kampf miteinander verwickelt sind und daher einem anschleichenden Löwen wenig Aufmerksamkeit entgegenbringen. Löwen müssen auch am Verhalten eines jungen Gnus ablesen können, ob dies für sie eine leicht erjagbare Beute ist. Umgekehrt müssen auch Zebras einem Löwen ansehen, ob er hungrig oder ob er satt ist, so daß er keine Bedrohung für sie darstellt. Gazellen müssen am Verhalten eines beisammenliegenden Löwenrudels feststellen, ob ihnen von diesem Rudel Gefahr droht oder nicht. Für Löwen ist es wichtig, bei ihren typischen Beutetieren die Änderung der Marschrichtung oder die Fluchtbereitschaft rechtzeitig zu erkennen. Umgekehrt müssen Huftiere feststellen, daß Löwen eine Jagd abgebrochen oder erfolgreich beendet haben, so daß damit für sie zunächst eine Gefahr gebannt ist.

Tiere unterschiedlicher Arten informieren einander nicht nur über ihre nächsten Absichten richtig, sondern auch beispielsweise über ihre Kondition oder ihr Alter. Löwen müssen merken, ob ein Tier krank oder verletzt ist, ob es noch jung und unerfahren ist, um als leichte Beute gelten zu können. Huftiere müssen sehen, daß Löwen humpeln oder zu kraftlos sind, um ihnen gefährlich werden zu können, oder daß sie noch jung und jagdunerfahren sind, sich zum Beispiel ungeschickt anschleichen oder Deckung im Gelände schlecht ausnutzen.

Wechselseitige Verständigung ist aber nicht nur im Räuber-Beute-Verhältnis notwendig. Auch bei anderen Gelegenheiten ist es für Tiere wichtig, andere Arten richtig einzuschätzen. Wir haben oft beobachtet, daß sich eine Herde Büffel oder Elefanten einem dösenden Löwenrudel nähert. Eine Art muß dann nachgeben und vor der anderen weichen. Dies wird vorher optisch richtig eingeschätzt, damit Streit vermieden wird und sich eine gefahrenträchtige Situation mit möglichst wenig Energieaufwand entschärfen läßt. Büffel oder Elefanten müssen den Löwen ihre Streitbarkeit oder Friedfertigkeit ansehen. 1991 beobachteten wir an zwei aufeinanderfolgenden Tagen, wie ein und dieselbe große Mutter-Kind-Büffelherde mit demselben Löwenrudel zusammentraf. Am ersten Tag lagen die Löwen in der offenen Grassavanne. Büffel und Löwen hatten einander auf große Entfernung bereits gesehen. Die Büffel machten auf ihrer Wanderung einen sanften Bogen um die Löwen, die sich ihrerseits in eine Senke zurückzogen. So wurde eine direkte Konfrontation vermieden. Am nächsten Tag lagerten die Löwen an einem steilen Hang dicht unterhalb eines Felsplateaus, in das hier eine Schlucht eingeschnitten war. Sie sahen nicht, daß die Büffelherde sich näherte. Auch die bis zum Rande der Schlucht auf dem Plateau grasenden Büffel hatten die Löwen nicht bemerkt. Für beide Teile völlig unerwartet erblickten sie einander, als nur noch wenige Schritte Abstand zwischen ihnen lagen. Diese plötzliche Begegnung hatte zur Folge, daß über mehr als eine Stunde Flucht und Angriff auf beiden Seiten wechselten, ehe sich beide Parteien aus dem Weg gingen. In dieser Zeit konnten die Büffel nicht weiter grasen, und die Löwen kamen nicht zur Ruhe. Rechtzeitiges Einschätzen kann also helfen, Energie zu sparen durch sinnvolleres Handeln als Angriff und Flucht.

Die Zusammensetzung und Größe eines Löwenrudels, ebenso dessen Tageskondition und aktuelle Reaktion sind wichtige Hinweise für die sich nähernden großen Pflanzenfresser, nach denen sie ihr weiteres Verhalten richten. Umgekehrt müssen die Löwen der sich nähernden Herde ansehen, ob diese eingeschüchtert einen Bogen um die Löwen schlagen oder selbstbewußt geradewegs ihren Marsch fortsetzen wird.

Im Amboseli-Nationalpark haben wir beobachtet, daß eine kleine aufgebrachte Büffelherde ein ganzes Löwenrudel zwang, sich tief in einen Sumpf zurückzuziehen, aus dem die Könige der

Tiere erst nach einer halben Stunde triefnaß und völlig verdreckt wieder auf festes Land kamen. Im Kafue-Nationalpark im Sambia haben wir dagegen beobachtet, daß ein einzelner dösender Löwe, ohne sich zu erheben, eine Herde von über 300 Büffeln zu donnernder Flucht veranlaßte. In der Etoschapfanne in Namibia sahen wir 1981 eine Elefantenfamilie zu einem Wasserloch gehen, an dem die sanften grauen Riesen ein vierzehnköpfiges Löwenrudel zwar nicht in die Flucht schlugen, aber doch ohne irgendeine Aggression zum bedächtigen Rückzug zwangen. Im Murchison-Falls-Nationalpark in Uganda beobachteten wir dagegen, wie eine einzelne, satte, mit schwerem Schritt durch die Grassavanne stapfende Löwin eine Elefantenfamilie von 20 Tieren zu geradezu panischer Flucht veranlaßte. Die Sinne des Menschen sind nicht tauglich oder nicht genügend geschult, um vorhersagen zu können, was bei solchen Begegnungen geschehen wird. Die Tiere können vorhersehen, wer sich jeweilig stark genug fühlt, den anderen zu vertreiben. Ganz sicher setzt das »richtige« Verhalten immer voraus, daß die Tiere verschiedener Arten sich wechselseitig auch »richtig« einschätzen.

Wenn eine Tierart der anderen die Beute abnimmt, wie auf S. 94ff beschrieben, müssen beide Parteien die Absichten und die Kräfteverhältnisse der jeweilig anderen genau einschätzen. Tüpfelhyänen müssen nicht nur das Alter von Löwen richtig erkennen, sie müssen vielmehr auch Männchen von Weibchen unterscheiden können und mit dem Geschlechtsunterschied unterschiedliche Aggressivität und Körperstärke verbinden.

Selbst zoologisch-systematisch so entfernt verwandte Tierarten wie Löwen und Geier können sich über lebenswichtige Sachverhalte präzise verständigen. Löwen, die an derselben Stelle mehrfach Geier aus dem Himmel herabtropfen sehen, erfahren dadurch, daß wahrscheinlich auch eine für Löwen lohnende Beute existiert und wo diese zu suchen ist. Jeder Touristen-Fahrer weiß das und fährt seine Klienten zu solchen Plätzen. Aber auch Geier können von den Löwen erfahren, wo für ihre hungrigen Schnäbel etwas abfallen kann. Geier orten tote Tiere meist aus der Luft. Wenn sie auf dem Boden oder niedrigen Bäumen rasten und hohes Gras oder Büsche ihnen die Sicht zu einem toten Tier versperrt, erkennen sie – ohne die Beute selbst zu sehen – an den zu diesem Platz ziehenden Löwen, daß hier etwas für sie Genießbares anfallen könnte.

Im Dinder-Nationalpark im östlichen Sudan haben wir eines Morgens erlebt, wie acht auf einem Baum sitzende Geier einem Löwen völlig uninteressiert zusahen, als dieser langsamen Schrittes einen Trockenfluß passierte. Hinter der Ecke einer Flußbiegung hatten zwei Löwinnen ein Tiang, eine Leierantilopenunterart, geschlagen und sich so lautstark um die besten Beuteanteile geprügelt, daß der Löwe das bemerkte und stehenblieb. Er lauschte, änderte seine Richtung und setzte sich zielstrebig im Sandflußbett in Trab, um zu dem Ort zu laufen, von dem die Geräusche herüberschallten. Dadurch wurden auch die Geier aufmerksam und flogen auf. Aus geringer Höhe bereits konnten sie nun die beiden Löwinnen an dem offenbar nachts geschlagenen Tiang sehen und sofort dorthinfliegen. Als wir wegen einiger schwer passierbarer Hindernisse erst zwanzig Minuten später den Platz erreichten, saßen acht Geier in respektvoller Entfernung um den Riß herum. Jetzt sättigte sich erst einmal der Mähnenlöwe. Leider konnten wir das Ende der Szene nicht abwarten, jedoch war es ganz zweifelsfrei der zielstrebig laufende Löwe, der den Geiern unbeabsichtigt mitgeteilt hatte, daß es sich jetzt für sie lohne, nach Beute Ausschau zu halten.

Gut gebrüllt, Löwe!

Wenn ein Geräusch die Bezeichnung markerschütternd verdient, dann ist es das Gebrüll eines nahen Löwenrudels im afrikanischen Busch bei Nacht. Das tiefe Grollen zerreißt die nächtliche Stille der afrikanischen Savanne wie ein unangekündigter Donnerschlag. Kommt das Gebrüll nur aus ein paar hundert Metern Entfernung, hat man das Gefühl, die Löwen stünden unmittelbar neben einem. Man wundert sich, daß die Wandung des

Zeltes nicht vibriert und daß kein Gegenstand umfällt.
Bei uns hat das Gebrüll des Löwen nie Angst erzeugt. Für unsere Ohren klingt es weder bedrohlich noch aggressiv. Jedesmal genießen wir erneut die Großartigkeit eines solchen Chorkonzertes. Es flößt uns Respekt ein und vermittelt uns das Gefühl, freie, selbstsichere Tiere vor uns zu haben. Der Lebensraum der Löwen schrumpft, ihre Zahl geht zurück, auch wenn die Art offiziell noch nicht als bedroht gilt. Von manchen Plätzen, an denen wir sie früher Nacht für Nacht haben brüllen hören, sind die Löwen verschwunden. Betrübnis über diese Entwicklung hat uns sensibel gemacht. Und so rührt uns das nächtliche Löwengebrüll in den letzten Jahren zunehmend stärker an.
Manchmal geht die Phantasie mit uns durch, und entgegen unserem strengen Prinzip, neutral zu bleiben, vermenschlichen wir dann doch den Löwen. Dann unterstellen wir seinem Gebrüll eine ganz gewiß nicht darin enthaltene Absicht. Das Gebrüll scheint uns dann nicht nur etwas von der wilden Ungebundenheit und dem mächtigen Selbstbewußtsein dieser herrlichen Tiere zu sagen. Wir hören in solchen Momenten aus dem Löwengebrüll den Anspruch eines Mitgeschöpfes heraus, das von den Gefahren der ungehemmt wachsenden Menschheit mit ihrer alles erdrückenden Zivilisation bedroht wird. Sein Signal wirkt auf uns dann wie eine Mahnung. Nobler ausgedrückt – wie es dem Image des Löwen in unserer Zeit zukommt – ist diese Mahnung nur eine Bitte. Dabei empfinden wir nicht das Gefälle zwischen einem Bettler und einem Reichen. Bettler fordern ohne Würde und oft distanzlos. Löwen bitten als Gleichberechtigte, die sich legitim zu Wort melden.
So haben wir manch eine Nacht weit über das Ende des Löwengebrülls hinaus noch wachgelegen und darüber reflektiert, wie die Welt unserer Urenkel wohl aussehen mag. Wer mag ihnen sagen: »Einst gab es Löwen in Afrikas Savannen.«? So schämen wir uns nicht, Zukunftsperspektiven aus dem Löwengebrüll herausgehört zu haben. Die Löwen haben es nicht so »gemeint«, aber sie haben uns nachdenklich gemacht. Vielleicht sind die Seelen der heutigen Menschen noch nicht zu taub, aus den Stimmen der Tiere mehr herauszuhören als Lautäußerungen im Dienste irgendwelcher Lebensvorgänge. Wir sind noch ansprechbar und müssen zugeben: Anbrüllen kann selbst abgestumpfte Hirne zum Nachdenken veranlassen.
Gewiß ist das Gebrüll des Löwen seine auffälligste Lautäußerung, aber Löwen haben ein recht umfangreiches Repertoire, sich akustisch zu verständigen. Manche dieser Lautäußerungen werden nur von Artgenossen richtig gedeutet. Andere wiederum sagen auch Nicht-Artgenossen viele Einzelheiten über den Löwen. Fast alle stimmlichen Äußerungen der Löwen, die mit Drohen oder Kämpfen zu tun haben, sind nur »Begleitmusik« zu optischem Ausdrucksverhalten. Nicht-Artgenossen werden auf Distanz durch Geräusche über Streitigkeiten unter Löwen informiert. Die ausdrucksvolle Mimik, die Körperhaltung und das eigentliche Kämpfen brauchen artfremde Tiere also nicht zu sehen – und dennoch erfahren sie, was sich bei den Löwen abspielt.

Lautstark und im Chor: »Dieses Land ist meins! meins! meins!«

Löwengebrüll kann von einem einzelnen Löwen oder von einer Gruppe erzeugt werden. Lautstärke und Tonlage können deutlich variieren. Beim Brüllen im Chor hört man gelegentlich eine gewisse Synchronisation des Rhythmus. Männliche Löwen brüllen öfter und gewöhnlich länger als Löwinnen. Sie haben meist, wie Schaller in der Serengeti herausfand, eine lautere und tiefere Stimme als Löwinnen. Im Zeitraum von zwanzig Sekunden bis zu einer Minute, gelegentlich auch etwas länger, folgen einander durchschnittlich 15 bis 30 Einzelsegmente des Brüllens. Meist sind es etwa zehn, manchmal nur drei oder vier »Brüller«, aber auch bis zwanzig hintereinander kommen in rhythmischer Folge vor. Im Nairobi-Nationalpark in der Nähe von Kenias Hauptstadt ermittelte die ungarische Löwenforscherin Rudnai eine durchschnittliche Dauer des Brüllens von 46,4 Sekunden, Schaller registrierte in der Seren-

geti 40 Sekunden und Stander in der Etoschapfanne in Namibia 36,6 Sekunden durchschnittliche Dauer.
Ein einzelnes Brüllsegment hört sich wie tieftoniges Stöhnen an, es beginnt hochtonig und fällt innerhalb von gut einer Sekunde auf eine tiefere Tonlage ab. Nach einer etwa ebenso langen Pause zum Einatmen folgt der nächste Brüller, der meist sehr genau so abläuft wie der vorige. Gegen Ende einer solchen Rufreihe werden die letzten Segmente meist etwas leiser, sie fangen auch nicht so hochtonig an wie die ersten. Dann schließt sich ein im Rhythmus von Atemzug zu Atemzug schneller werdendes und zugleich leise verdämmerndes stöhnendes Grunzen an. Meist erfolgen um so mehr Grunzer, je mehr Brüller vorangingen und je lauter diese waren. Das Grunzen geht dann in eine Stoßatmung im gleichen Rhythmus über, die man zwar noch sehen, aber nicht mehr hören kann.
In Ostafrika bekommt seit einigen Jahren das Englisch immer mehr Konkurrenz durch das Suaheli. Seither wird der Ruf des Löwen in Worte dieser melodischen Sprache gefaßt, die nicht nur treffsicher die Funktion des Gebrülls interpretieren, sondern auch lautmalerisch viel Ähnlichkeit mit dem Löwengebrüll haben. Der Löwe fragt mit seinem Gebrüll mehrfach hintereinander: »Hi nchi ya nani? Hi nchi ya nani?« Und dann beantwortet er diese Frage sich selbst mit dem langsam verdämmernden Grunzen: »Yangu – yangu – yangu.« Die Frage heißt: »Wessen Land ist das hier? Wessen Land ist das hier?« Und die Antwort des Löwen lautet: »Meins, meins, meins.«
Das Gebrüll ist über weite Distanzen zu hören, es wird angegeben bis zu acht Kilometer. Im Masai-Mara-Nationalreservat in Kenia haben wir einmal ein uns mit seinem aktuellen Standort bekanntes Löwenrudel aus sieben Kilometer Entfernung brüllen hören. Wir sind von dem Punkt, an dem wir das Brüllen hörten, geradenwegs zu dem Rudel gefahren, das von Bekannten beobachtet wurde, die uns den genauen Zeitpunkt des Brüllens bestätigten, und wir haben die Strecke am Kilometerzähler des Landrovers abgelesen. Oft liest man, daß Löwen mit gesenktem Kopf gegen den Boden brüllen. Ob der Boden an der Leitung des Schalls beteiligt ist, wurde bisher nicht exakt untersucht. Wir haben beobachtet, daß die meisten Löwen während des Brüllens den Kopf oft sehr deutlich über die Horizontale anhoben. Löwen brüllen aber auch im Liegen, sowohl in der Sphinxstellung als auch – seltener – in der Seitenlage. Auch im Sitzen und im Gehen, sogar im schnellen Lauf haben wir Löwen brüllen hören. Regionale Unterschiede ergaben sich auch für die hauptsächliche Stellung beim Brüllen. In Ostafrika wurde das Brüllen meist beim stehenden Tier beobachtet. Stander fand im Etoscha-Nationalpark in Namibia, daß die Löwen dort nur in 9,4 Prozent der Beobachtungen im Stehen brüllen, dagegen zu 26,4 Prozent im Liegen als der weitaus häufigsten Position.

Mähnenlöwe: Brüllhaltung

Während des Brüllens machen Löwen ein typisches Brüllgesicht. Man sieht außerdem, wie der Bauch beim Brüllen immer dann, wenn sich das Zwerchfell kopfwärts verschiebt, ruckartig und sehr deutlich eingezogen wird. Das trifft auch für das stöhnende Grunzen am Ende einer Brüllreihe zu, man sieht dann nur noch, wie sich die Bäuche bewegen, ohne daß man einen Laut zu hören vermag.
Das Löwengebrüll steht vor allen Dingen im Zusammenhang mit der Bekanntmachung, welchen Platz der Löwe oder sein Rudel gerade einnimmt oder für sich beansprucht. Löwen markieren ihr Territorium akustisch und halten sich dadurch unerwünschte Konkurrenten vom Hals. Sehr häufig folgt dem Gebrüll eines Löwenchors aus gro-

ßer Entfernung die Antwort benachbarter Löwen. Der deutsche Feldforscher Kühme konnte Löwen durch vom Tonband abgespieltes Löwengebrüll täuschen. Sie orteten den Lautsprecher genau und fielen dem Artgenossen, der vom Tonband ertönte, »ins Wort«, indem sie dagegen anbrüllten.
In Gegenden, in denen Löwen häufig vom Menschen gestört werden, brüllen sie seltener, kürzer oder gar nicht. In gewissem Sinne kann daher häufiges, lang anhaltendes Löwengebrüll ein Hinweis darauf sein, daß die Tiere sich nicht gestört fühlen. Im Oktober/November 1990 hörten wir während eines dreiwöchigen Aufenthaltes in der Musiararegion des Masai-Mara-Nationalreservates in Kenia 31mal Löwengebrüll mit einem Durchschnitt von 8,5 Brüllsegmenten. Im März 1991 waren wir eine Woche in derselben Gegend. Diesmal hörten wir nur neunmal typisches Löwenbrüllen, bei dem die Häufigkeit der Brüllsegmente auf 4,8 zurückgegangen war. Zu diesem Zeitpunkt waren zahlreiche Masaihirten mit ihren Rindern ins Reservat eingedrungen. Sie hatten die Löwen mehrfach attackiert und sogar Löwen getötet. Im November 1991 – als die Masai wieder fortgezogen waren – hielten wir uns erneut zehn Tage in demselben Reservat auf und wieder an genau demselben Platz. Jetzt hörten wir 16mal richtiges Löwengebrüll mit einem Durchschnitt von 9,2 Brüllsegmenten pro Rufreihe.
Das Löwengebrüll zeigt nicht nur den Standort eines Löwenrudels an, es hat auch eine Wirkung auf den Gruppenzusammenhalt. Wir haben öfter gesehen, daß sich die Rudelgenossen zu einem brüllenden Löwen begeben, dicht nebeneinanderstehen und in das Konzert einfallen. Fast immer blickten dabei alle Beteiligten zumindest ungefähr in die gleiche Richtung. Nach Beendigung des Chorgebrülls legten sich die Löwen häufig dichter nebeneinander als vor dem Brüllen.
Löwen kennen keinen Alarmruf. Auf Gefahr in größerer Distanz machen sie einander nicht mit Lautäußerungen aufmerksam. Allerdings prusten Löwen manchmal, wenn sie sich erschrecken, und diese Lautäußerung macht andere Löwen aufmerksam.
In unmittelbarer persönlicher Gefahr knurren oder grollen die Löwen. Angaben, wonach Löwen brüllen, um anderen Löwen Beutetiere zuzutreiben, sind nicht korrekt bestätigt, vielleicht entspringen sie der Phantasie der Beobachter. »Jägerisches Denken« veranlaßte möglicherweise den Großwildjäger Selous im Jahre 1908 zu der Annahme, daß Löwen brüllen, wenn sie ein Beutetier getötet haben. In verschiedenen Teilen Afrikas haben wir beobachtet, daß Gnus, Zebras, Antilopen und andere typische Beutetiere des Löwen selbst aus kürzester Entfernung auf Löwengebrüll überhaupt nicht reagieren. Demgegenüber haben wir nie erlebt, daß schlafende, spielende, trinkende oder fressende Löwen am Riß fernes Löwengebrüll je überhört hätten. Das ist sicher ein Zeichen dafür, daß dem Gebrüll vor allen Dingen die Aufgabe einer innerartlichen Verständigung zukommt. Einmal soll damit der Standort des Rufers bekanntgegeben, zum anderen sollen aber auch Einzelheiten über den Erzeuger des Gebrülls vermittelt werden, denn Löwen können einander sehr genau an ihrem Gebrüll unterscheiden. Im Etoscha-Nationalpark in Namibia gelang es Stander, zwei verschiedene männliche Tiere aus ein und demselben Rudel daran zu unterscheiden, wie viele stöhnende Grunzer sie nach Beendigung der Brüllsegmente ausstießen. Im Nairobi-Nationalpark in Kenia ließen sich dagegen nicht einmal die Geschlechter am Brüllen auseinanderhalten (73).

Wenn sie knurren, wenn sie schnurren

Grollen ist dem Brüllen rein akustisch ähnlich, wird aber leiser und nur selten in rhythmischen Abständen ausgestoßen. Weibliche Löwen grollen viel öfter als männliche; schon weil Grollen oft bei der Jungenbetreuung eingesetzt wird. Eine Löwenmutter, die nach längerer Abwesenheit zu ihren Jungen zurückkommt, pflegt in unregelmäßigen Abständen zu grollen. Auch zwei Löwen, die einander begegnen, können diese grollenden Lautäußerungen produzieren. Die Antwort der Jungen auf das Grollen der Mutter ist häufig ein etwas abgehackt klingendes Miauen (siehe unten), nicht selten aber unterbleibt eine Antwort der Babys völlig. Erwachsene Löwen beantworten Grollen mit der gleichen Lautäußerung.

Knurren ist sehr weit verbreitet und steht im Dienste der innerartlichen Aggression und Defensive sowie als Begleitung von Auseinandersetzungen mit Tieren anderer Arten. An einem Riß mit wenig Fleisch, um das sich viele erwachsene Löwen gleichzeitg bemühen, hört man ein Konzert von knurrenden Lauten. Es dient sowohl der Verteidigung eines bereits in Besitz genommenen guten Platzes am Riß als auch zur Vertreibung eines anderen Löwen, der günstig am Riß liegt. Knurren findet in verschiedenen Tonhöhen statt, es hat auch situationsgemäß immer eine andere Lautstärke und ebenso eine unterschiedliche Dauer. Etwas vereinfachend läßt sich sagen, daß gerade eben so laut, so lang und in der Tonhöhe so bedrohlich geknurrt wird, wie es die Situation erfordert. Ungleich starke Löwen knurren einander leiser und kürzer an als ungefähr gleich starke Konkurrenten.

Schnurren kommt bei Löwen selten vor, vielleicht wird es aber auch nur seltener vom Menschen gehört und beobachtet. Es entspricht im übrigen dem allbekannten Schnurren unserer Hauskatzen und signalisiert auch Zufriedenheit. Bei in Gefangenschaft gehaltenen Löwen mit persönlichem Kontakt zu ihrem Pfleger ist es häufiger gehört worden und dann stets in friedlichem Zusammenhang.

Brummen oder eine Art leisen Summens hört man gelegentlich während der Begrüßungszeremonien zwischen Löwinnen. Die Lippen werden dabei geschlossen gehalten, ähnlich wie wir Menschen es beim Summen zu tun pflegen.

Schnauben mit geschlossenen Lippen kommt selten vor. Es hört sich dann an wie ein Prusten. Auch diese Lautäußerung kommt bei Begrüßungen vor, gelegentlich bereits bevor Körperkontakt zwischen zwei sich begrüßenden Löwen besteht. Brummen oder Schnauben haben wir nie bei männlichen Löwen beobachten können.

Klägliches **Blöken** hört man manchmal bei ganz jungen Löwen, die in Gefahr geraten sind. Dieses Blöken wird nur von verängstigten Tieren produziert und lockt die Mutter und andere Erwachsene herbei.

Miauen klingt recht ähnlich wie bei unseren Hauskatzen, jedoch mit etwas tieferer Tonlage. Es ist ein sehr häufiger Kontaktlaut zwischen jungen Löwen untereinander und mit der Mutter. Im Prinzip können junge Löwen alle Lautäußerungen – außer dem Brüllen – bereits hervorbringen, jedoch in deutlich reduzierter Weise.

Der Stallgeruch des Rudels

Wer im Zoo ein noch so penibel gereinigtes Raubtierhaus betritt, bekommt einen Eindruck von der Intensität, mit der Raubtiere Gerüche produzieren. Löwen haben die Möglichkeit, mit Hautdrüsen, mit dem Urin und auch mit dem Kot Gerüche zu verbreiten. Die von Löwen am häufigsten angewandte Methode stellt das Urinspritzen dar. Dabei besprühen Löwen beiderlei Geschlechts – wenn auch häufiger männliche Löwen – bestimmte Plätze mit ihrem Urin. Dieser hat einen starken, besonderen Geruch, wiederum vor allem im männlichen Geschlecht. Möglicherweise hängt die Entwicklung des Löwen-Penis, der durch seine Position einen nach hinten gerichteten, waagerechten Urinstrahl ermöglicht, mit diesem Verhalten zusammen. Unter normalen Umständen geht dem Spritzzeremoniell das Schnüffeln an der Stelle voraus, die der Löwe selbst markieren will. Dabei zeigt er das Grimassiergesicht, das dem Flehmgesicht ähnlich, vielleicht sogar mit ihm identisch ist. Löwen reiben ihren Kopf an den mit Urin markierten Stellen und imprägnieren so ihr Gesichtsfell mit diesem Geruch. Dies kann sowohl vor dem Spritzen geschehen, als auch nachdem die Stelle mit eigenem Urin bespritzt wurde.

Sehr oft wird nach dem Versprühen des Urins der Platz mit den Hinterbeinen gekratzt. Oft scharren Löwen auch dann, wenn sie auf normale Weise, also nicht zum Markieren, harnen. Abwechselnd scharren die Hinterbeine bis zu zwanzigmal und sogar noch öfter den Boden. Auf diese Weise wird der Urin mit Erde vermengt. Diese Mischung bleibt an den Füßen des Löwen und zwischen seinen Zehen längere Zeit haften. So können Löwen ihre eigene Spur mit Duft markieren. Das gestattet anderen Löwen, so markierten Fährten zu folgen.

In der Anogenitalgegend besitzen Löwen Drüsen, die besondere Gerüche produzieren. Man kann häufiger sehen, wie Löwen einander in der gesamten Gegend unterhalb des Schwanzes eingehend beriechen. Wir haben das ebenso häufig bei männlichen wie bei weiblichen Löwen gesehen. Männliche Artgenossen nehmen häufiger solchen Kontakt mit Löwinnen, die in Hitze sind, auf als Löwinnen untereinander.

Beim Wangenreiben und anderen Begrüßungszeremonien spielen Gerüche möglicherweise ebenfalls eine Rolle. Es ist immer noch nicht entschieden, ob spezielle Hautdrüsen in der Wangengegend Duftsekrete produzieren oder ob dort nur normale Hautdrüsen gehäuft vorkommen. Jedenfalls entsprechen die zu beobachtenden Bewegungen, bei denen sich Löwen Wange an Wange reiben, einem Vorgehen, das das Beschmieren mit Sekreten und das Riechen an solchen nahelegt.

Löwen erkennen ihre Rudelzugehörigkeit ganz sicher auch mit der Nase. Es gibt so etwas wie einen Stallgeruch. Es ist durchaus wahrscheinlich, daß dieser auch über größere Distanzen, also nicht nur bei Körperberührungen, wahrgenommen werden kann. Wir haben einmal in der Etoschapfanne in Namibia festgestellt, wie ein Löwenrudel zunächst aufmerksam und dann aggressiv wurde, als ihm die Gerüche eines fremden männlichen Löwen vom Wind zugetragen wurden, obwohl dieser Ankömmling für das Rudel noch gar nicht zu sehen war. Alle Löwen kamen auf die Beine, wurden unruhig und gingen ein paar Schritte gegen den Wind, also genau in die Richtung des sich nähernden Löwen. Später wurde dieser auf sehr kämpferische Weise in die Flucht gejagt, weil er nicht zum Rudel gehörte. Andererseits haben wir im Luangwa-Valley-Nationalpark in Sambia gesehen, wie zwei Löwen, die zum Rudel gehörten und offenbar ein paar Tage abwesend waren, mit dem Wind zum Rudel zurückkehrten. Zwar richteten sich einige Löwinnen auf, als sie den Geruch der Rückkehrer wahrnahmen. Sie sogen dabei in typischer Weise mit leicht erhobenen Nasen den Wind ein, legten sich jedoch dann wieder entspannt zur Ruhe, bis die beiden das Rudel erreicht hatten und eine allgemeine Begrüßung stattfand. Für solche Gerüche sind wahrscheinlich Hautdrüsen zuständig, die am ganzen Körper verteilt sind. Natürlich können derartige, zum normalen Aufbau der Haut der meisten Säugetiere gehörigen Duftdrüsen an bestimmten Körperstellen, vielleicht an den Wangen, etwas dichter stehen und so als Duftzentren angesehen werden.

Streicheleinheiten und Klapse

Wer ein Löwenrudel beobachtet, sieht, daß intensiver Informationsaustausch über bloße Berührungen erfolgt. Löwen, die sich inmitten ihres Rudels niederlassen, können allein durch Anstupsen der ruhenden Artgenossen mitteilen, daß sie vorbeigehen, sich entfernen oder sich zwischen Rudelgenossen niederlassen wollen. Zumindest spielen optische und lautliche Ausdrucksmöglichkeiten hierbei keine Rolle, denn die durch Berührung verständigten Tiere halten die Augen oft geschlossen, und diese Kontakte gehen auch – zumindest für menschliche Ohren – meist geräuschlos vor sich. Selbstverständlich ist es möglich, daß Atemgeräusche aus nächster Nähe auch gehört werden und so als akustische Signale wirken. Ebenso kann Atemluft zu einem taktilen Berührungsreiz werden, etwa wenn die empfindlich reagierenden Schnurrhaare von dem Atemstoß eines anderen Löwen getroffen werden.

Bei den Begrüßungszeremonien spielen taktile Reize sicherlich die größte Rolle. Ganz gezielt kann man auch einen Begrüßenden von einem Begrüßten unterscheiden. Ein derartiger Handlungsablauf kann unterschiedlich nachdrücklich sein, vom nur angedeuteten Begrüßen bis zur fast stürmischen Begrüßungsorgie. Eine Begrüßung wird von einem Individuum ganz aktiv eingeleitet, worauf dann das begrüßte Tier vorwiegend mit Ausdrucksmitteln reagiert, die durch Berührung verstanden werden. Zwei Löwen können sich – wenn sie aneinander vorbeigehen – mit dem ganzen Körper berühren und in diesen Kontakt mehr oder weniger Gewicht legen, bis hin zum vollen Gegeneinanderlehnen der Körper. Die Schwänze spielen dabei eine besondere Rolle, sie werden dem an der Begrüßung beteiligten Artgenossen oft über den Rücken gelegt und streicheln ihn förmlich. Gar nicht einmal so selten wird dabei auch der Schwanz eines Begrüßers vom Begrüßten zwischen die Zähne genommen und manchmal an der Quaste einen Augenblick festgehalten. Dabei sind dann die Übergänge zum Spielverhalten fließend.

Auch das Austeilen von Klapsen, wie es im Zuge des Spiels, aber auch bei der Jungenaufzucht üblich ist, gehört zu den taktilen Verständigungsmitteln. Im Spiel, aber auch als Strafe für unerwünschte Zudringlichkeiten wird nicht selten ein Prankenschlag benutzt. Dessen Intensität entscheidet darüber, ob eine unerwünschte Zudringlichkeit abgewehrt wird. Wenn dieses taktile Signal nicht richtig verstanden wird, erfolgt der nächste Klaps mit größerem Nachdruck. Bei ernsthaften Auseinandersetzungen kann Berührung als Ausdrucksmittel – in diesem Fall in Form von Prankenschlägen – dem warnenden Knurren und der gleichzeitig ablaufenden Drohmimik größeren Nachdruck verleihen.

Junge Löwen, besonders ganz kleine Babys, treten mit den Vorderpranken gegen das Gesäuge der Mutter, wenn sie trinken wollen. Die Mutter versteht diese Aufforderung und legt sich – falls sie dem kindlichen Begehren nachkommen will – dann häufig auf die Seite, um die milchfordernden Babys trinken zu lassen.

VII.

Alltag im Löwenrudel

»Habt ihr denn auch Löwen gesehen?« ist die Standardfrage, die jedem zurückkehrenden Afrikatouristen gestellt wird. Um auf diese Frage positiv antworten zu können, buchen auch die meisten Badetouristen zumindest eine eineinhalbtägige Safari. In atemberaubendem Tempo müssen dabei möglichst mehrere Nationalparks oder Reservate berührt werden. Bei den großen Huftieren reicht es nach Ansicht des Fahrers des Safarifahrzeugs aus, die Fahrzeuggeschwindigkeit zu verlangsamen und die Namen der Tiere zu nennen. Fahrer und Touristen sind sich auch einig, daß die Namen wie Kongoni, Impala oder Gerenuk bald vergessen sind: »Namen sind doch Schall und Rauch!« Um sich die Unterschiede zwischen einer Thomson-Gazelle und einer Grant-Gazelle genau anzusehen, reicht die Zeit ohnehin nicht, und oft ist auch das Interesse zu gering. Für Elefanten, Giraffen oder Büffel lohnt sich ein kurzer Halt schon eher. Hyänen und Schakale müssen bei voller Fahrt abgehakt werden. Löwen oder Geparden erkennt man jedoch schon aus großer Entfernung an den vielen um sie herumstehenden Fahrzeugen. Für die Betrachtung dieser großen Raubtiere werden etliche Minuten Halt geopfert. Manchmal wird sogar der Motor abgestellt.

»Faul sind die Viecher!« Die Touristen klatschen in die Hände, pfeifen, johlen, winken mit Tüchern, ermahnen im heimischen Dialekt oder auf Italienisch die Löwen nachdrücklich, »nicht so träge« zu sein: »Avanti, avanti!« Aber das war's dann meistens – »eigentlich sehr enttäuschend!«

Ein ruhendes Löwenrudel kann den flüchtigen Betrachter tatsächlich enttäuschen. Es nützt auch nichts, die Beobachtung eines Löwenrudels auf eine halbe Stunde zu verlängern, um solche Aktivitäten wie in einem abendfüllenden Naturfilm zu erleben.

Vier erwachsene Löwinnen liegen nebeneinander. Sie bilden ein Knäuel. Man muß schon genau hinsehen, um die eine oder andere Pranke einem bestimmten Tier zuordnen zu können. Auch zu welchem Tier die einzelnen Schwänze gehören, ist nicht immer auf den ersten Blick erkennbar. Zu allem Überfluß ist das Gras hoch. Ein paar kleine Büsche spenden den Tieren spärlichen Schatten, verbergen sie aber zugleich teilweise vor den Augen der Betrachter. Unter einem etwas größeren Busch, ein paar Meter abseits, liegt eine weitere Löwin auf dem Rücken. Alle vier Beine mit abgeknickten Pranken hat sie in die Luft gestreckt. Dann sind noch sieben Jungtiere dabei. Vier richtige kleine Babys mit runden Köpfen und noch ohne Schwarz an den Schwanzenden und drei Halbwüchsige. Diese drei sind gleich alt, obwohl einer von ihnen besonders an Vorderbeinen und Brustkorb sehr viel massiger wirkt. Das gerade eben beginnende Sprießen einer dunklen Mähne zeigt das Männchen an. Die drei älteren Kinder liegen in dichtem körperlichem Kontakt, die vier Kleinen spielen mit geringer Aktivität und purzeln dabei ständig durcheinander. Fünfzig Meter von der Gruppe entfernt schlafen nebeneinander zwei braunmähnige große Löwenmänner, ein weiterer ist unter einem etwa dreihundert Meter entfernt stehenden Baum eben noch erkennbar.

Wir haben unser Fahrzeug in den spärlichen Schatten eines wenig belaubten Commiphorabaumes gestellt und warten. Für ein paar Tage haben wir uns an dieses Löwenrudel gehängt. Jeden Morgen sind wir froh, »unsere« Löwen nach mehr oder weniger langer Suchfahrt wiederzufin-

den. Zu dieser Morgenstunde sitzen die meisten Touristen noch beim Frühstück. Sie werden frühestens in einer Stunde hierherkommen. Vorbeifahren werden sie kaum, weil sie aus unserem stehenden Fahrzeug den Schluß ziehen, hier müsse etwas »Besonderes« zu sehen sein.
Die Löwen nehmen von uns keinerlei Notiz. Der Motor ist abgestellt, wir schweigen. Gegenüber gestern fehlen zwei Rudelmitglieder: eine rötlich gefärbte alte Löwin und ein halbwüchsiges Männchen. Mit den Ferngläsern haben wir die umliegende Gegend durchgemustert und sie nicht gefunden. Den Umkreis von ein paar Quadratkilometern haben wir erfolglos mit dem Fahrzeug abgesucht.
Über Nacht muß das Rudel mindestens acht Kilometer marschiert sein, denn so weit ist der Platz entfernt, an dem wir sie gestern verließen. Wahrscheinlich aber sind die Tiere nicht schnurstracks hierhermarschiert, sondern sie haben während der Nacht gejagt. Mit Erfolg? Vor drei Tagen hatten wir sie mit ein paar Knochen und Hautresten eines Zebras gesehen, seitdem haben sie offenbar nichts zu fressen gehabt. Zumindest nichts Größeres, denn die Bäuche sind eingefallen. Das sind heute die ersten wichtigen Informationen, die wir von »unseren« Löwen erhalten.
Nicht weit von diesem Platz fließt als dünnes Rinnsal ein kleines Bächlein. Offenbar sind die Löwen bereits dort gewesen, um zu trinken. An einem kurzen, sandigen Uferstreifen sehen wir frische Spuren unterschiedlich großer Löwenpranken. Das ist die nächste interessante Feststellung, die unser träges Rudel betrifft.
Nach einer Stunde steht eine Löwin aus der Vierergruppe auf. Unachtsam tritt sie einer Genossin mit der Hinterpranke auf den Bauch, die sich das anstandslos gefallen läßt. Zwar heben alle drei Löwinnen andeutungsweise den Kopf, setzen dann aber ihren Schlaf fort. Die Aufgestandene trottet auf eine offene Fläche. Sie wirkt – um es so präzise wie möglich mit menschlichen Worten zu sagen – »total verpennt«. Die Augen sind fast geschlossen, der Kopf wird tief gehalten, die Ohren sind in Mittelstellung, der Schwanz schwingt rhythmisch im Takt der Beine mit. Vierzig Meter von ihrem Lagerplatz entfernt kauert sich die Löwin hin und entleert ihre Blase. Das bestätigt unsere Vermutung, die Löwen hätten sich schon satt getrunken. Geradenwegs begibt sich die Löwin dann zurück auf ihren alten Platz. Auf diesem Weg wird sie jedoch von allen vier Babys überfallen. Die Kleinen haben sich hinter Grasbüscheln versteckt, wackeln immer schneller seitwärts mit den Hinterteilen und peitschen mit den dünnen Schwänzen das Gras. Ziel des ersten Angriffs ist ein Hinterbein der Löwin. Zwei Kleine haben es so umklammert, daß die Löwin die wuscheligen Babys wie einen Klotz mitschleppt. Nach ein paar Schritten geht sie jedoch auf das Spiel ein und balgt sich mit den »Angreifern«. Die Alte schlägt nach den Winzlingen. Nach Katzenart immer von oben. Jeder Schlag kommt blitzartig, die Krallen sind eingezogen. Es sind spielerische Klapse, dennoch überkugeln sich die getroffenen Jungtiere. Aber unverzüglich und mit gesteigerter Energie attackieren sie irgendeinen anderen Körperteil der Löwin. Die Kleinen greifen sich im Eifer des Gefechts auch gegenseitig an, prügeln sich mit ihren viel zu groß erscheinenden Pranken. Sie rollen in wildem Durcheinander um die duldsame alte Löwin herum.
Kaum hat diese sich hingelegt, stürzen sich zwei Babys auf ihr Gesäuge. Die Zitzen sind schwarz, das Fell in ihrer Umgebung ist abgeschabt, offensichtlich gibt diese Löwin Milch. Mag sein, daß sie die Mutter eines oder zweier dieser Babys ist, zumindest ist sie für ein oder zwei der Kleinen eine Tante. Sehr ergiebig scheinen die Milchquellen nicht zu sein, denn die Jungen saugen kurz an dieser, dann an jener Zitze. Bei reichlich fließender Milch beschränken sie sich fast immer auf eine, bei der dann jedes Junge bleibt, bis es satt getrunken ist. Die Löwin knurrt zunächst, dann faucht sie die Kleinen auch ein wenig an und entzieht sich durch Aufstehen allen weiteren Versuchen, das Trinken fortzusetzen. Das ist ein weiteres Zeichen, daß sie nicht mehr allzuviel Milch verfügbar hat. Das Rudel hungert vielleicht schon länger, als wir annehmen. Die Kleinen sind aber

noch gut genährt und haben im Gegensatz zu den übrigen Rudelmitgliedern volle Bäuche. Sie leiden noch keinen Hunger. Alle erwachsenen weiblichen Löwen haben Milch, wir haben das während der vergangenen Tage gesehen. Sie ließen auch alle Babys bereitwillig trinken. Welche Kinder zu welcher Mutter gehören, haben wir nicht feststellen können. Da alle fünf Löwinnen Milch geben, müssen sie ein paar Jungtiere verloren haben. Unser träges Rudel hat uns damit wieder eine interessante Nachricht offenbart.

Für die vier übriggebliebenen Kleinen sind fünf Milch gebende Löwinnen natürlich eine vorzügliche Lebensversicherung, jedenfalls gegen den Tod durch Verhungern. Aber auch sonst können sich diese vier Kleinen sicher fühlen. Das Rudel wird sie gegen Hyänen beschützen, die für Löwen dieses Alters die größte Gefahr darstellen. Sie werden vermutlich nie allein, ohne den Schutz zumindest eines erwachsenen Löwen sein.

Die alte Löwin ist zu keinem weiteren Spiel aufgelegt. Etwas unsanft schiebt sie die vier Kleinen beiseite und geht an ihren ursprünglichen Platz zurück. Ohne die zurückgebliebenen drei Weibchen richtig wachzumachen, nimmt sie dennoch mit jeder von ihnen einen kurzen Wangenkontakt auf. Diese nur angedeutet als Wangenreiben erkennbare Begrüßung hat nur den symbolischen Charakter, die Zusammengehörigkeit, die Freundschaft unter Beweis zu stellen. Es ist wie ein Schlüssel, der die Tür zur Gemeinschaft öffnet. Auch bei einem »nur« dösenden Rudel läßt sich so etwas Bedeutungsvolles beobachten.

Jetzt versuchen die Kleinen, die Halbwüchsigen in ein Spiel zu verwickeln. Unter Ausnutzung von Grasbüscheln oder Bodenvertiefungen als Dekkung schleichen sie sich an. Aus ihnen geeignet erscheinender Entfernung stürzen sie sich dann auf Ohren, Schwanz oder Pranken der Junglöwen. Diese sind wahrscheinlich Halbgeschwister, zumindest Vettern oder Cousinen. Auf alle Fälle bilden alle Jungen gemeinsam jenen Teil des Rudels, den man Kohorte nennt. Bei den dreien, einschließlich des halbwüchsigen männlichen Tieres, ist die Spielbereitschaft größer als bei der erwachsenen Löwin. Das Spiel wird aber auch mit größerer Ruppigkeit geführt. Während die alte Löwin ihre spielerischen Klapse sehr verhalten austeilt, hauen diese Halbwüchsigen schon mal richtig zu. Es ist erstaunlich, wieviel Derbheit kleine Löwen im Spiel ertragen, ehe sie von weiteren Zudringlichkeiten ablassen. Allerdings sind sie auch später bei ernsthaften Auseinandersetzungen mit Artgenossen »hart im Nehmen«.

Das Toben macht müde. So wundert es uns nicht, daß sich die drei Halbwüchsigen nach einer Weile aus dem Spiel lösen und einen anderen Ruheplatz aufsuchen. Dabei müssen sie an der einzeln liegenden Löwin vorbei. Das läuft nicht ohne eine ausgiebige Begrüßung ab. Dazu richtet sich die alte Löwin sogar zur Sphinxstellung auf. Die drei Junglöwen reiben ihre Köpfe an den Wangen der Alten, schmusen ein paar Augenblicke mit ihr und legen sich dann ein paar Meter weiter zu dritt ins Gras. Die vier Kleinen sind im Handumdrehen dort eingeschlafen, wo sie eben noch mit den größeren Junglöwen getobt haben.

Jetzt tritt für eineinhalb Stunden weitgehende Ruhe ein. Es wird wärmer, immer häufiger peitschen die Schwänze der erwachsenen Löwen durch die Luft. Auf diese Weise werden lästige Fliegen zwar von bestimmten Körperteilen verscheucht, sie lassen sich aber kurz darauf auf Körperteilen nieder, wo sie noch unangenehmer sind. Dann wird immer mehr Fliegenabwehr mit zukkendem Fell, schlagenden Schwänzen und gelegentlichen Schüttelbewegungen oder sogar Schlägen mit den Pranken notwendig. Das verstärkt die Unruhe. Manchmal richten sich die in Kontakt liegenden Löwinnen ein wenig auf und plumpsen anschließend auf die daneben Liegenden, die dann etwas beiseiterücken.

Am Morgen hatten wir den Eindruck, daß die Löwinnen den Kontakt mit ihren Artgenossinnen beim Liegen geradezu suchten. Kontaktliegen vermittelt ihnen ein sicheres »Rudelgefühl«. In der Morgenkühle mag es auch angenehm sein, von der Nachbarin ein wenig gewärmt zu werden. Jetzt, mit zunehmender Unruhe durch die Fliegenabwehr und die spielenden Jungen, gehen die Löwinnen jedenfalls auf ein wenig Distanz zueinander. Die Sonne ist schnell höher gestiegen. Eine kurze Zeit war es angenehm warm, aber jetzt wird es heiß. Die Junglöwen haben inzwischen erneut ihren Ruheplatz gewechselt und sind in ein nahe liegendes Gebüsch umgezogen, in dem man sie jetzt kaum noch erkennen kann. Die Löwenmänner sind nur wenige Meter weitergerutscht, um stets voll im Schatten der spärlich belaubten Baumkronen zu liegen. Die vier erwachsenen Löwinnen teilen sich auf. Je zwei ziehen in verschiedene dichte Commiphorabüsche ab, in denen sie nur noch zu ahnen sind.

Ein paarmal nähern sich andere Safarifahrzeuge. Nach jeweils kurzem Halt mit Gelächter und Geschrei brausen sie weiter. Den Besuchern ist hier zu wenig »action«, wie wir auf Englisch, Französisch oder Deutsch erfahren. Je mehr sich Löwen in die Deckung verziehen, desto weniger Interesse wird ihnen von den Touristen entgegengebracht. Uns ist das nur recht, denn auf diese Weise können wir das Rudel ohne allzu große Störungen beobachten. Die Löwen lassen sich von den Touristen überhaupt nicht beeinträchtigen. Deren Johlen und Kreischen läßt sie ebenso kalt wie das Heulen der Motoren und das Winken mit Hüten und grellfarbenen Tüchern.

Unsere Überlegungen, ob wir zum Essen in die Lodge fahren sollten, werden durch das plötzliche Aufschrecken mehrerer Löwen beendet. Alle blikken in die gleiche Richtung. Wir können – auch mit unseren Ferngläsern – nichts Besonderes in der Buschsavanne erkennen. Die Aufmerksamkeit der Löwen wird geringer, obwohl immer noch zumindest zwei oder drei gleichzeitig wie gebannt in dieselbe Richtung sehen. Die Löwin, die gestern noch beim Rudel war und die wir heute vermißten, und ein Halbwüchsiger kommen zielstrebig auf uns zu. Wir entdecken sie erst, als sie nur noch etwa zweihundert Meter vom Lagerplatz des Rudels entfernt sind. Raumgreifenden Schrittes, jedoch ohne Hast erreichen und begrüßen sie zuerst den einzelnen Mähnenlöwen. Dieser ist, wie auch die erwachsenen Löwinnen im Rudel, inzwischen auf die Beine gekommen. Die Neuankömmlinge gehen weiter zu den vier Löwinnen und wiederholen stürmisch die Begrüßung. Alle sieben Jungtiere stürzen förmlich herbei, um an dem Geschehen teilzunehmen. Die beiden Mähnenlöwen haben sich unter ihrem Busch aufgesetzt. Sie wirken unschlüssig, ob sie sich in diese Begrüßungsorgie einmischen sollen. Die Neuankömmlinge maunzen unter gleichzeitigem auffälligem Anheben des Kinns. Wir können nicht feststellen, wer ihnen antwortet, weil in dem Durcheinander der großen Katzenleiber zuviel Bewegung ist. Für die Kleinen ist das in erster Linie Anlaß zum Spiel mit Schwänzen oder Beinen der beteiligten Löwinnen.

Diese Zeremonie einer ausgiebigen Begrüßung findet jedesmal statt, wenn sich Rudellöwen nach längerer Trennung wiedersehen. Aus der Intensität der Handlungen schließen wir, daß die beiden Hinzugekommenen recht lange – bestimmt viele Stunden, wenn nicht gar seit wir sie am Vortag gesehen hatten – fort waren. Wangenreiben und großflächige Körperberührungen, bei denen sie umeinander herumgehen, finden zwischen allen Tieren statt, die einander begegnen. Die Tiere lehnen sich mit vollem Körpergewicht gegeneinander und schlagen die Schwänze über den Rücken des Begrüßten. Nicht selten legen sich die einander Begrüßenden gegenseitig die Pranken auf den Rücken oder auf den Kopf. Der alte Löwenmann läßt sich wieder zu Boden fallen und schläft weiter.

Die Bäuche der Ankömmlinge sind bis zum Bersten gefüllt, die Gesichter sind blutverschmiert. Die alte Löwin ist an den Hinterseiten der Vorderbeine besonders blutig. Kein Zweifel: Die beiden kommen von einem frischen Riß. Obwohl die Begrüßung nach dem üblichen Muster abläuft, wird dem Blut besondere Beachtung geschenkt. Die »daheim gebliebenen« Löwen lecken an dem Blut. Außer den Männern ist jetzt das ganze Rudel auf den Beinen. Trotz eines möglicherweise weiten Marsches, den die beiden Hinzugekommenen hinter sich haben, machen sie sich sofort – ohne zu ruhen – auf den Weg in die Richtung, aus der sie gerade gekommen sind. Zwei erwachsene Löwinnen und die Halbwüchsigen folgen ihnen auf den

Fersen. Die beiden noch nicht begrüßten Mähnenlöwen schließen sich an, schon bald werden sie vom Rest des Rudels eingeholt. Dabei findet zwischen ihnen zunächst der Austausch von vielen Elementen der Begrüßungszeremonie statt. Die Kleinen spielen mit den alten Herren, müssen dann aber in einem für sie ungewohnten schnellen Tempo weiterlaufen. Der einzelne alte Mähnenlöwe bleibt zurück.

Wir lassen dem Rudel ein paar hundert Meter Vorsprung, obwohl wir aus Erfahrung wissen, daß es die Tiere nicht stören würde, selbst wenn wir unmittelbar neben ihnen fahren würden.

An einem Korongo endet unsere Verfolgung. Unter Korongo versteht man Einschnitte in die Ebene der Savanne durch Wasserläufe, die allerdings nur wenige Wochen im Jahr Wasser führen. An manchen Stellen bleibt aber für Monate, manchmal sogar ganzjährig, Restwasser zurück. Die Löwen durchqueren den Korongo an einer trockenen Stelle. Unser Landcruiser schafft das nicht, und wir verlieren die Löwen aus den Augen. Deshalb fahren wir zunächst zurück zur Lodge, um am Nachmittag erneut die Löwen zu suchen.

Wir finden sie aber heute nicht wieder. Es sind auch keine Geier, Hyänen, Schakale oder nur die Reste eines Löwenrisses zu finden. Unsere Löwen waren hungrig, und sie würden sicherlich selbst von einem ausgewachsenen Gnu oder Zebra kaum etwas übriglassen. Als wir sie dann nach zwei Tagen vergeblicher Suche endlich wiedersehen, haben alle volle Bäuche. Diesmal ist nur jener Mähnenlöwe bei ihnen, der vor zwei Tagen zurückblieb. Die anderen beiden erwachsenen Männer und zwei der Halbwüchsigen – ein junger Mann und ein junges Weibchen – sind nicht beim Rudel, und wir zählen nur drei Babys. Dem fehlenden Baby mag ein Unglück zugestoßen sein. Die Erwachsenen und die Halbwüchsigen werden sich vorübergehend vom Kern des Rudels zurückgezogen haben. Vielleicht kommen sie bald wieder zurück.

Unser Rudel ruht. Touristen kommen und gehen. »Die schlafen ja nur!« Trotzdem knipsen die Leute mit ihren Systemkameras rasch eine Totale von dieser Gegend – und weiter geht's. Sie wissen nicht, wie interessant die Beobachtung eines »untätigen« oder »faulen« Löwenrudels sein kann, wenn man sich Zeit läßt und wenn man ein wenig mehr über Löwen weiß, als daß sie mächtig und faul sind.

Anpassung an den Lebensraum

Geordnetes Sozialleben setzt eine komplexe Verflechtung von Faktoren voraus, die einerseits in der Umwelt einer sozial lebenden Tierart zu finden sind und andererseits aus dem angeborenen Verhaltensinventar sowie ein wenig auch aus den körperlichen Merkmalen der Art stammen. Bei sozial lebenden Tieren ist es zum Verständnis dieser Zusammenhänge sehr nützlich, wenn man ihre soziale Struktur von ihrer sozialen Organisation trennt. Diese Unterscheidung haben van Schaik und van Hooff an Affen erläutert, sie läßt sich aber auf alle sozial lebenden Säugetierarten übertragen.

Die **Sozialstruktur** ergibt sich aus der Größe der Zusammensetzung einer Gruppe. Bei Löwen steht die innerhalb ein und desselben Rudels meist recht konstante Anzahl von erwachsenen Löwinnen ganz im Mittelpunkt der Strukturen. Ein wichtiges Element dieser typischen Sozialstruktur stellt die Rudellöwen-Koalition dar. Das ist eine Gruppe erwachsener männlicher Löwen, die gemeinsam durch Ernstkämpfe ihre Vorgänger aus dem Rudel vertrieben haben und jetzt gemeinsam eine Reihe von Aufgaben im Rudel wahrnehmen, von denen noch die Rede sein wird. Bei den männlichen Löwen, die im Rudel eine Koalition bilden, wechselt zwar in gewissem Umfang ihre Anzahl, jedoch sind sie alle meist ungefähr gleich alt.

Auch Junglöwen stellen eine wohldefinierte Komponente der Sozialstruktur dar. Junglöwen, die innerhalb eines Jahres im Rudel geboren werden, bezeichnet man als Kohorte. Bis zu einem Lebensalter von zwei Jahren bestehen Kohorten aus Jungen beiderlei Geschlechts. Danach teilen sie sich in weibliche und männliche Kohorten auf. Die letz-

teren stellen schon den Grundstock für die später im Erwachsenenalter fest zusammenhaltenden Koalitionen dar.
Unter **sozialer Organisation** versteht man das Verhalten der einzelnen Mitglieder oder verschiedener Gruppierungen innerhalb eines Sozialverbandes. Bei Löwen bedeutet das, wie sich die einzelnen Rudelmitglieder, aber auch die Gruppierungen innerhalb eines Rudels verhalten, also zum Beispiel Jungtiere gegenüber Erwachsenen oder Koalitionslöwen gegenüber Weibchen.
Natürlich beeinflussen sich Strukturen und Organisation gegenseitig. In einem kleinen Löwenrudel mit wenigen Jungen und einer Zweierkoalition geht es anders zu als in einem großen Rudel mit kopfstarker Koalition und vielen Jungtieren verschiedensten Alters.
Vor allem aber werden sowohl die Strukturen als auch die Organisationen von Sozialverbänden durch ökologische Faktoren ihres jeweiligen Lebensraumes, also durch ihre Umwelt, beeinflußt. Die Verfügbarkeit von Nahrung und Tränke, klimatische Faktoren, Jagddruck seitens der Freßfeinde und des Menschen sowie die Nähe und die Zusammensetzung benachbarter Sozialverbände von Artgenossen, aber auch von Tieren anderer Arten sind Beispiele für solche äußeren ökologischen Einflüsse.
In weniger ausgeprägtem Umfang wirken auch die Strukturen und Organisationen sozial lebender Tiere auf deren Umgebung ein. So können sie durch maximale Nutzung ihrer Nahrungsquellen deren Menge und Verfügbarkeit verändern. Oft geschieht es periodisch, daß Ressourcen zwischen Überfluß und großer Knappheit wechseln, was gelegentlich durch ihre Nutzer selbst mitverursacht wird.
Welche Formen von Sozialstrukturen und -organisationen bei einer Tierart anzutreffen sind, ist in aller Regel das Ergebnis der Artanpassung an die jeweilige Umwelt im weitesten Sinne. Löwen haben sich in sehr unterschiedlichen Lebensräumen durchsetzen können. Dieser großen Anpassungsfähigkeit entspricht eine breite Variabilität ihres gesamten Soziallebens.

Seßhaft oder auf Wanderschaft?

In der sehr artenreichen und weit über die Erde verbreiteten Familie der Katzenartigen leben nur die Löwen in Sozialverbänden, sogenannten Rudeln. Das sind Zusammenschlüsse von miteinander verwandten, über Generationen friedlich zusammenlebenden Löwinnen, ihrem Nachwuchs und männlichen Tieren, die jeweils vorübergehend Mitglieder des Rudels sind. Alle Mitglieder des Rudels teilen erjagte Beute, und die Jungen werden – einschließlich der Milchversorgung – von allen Rudelmitgliedern betreut. Nicht jede Ansammlung von Löwen ist jedoch im Sinne dieser Definition ein Rudel. Nomaden oder Löwen aus verschiedenen Rudeln können zufällig zusammentreffen und eine Weile zusammenbleiben. Dann werden sie als Gruppe bezeichnet. Es ist vorgeschlagen worden, jene Löwen ein und desselben Rudels, die enger zusammenhalten und sich von der Gesamtheit des Rudels gelegentlich länger abspalten, als Unter-Rudel (Subpride) zu bezeichnen (60). Wir halten eine solche Untereinteilung für wenig sinnvoll, weil solche Sondergruppen nicht zu den regelmäßig zu findenden Sozialstrukturen der Löwen gehören und oft nur sehr kurzfristig bestehen. Allerdings schließen sich im Ruwenzori-Nationalpark in Uganda häufig mehrere halberwachsene Löwinnen eines Rudels zu solchen »Unterrudeln« zusammen, die am Riß dann gemeinsam gegen den Rest des Rudels aggressiv werden (58).
Keineswegs alle Löwen verbringen ihr Leben in Rudeln. Im Ökosystem der Serengeti bevorzugen etwa zwei Drittel aller Löwen das Leben im ortsfesten Rudel, während ein Drittel zeitlebens als Nomaden umherstreift (50). Dieses zahlenmäßige Verhältnis zwischen Rudellöwen und Nomaden ist aber von Lebensraum zu Lebensraum verschieden und bisher nur für wenige Gebiete untersucht worden. Die Aufteilung einer Population in Rudellöwen und Nomaden ist aber auch im gleichen Lebensraum Schwankungen unterworfen. Denn je nach der Vermehrungsrate eines Rudels und abhängig von vielen anderen Faktoren, über die

wir noch berichten werden, scheiden notfalls sogar fast erwachsene Löwinnen aus dem Rudelverband aus. Nomadisierende Löwen sind keineswegs Einzelgänger wie etwa alle anderen Großkatzen. Alle Löwen streben nach sozialen Kontakten, alle suchen Anschluß an Artgenossen. Auch nomadisierende Löwen schließen sich gelegentlich zu Gruppen zusammen. Zwar sind ihre Verbände meist nicht so groß wie die etablierten Rudel, und vor allem leben sie nicht so dauerhaft zusammen, dennoch werden sie von denselben biologischen Mechanismen aneinander gebunden, die auch Rudellöwen zusammenhalten. Es gibt Gruppen von Nomaden, die größer sind als manche Rudel.

Rudelmitglieder können sich im übrigen für etliche Tage, Wochen, ja sogar Monate als Einzelgänger oder in kleinen Grüppchen von ihrem Rudel trennen. Sie können manchmal sogar für ein paar Tage flüchtige Kontakte mit nomadisierenden Löwen unterhalten. Wenn man in Afrikas Savannen auf einen einzelnen Löwen trifft, ist daraus keineswegs zu schließen, ob er einem Rudel angehört oder Nomade ist. Es ist nicht einmal sicher, wie lange er solitär lebt. Den Verhaltensweisen eines einzeln angetroffenen Löwen kann man nicht entnehmen, ob er dauerhaft als Nomade allein lebt oder sich – vielleicht nur kurzfristig – von seinem Rudel entfernt hat. Im allgemeinen neigt der Unkundige dazu, einzeln in der Savanne angetroffene Löwen als Nomaden anzusehen. Zugleich werden Rudelgrößen oft unterschätzt, weil keineswegs alle Löwen eines Rudels immer gemeinsam angetroffen werden. Vielfach spalten sich vom Rudel Gruppen »befreundeter« oder besonders eng verwandter Löwen für ein paar Tage oder auch einige Wochen ab. Wenn die so vom Rudel vorübergehend abgelösten Teilgruppen nun auch noch für längere Zeit stets dasselbe Gebiet innerhalb des Rudelterritoriums bewohnen, kann der Eindruck entstehen, es handele sich dabei um verschiedene Rudel und nicht Teile eines an sich zusammengehörenden Rudels. Diese gemeinsam angetroffenen Rudelmitglieder sind es, die von einigen Autoren als Unterrudel bezeichnet werden. Rudellöwen können, auch wenn sie vorübergehend nicht mit dem Rudel zusammenleben, jederzeit in ihr Rudel zurückkehren. Sie werden dort auch nach längerer Abwesenheit freundlich aufgenommen. Nichtmitglieder werden dagegen bei dem Versuch, sich einem Rudel anzuschließen, heftig bekämpft und abgewiesen.

»Harambee«: »Haltet zusammen!«

In der Ordnung der Raubtiere ist das Leben in strukturierten sozialen Gruppen die Ausnahme. 80 bis 90 Prozent aller Raubtiere leben dauerhaft solitär, also allein, dabei jedoch nicht notwendigerweise als Nomaden. Vielmehr errichten die meisten Arten Territorien, oder sie bewohnen klar umrissene Streifgebiete. Natürlich schließt das Alleinleben keineswegs aus, daß gelegentlich mehrere Tiere zusammenkommen und eine Zeitlang beieinanderbleiben. Zumindest ist in der Paarungszeit der Kontakt zwischen männlichen und weiblichen Tieren erforderlich. Auch für die Dauer der Jungenaufzucht gibt es Mutter-und-Kind-Verbände, die sich nach dem Selbständigwerden der Jungen allerdings wieder auflösen. Manchmal kann es bei großem Nahrungsangebot zu Ansammlungen von einzeln lebenden Raubtieren kommen. In den wenigen Wochen, in denen die Weißbartgnus in der Serengeti ihre Kälber gebären, konzentrieren sich dort oft Gold- und Schabrackenschakale sowie einzeln lebende Tüpfelhyänen, die ihren Clan vorübergehend verlassen. Manchmal finden sich auch noch mehrere Geparden in den Gebieten mit den meisten Geburten ein. Auch an einem einzelnen Riß oder am Kadaver eines an Krankheit, Unfall oder Altersschwäche gestorbenen Tieres sammeln sich gelegentlich Raubtiere, die normalerweise einzeln leben, zu kleinen Gruppen. Das sind aber keine Sozialverbände mit den typischen Sozialkontakten.

In einem richtigen Sozialverband leben erwachsene, oftmals miteinander verwandte Tiere mehr oder weniger dauerhaft zusammen. Solche Gruppen stellen Fortpflanzungseinheiten dar. Die

Jungtiere verbleiben über unterschiedlich lange Zeit im Verband. Bei Löwen müssen die weiblichen Tiere, kurz bevor sie erwachsen werden, diesen keineswegs notwendigerweise verlassen. Junge Männchen dagegen kehren dem mütterlichen Rudel meist im Alter von drei Jahren den Rücken, fast immer unter dem Druck der Rudellöwen-Koalition oder nach einer Rudelübernahme durch den Druck einer neuen Koalition.
Im Rudel werden häufig auch die immer wiederkehrenden Handlungen des täglichen Lebens wie Ruhen, Jagen, Fressen, Trinken oder Aktivitäten zur Körperpflege gemeinsam ausgeführt. Fast immer werden bei den in Sozialverbänden lebenden Tierarten Rangordnungen festgelegt und hierarchische Strukturen entwickelt. Bei Löwen sind stets die männlichen Tiere den weiblichen gegenüber dominant, innerhalb des gleichen Geschlechtes dagegen gibt es keine ausgeprägte Rangordnung. Aktuelle Streitigkeiten zwischen Gleichgeschlechtlichen müssen daher sofort ausgetragen werden, sie regeln sich nicht durch etwaige Rangpositionen zweier Kontrahenten. Das Fehlen einer Rangordnung unter Rudellöwinnen wie auch unter den Mitgliedern einer Koalition männlicher Löwen ist ein sehr wichtiges Beispiel dafür, daß soziale Organisationen nicht auf Macht oder gar Gewalt basieren. Es sind vielmehr andere Kräfte, die sozialen Zusammenschluß und soziale Friedfertigkeit bewirken und aufrechterhalten. Ganz sicher spielen da wechselseitige Hilfen, Unterstützungen, Beistandleistungen, Fürsorge eine Rolle. Aber auch gleiche Interessen, das Teilen des gleichen Schicksals, bewußte oder unterbewußte Verwandtschaft sind wichtige Faktoren. Auch ohne mit Gewalt erzwungene hierarchische Strukturen besteht zwischen den Löwen eines Rudels etwas, das wir unter Inkaufnahme der Vermenschlichung tierlichen Verhaltens als wechselseitigen Respekt bezeichnen möchten. Toleranz gegen Rudelgenossen ist eine Klammer der Sozialgemeinschaft. Zusammenhalt, Respekt und Toleranz haben eine sensibel funktionierende Kommunikation zur Vorbedingung. Sinnesorgane und Ausdrucksmittel des Löwen sind daran angepaßt und haben im Laufe der Evolution zu diesem Standard entscheidend beigetragen, ja ihn geradezu entwickelt.

Ob groß oder klein – immer eine Solidargemeinschaft

In einem ungestört lebenden Löwenrudel bilden die erwachsenen Weibchen den Kader. Sie bleiben im Normalfall lebenslänglich Mitglieder ihres Familienverbandes. Ihre weiblichen Nachkommen pflegen ebenfalls in diesem Rudel zu verbleiben, sie können und müssen es manchmal aber auch verlassen, um ein Leben als Nomaden zu führen. Mehrere, gemeinsam das mütterliche Rudel verlassende Löwinnen – ganz selten auch einmal einzelne – können ein neues Rudel gründen. Das Verlassen des Rudels geschieht meist im Alter von 2 1/2 oder 3 Jahren, oft aber auch unabhängig vom Alter, wenn eine neue Rudellöwen-Koalition das Rudel übernommen hat. Eine Löwin, die endgültig aus ihrem Rudel ausgeschieden ist, hat in aller Regel geringe Chancen, sich irgendwann später einem anderen etablierten Rudel als vollgültiges Mitglied anzuschließen. Sie kann auch nicht nach Jahren wieder in ihr eigenes Rudel zurückkehren. Nur unter den seltenen Bedingungen, daß in einem Rudel die Zahl erwachsener Weibchen unter die »Sollstärke« fällt, können sich diesem fremde halbwüchsige Löwinnen anschließen (87, 90). Die freiwillige oder von anderen Rudelmitgliedern erzwungene Entscheidung, das mütterliche Rudel zu verlassen, bestimmt deshalb schicksalhaft das künftige Leben einer Löwin.
Männliche Löwen verlassen ihr mütterliches Rudel nicht freiwillig, sie werden hinausgedrängt, wenn sie fast erwachsen sind. Nach dem Ausscheiden aus dem Rudelverband schließen sich männliche Tiere enger und dauerhafter – oft lebenslänglich – zusammen als weibliche.
Wahrscheinlich kommt es äußerst selten vor, daß männliche Löwen als Führungs-Koalition jenes Rudel übernehmen, aus dem sie selbst stammen. Für sie sind Löwinnen, die sie seit ihrer Kindheit kennen, sexuell wenig attraktiv. Dieselben Hem-

mungen, die zur Vermeidung von Inzucht beitragen, besitzen auch nomadisierende Löwen, die einander zufällig begegnen und im gleichen Rudel unter Verwandten groß geworden sind.
Es gibt für Löwen keine »Standardrudelgröße«. Nicht einmal in ein und derselben Gegend haben die Löwenrudel etwa gleiche Mitgliederzahlen. Für den Serengetilöwen wird man nach den Untersuchungen von Schaller (78) eine durchschnittliche Rudelgröße von etwa acht Tieren annehmen dürfen. Er fand in den vierzehn von ihm untersuchten Rudeln Größen von 4 bis 37 Mitgliedern mit jeweils zwei bis elf geschlechtsreifen Weibchen. Ein paar Jahre vorher, 1960, fand der Wissenschaftler Wright in der Serengeti durchschnittlich sechs Löwen als Mitglieder eines Rudels. Die letzte Auswertung der Rudel in der Serengeti und im Ngorongoro-Krater in Tansania durch Packer und Pusey (63, 64) ergab eine Rudelgröße von zwei bis 18 erwachsenen Weibchen und ein bis sieben erwachsenen Männchen. Im Kafue-Nationalpark in Sambia bildeten vier bis 5,1 Löwen ein Rudel (54). Im nördlichen Krügerpark in Südafrika gehörten durchschnittlich drei und in seinen zentralen Abschnitten vier Löwen zu einem Rudel (69). Ohne Angabe der Örtlichkeit geben Dorst und Dandelot eine Rudelgröße bis zu 30 Tieren an, Haltenorth hält ein bis drei erwachsene Männchen und bis zu 15 erwachsene Weibchen für die Normgröße eines Rudels.
Die Verteilung der Geschlechter – nicht im Rudel, sondern in einer ganzen Löwenpopulation – ist nicht in allen Gegenden gleich. Fast überall überwiegt die Anzahl der weiblichen Tiere. Im Ngorongoro-Krater in Tansania jedoch wurden mehr männliche als weibliche Tiere gefunden (16). Wenn die Anzahl der Weibchen überwiegt, hat das mehrere Gründe: Es sterben mehr männliche Tiere, wenn unter ihnen starke Konkurrenz herrscht, und aus dem Rudel vertriebene Löwen haben Probleme bei der Nahrungsbeschaffung, die ja im Rudel den Löwinnen obliegt.
Im Kaokoveld an der Küste Namibias sind nie mehr als zwei Löwen zusammen angetroffen worden (18). Ob in solchen Gegenden die Einteilung in Rudellöwen und nomadisierende Löwen sinnvoll und überhaupt durchführbar ist, bleibe dahingestellt. Ähnlich lagen die Verhältnisse für den in freier Wildbahn ausgerotteten Berberlöwen, »dessen Lebensweise außerhalb der Zeit der Begattung als solitär bezeichnet wird« (53).
Die relative Konstanz in der Größe ein und desselben Rudels im gleichen Gebiet findet ihren besten Ausdruck in der Anzahl erwachsener Löwinnen. Die Anzahl der Junglöwen kann mit dem unmittelbaren Fortpflanzungserfolg erheblich schwanken. Aus wie vielen männlichen Löwen jeweils eine Koalition besteht, ist sehr unterschiedlich. Auch die Größe eines Rudels kann erheblich variieren, abhängig von der Anzahl von Junglöwen, die entweder noch im Rudel verbleiben oder aber dieses verlassen (müssen). Nach schweren Verlusten durch Krankheit – wie zum Beispiel im Ngorongoro-Krater in Tansania durch den Wadenstecher, eine Fliegenart, die in Afrika nach dem wissenschaftlichen Gattungsnamen Stomoxys genannt wird (21) – kann man regelmäßig eine jährliche Zunahme der Rudelgröße bis zur ursprünglichen Norm beobachten.

Wie viele Jäger sind des Zebras Tod?

Die Jagd nach Beute – über deren Ablauf und Methoden an anderer Stelle berichtet wird – hat im Leben der Löwen eine ganz besondere Bedeutung. So wundert es nicht, daß die Größe eines Rudels maßgeblich von Faktoren beeinflußt wird, die mit dem Jagen zu tun haben. Es gibt wissenschaftliche Untersuchungen über die Beziehungen zwischen dem Erfolg einer Jagd auf große Beutetiere und der Anzahl der an der Jagd beteiligten Löwen. Großtiere, die ein einzelner Löwe nicht töten kann, können nur von mehreren Jägern in gemeinsamer Anstrengung erbeutet werden. Zusammenarbeit ist in einem solchen Fall für den Erfolg unerläßlich. Kleinere Tiere dagegen kann auch ein allein jagender Löwe ohne Hilfe durch Artgenossen überwältigen. Allerdings wird der Jagderfolg auch bei kleinerer Beute meist deutlich erhöht, wenn zwei oder mehrere Löwen gemein-

Hungriges Löwenrudel

sam jagen. In einem mathematisch berechneten Modell konnte herausgestellt werden, daß das Ergebnis einer Jagd am günstigsten ist, wenn Löwen allein oder zu zweit jagen (10). Natürlich hängt der Jagderfolg eines Löwen von der Größe des Beutetieres und dessen Kondition ab. Um eine schwache Gazelle zu schlagen, ist kein zweiter Löwe als Jagdhelfer nötig. Bei großen, starken Tieren dagegen ist ein einzelner Löwe machtlos. Wir sahen im Kafue-Nationalpark in Sambia, daß eine einzelne kräftige Löwin mit einem Rappenantilopenbullen nicht fertig wurde, obwohl sie ihn »gestellt« hatte. In der Serengeti ermittelte Schaller, daß zwei gemeinsam jagende Löwen mit einem Jagderfolg von 52 Prozent rechnen können, während ein einzelner Löwe nur mit 29 Prozent Wahrscheinlichkeit erfolgreich jagen kann.

Andererseits wird die Jagd keineswegs erfolgreicher, wenn zu viele Löwen an einer Jagd teilnehmen. Je mehr Löwen an einer Jagd mitwirken, desto größer wird die Wahrscheinlichkeit, daß einer von ihnen frühzeitig vom Beutetier entdeckt wird. Das kann mit der Ungeschicklichkeit eines solchen Jägers zusammenhängen, der nicht jede Deckung ausnutzt. Es kann sich aber auch ein Löwe bei der Auffächerung seiner Jagdgruppe so ungünstig in den Wind stellen, daß die angeschlichenen Beutetiere seine Witterung bekommen. Ebenso wächst mit der Anzahl der Jagdteilnehmer die Gefahr, daß einer zufällig auf einen Vogel oder ein Kleintier trifft, dessen Alarmrufe die Beutetiere auf die Gefahr aufmerksam machen. Wie viele Einzeltiere eines Löwenrudels jeweils an der Jagd teilnehmen, ist aus diesen und vielen anderen Gründen von Rudel zu Rudel verschieden. Allzuviele Rudelmitglieder, die nicht oder selten mitjagen, kann sich ein Löwenrudel natürlich nicht leisten. Wenn zu viele Mäuler satt werden müssen, erschöpft das möglicherweise bald die ständigen Jäger. Die Jagd ist gefährlich, und nicht selten werden auch erfahrene und erfolgreiche Löwen bei der Jagd verletzt und gelegentlich sogar getötet (62). Solche Gefahren werden für die Jäger um so größer, je mehr Löwen ihre Teilnahme an der Jagd verweigern.

Im übrigen hängt der Jagderfolg nicht nur von der Anzahl der teilnehmenden Löwen und der Größe des Beutetieres ab, sondern in vielen Fällen auch von der Fähigkeit und der Jagdtechnik der einzelnen Jäger (59). So kann der Jagderfolg einer einzelnen Löwin zunichte gemacht werden, wenn sich eine jagdlich sehr tolpatschige Löwin dazugesellt. So haben wir beobachtet, daß vier erwachsene Löwinnen gemeinsam erfolglos einen Gnujährling jagten, während zur gleichen Zeit eine andere Löwin desselben Rudels, unbemerkt von ihren Rudelgenossinnen, auf der anderen Seite des gemeinsamen Ruheplatzes allein ein ausgewachsenes Zebra schlug.

Die Größe eines Rudels sagt nichts darüber aus, wie viele Löwen sich zu gemeinsamer Jagd entschließen. Meist gehen nur einige Mitglieder des Rudels auf die Jagd, dagegen beteiligen sich alle Anwesenden am Verzehr der Beute (24).

Zwar ist rein theoretisch der Jagderfolg am größten, wenn sich nicht mehr und nicht weniger als zwei Löwen zur Jagd zusammentun, jedoch gibt es genügend Gründe, daß sich mehr als zwei Löwen zu einem Rudel zusammenschließen. Das gilt auch für den Jagderfolg, wenn man bedenkt, daß ein Beutetier nicht nur getötet, sondern auch gegen Nahrungskonkurrenten verteidigt werden muß (s. S. 62).

Satt werden muß jeder

Natürlich hat auch die Verfügbarkeit der Beutetiere Einfluß auf die Rudelgröße. Verfügbarkeit in diesem Sinne heißt nicht bloßes Vorhandensein einer Tierart, die von Löwen erbeutet und gefressen werden kann. Vielmehr müssen die Löwen die Fähigkeiten und die Möglichkeiten haben, diese Tiere auch tatsächlich zu schlagen. In Gegenden, die saisonal von riesigen Wanderherden durchzogen werden, wie etwa in der Serengeti, aber auch an der Grenze des Masailandes in Tansanias Tarangire-Nationalpark, im südlichen Sudan oder in Teilen der nördlichen Kalahari leben die Löwen im Überfluß, solange die Wanderherden gerade durch ihr Gebiet hindurchziehen. Aber sobald die Herden das Rudelgebiet verlassen haben, sind die Löwen auf die meist wenigen und oft auch noch besonders scheuen ortsansässigen Pflanzenfresser angewiesen. Dann wird manch ein Rudel zu groß, und einige Rudelmitglieder müssen verhungern. Die Rudelgröße richtet sich deshalb nach der Verfügbarkeit von Beutetieren im ungünstigsten Zeitraum, und es besteht kein Zweifel, daß die Verfügbarkeit von Nahrung den größten Einfluß auf das Sozialverhalten der Löwen hat (60). Der innere Druck in einem Sozialverband wird in verschiedenen Lebensbereichen größer, je dürftiger die Beute wird. Hunger ist langfristig ein machtvolles Regulativ für die Größe eines Rudels. Das gilt selbst dann, wenn die Nahrung nur für ein paar Wochen im Jahr knapp wird und in der übrigen Zeit Überfluß herrscht. In einem Verband, in dem über lange Zeit großer Hunger regiert, in dem die ohnehin geringe Nahrungsmenge fast immer mit großem Kampfeinsatz innerhalb des Rudels erstritten werden muß, kann der soziale Frieden gestört werden. Dann entschließt sich eine Löwin leichter, das allerlei Vorteile bringende Leben im Rudel aufzugeben, um künftig als Nomadin zu leben.

Die Zusammensetzung der Beutetierarten eines Verbreitungsgebietes hat ebenfalls einen nicht unwesentlichen Einfluß auf die Rudelgröße. In Gebieten, in denen Gnus und Zebras fehlen und in denen Büffel oder Elenantilopen die Hauptbeute der Löwen darstellen, müssen die Löwenrudel größer sein. Denn es bedarf der vereinten Kräfte mehrerer Löwen, die großen, wehrhaften Tiere zu Boden zu bringen und zu töten. In Gegenden, in denen kleinere Antilopen wie etwa Gazellen oder mancherorts Warzenschweine wichtigste Nahrungsgrundlagen sind, ist die Größe der Rudel meist geringer.

Ob die Größe der durchschnittlich verfügbaren Beutetiere Einfluß darauf hat, wie sich die Löwenpopulationen zahlenmäßig in Rudellöwen und nomadisierende aufteilen, ist nicht bekannt.
Für die Rudelgröße ist neben den äußeren Bedingungen, wie vor allem der Verfügbarkeit von Beutetieren, in gewissem Sinne auch die Vermehrungsrate eines Löwenrudels ein Regulativ. Der Nachwuchs eines Rudels begibt sich meist nur unter dem Druck einer großen Kopfzahl des Rudels ins Nomadendasein. Dieser Druck entsteht vor allem beim gemeinsamen Fressen am Riß. Hier werden die Spannungen zwischen fast erwachsenen und voll erwachsenen Löwen am deutlichsten. Wenn der Unfrieden stärker wird, als das durch soziale Bindungen außerhalb der Mahlzeiten aufgewogen werden kann, ist das der Auslöser für die fast Erwachsenen, das Rudel zu verlassen. Je mehr Konkurrenten sich um begrenzte Nahrung auseinandersetzen müssen, desto größer werden die Spannungen im Rudel, die dann das Ausscheiden der Jungtiere herbeiführen.
Werden in einem Rudel viele Jungtiere geboren, dann müssen mehr Tiere zu Nomaden werden als in einem Löwenrudel mit wenig Nachwuchs. Die Größe eines Rudels hängt damit also u. a. von der Quote jener Löwen ab, die zu einer nomadischen Lebensweise übergehen. Junge Löwen haben wenig Neigung, das Rudel zu verlassen. Durch ihre Hartnäckigkeit, in der mütterlichen Familie zu verbleiben, haben sie die Möglichkeit, das Rudel zu vergrößern. Hier herrschen Fließgleichgewichte, die allerdings zusätzlich durch die vorher bereits genannten Faktoren beeinflußt werden. Dazu gehören – um es noch einmal zusammenzufassen – vorrangig Geschicklichkeit der Jäger, Qualität des Lebensraumes und Zusammensetzung oder Verfügbarkeit von Beute.

Wann werden müde Männer munter?

Für jeweils ein paar Jahre übernehmen in einem Rudel voll erwachsene, mit den Weibchen nicht verwandte männliche Löwen die Aufgaben der sogenannten Rudellöwen-Koalition. Als oft sogenannte »Paschas«, »Herrscher« oder »Anführer« beherrschen sie die auch als »Haremsgruppe« bezeichneten Löwinnen so lange, wie sie nicht von kräftigeren, meist jüngeren Löwenmännern vertrieben werden. Diese Ausdrücke aus dem Leben des Menschen sind ihrem Inhalt nach völlig falsch, sie haben sich dennoch eingebürgert. Als Übersetzung aus dem Englischen finden wir die Bezeichnung »Rudellöwen-Koalition« besonders treffend, so daß wir sie hier bevorzugen und die anderen Ausdrücke nur verwenden, wenn dadurch das Verständnis des Textes verbessert wird.
Eine eindeutige zahlenmäßige Beziehung zwischen Rudelgröße und Anzahl der herrschenden Männchen ließ sich bisher nicht ermitteln. Die Führung eines Löwenrudels kann im Ausnahmefall sogar von einem einzelnen kräftigen Männchen wahrgenommen werden. Es sind jedoch fast immer zwei, drei oder mehr untereinander sehr solidarische Löwen, die gemeinsam die Aufgaben der Rudellöwen-Koalition übernehmen. Je mehr Löwen zur Koalition gehören, desto länger können sie unangefochten im Rudel verbleiben bzw. sich erfolgreich gegen Konkurrenten verteidigen. Das wiederum begünstigt den Fortpflanzungserfolg der Koalition oder, in der Sprache der modernen Biologie ausgedrückt, die »inclusive fitness« jedes einzelnen Koalitionslöwen. Was man unter »inclusive fitness« versteht, ist ausführlich in einem gesonderten Kapitel dargelegt (s. S. 66ff).
Natürlich gibt es auch Rudellöwen-Koalitionen, deren Mitglieder nur sehr weitläufig oder überhaupt nicht miteinander verwandt sind. Feldforscher ermittelten, daß in größeren Rudelkoalitionen viel häufiger Geschwister oder miteinander verwandte Löwen angetroffen werden als in Zweier- oder anderen kleinen Koalitionen. Wenn nun eine vielköpfige Rudellöwen-Koalition auch noch länger »an der Macht bleibt«, steigert das ihre Gesamtfitneß zusätzlich.
In der Wirklichkeit der Natur darf nicht einfach verallgemeinernd angenommen werden, große Löwenkoalitionen wären grundsätzlich auch biologisch besonders erfolgreich. Die Beziehung zwischen der Anzahl der Koalitionsmitglieder und

ihrer »inclusive fitness« ist stets vor dem ökologischen Hintergrund des jeweiligen Lebensraumes zu sehen (43). Die real existierende Größe einer Rudellöwen-Koalition ist nicht pfiffige Strategie einiger schlauer Löwen, sondern eine Anpassung an die komplexen ökologischen Verhältnisse. Damit ist auch der biologische Erfolg eines Rudels strikt an dessen Lebensraum gebunden. Eine mitgliederstarke Koalition ist daher auch nur unter jenen Bedingungen erfolgreich, unter denen sie als ökologische Anpassung entstanden ist. So ist es verständlich, daß im üppigen Ostafrika nicht dieselben Koalitionsgrößen erfolgreich sind wie im kargen Lebensraum mancher anderer Gebiete Afrikas.

In der Kalahari in Südafrika fand der Zoologe Eloff (18) bei seinen ausgedehnten Untersuchungen im Gesamtdurchschnitt viele Rudel, die nur von je einem Löwenmann angeführt wurden. Allerdings ist dort die Rudelgröße auch mit durchschnittlich 4,2 Löwen kleiner als in den meisten Teilen Ostafrikas. Nach unseren eigenen Aufzeichnungen haben wir aber auch in der Kalahari Rudel beobachtet, deren Koalition aus zwei oder sogar drei Männchen bestand.

Es wird diskutiert, ob die Ein-Mann-Rudel-Struktur auf die Zusammensetzung der Beutetiere zurückzuführen ist. In der Kalahari erbeuten Löwen häufiger als in den meisten anderen untersuchten Löwengebieten vorwiegend kleine Tiere. Diese sind von den Löwen schnell verzehrt, wodurch andere Raubtiere geringe Chancen zum »Diebstahl« der Löwenbeute haben. Deshalb sind dort Koalitionen von mehreren Löwen zur Beuteverteidigung gegen andere Raubtiere nicht so nötig. Im übrigen ist in der Kalahari die Dichte anderer Raubtiere viel geringer als etwa in Ostafrika.

Die »Führungsaufgaben« für Rudellöwen-Koalitionen halten sich in engen Grenzen. Die Initiative für fast alle Aktivitäten des täglichen Lebens geht von den Löwinnen aus. Sie bestimmen, wann gejagt wird, wann welche Tränke ausgesucht wird, wann einer Büffel- oder Elefantenherde Platz gemacht wird; sie entscheiden auch, wann ein Ortswechsel erforderlich ist und wohin das Rudel ziehen wird. Auch Streitigkeiten im Rudel werden viel häufiger von den Löwinnen geschlichtet als von den Koalitionslöwen, die sich ohnehin meist von den Löwinnen und Jungtieren absondern.

Mähnenlöwen rühren keine Kralle

Das Streben der männlichen Löwen richtet sich in erster Linie auf das Ziel, sich selbst die Führungsposition im Rudel zu sichern. Konkurrenten schlagen sie – wenn sie dazu in der Lage sind – in die Flucht. Eine solche Rudellöwen-Koalition übernimmt – wie der bei Schimpansen Allianz genannte Zusammenschluß männlicher Tiere – die Aufgabe, den Zugang eindringender fremder Männer in das Territorium des »eigenen« Rudels zu verhindern. Von einer »Beschützer-Rolle« kann dabei jedoch nur mit Einschränkungen die Rede sein. Gegen wen oder was – außer gegen Bewerber um die Koalitions-Position – sollte ein Löwenrudel auch wohl geschützt werden? Fremde Löwinnen, die im Lebensraum des Rudels verbleiben oder sich dem Rudel anschließen wollen, werden von den weiblichen Rudelmitgliedern mit Zähnen und Klauen bekämpft, verprügelt und fortgejagt. Die Löwenmänner der Koalition rühren dafür keine Kralle. Im Gegenteil. Sie sind keineswegs abgeneigt, sich mit nomadisierenden Löwinnen, die das Rudelgebiet betreten, zu paaren. Das geschieht allerdings meist heimlich, ohne Kenntnis ihrer Rudellöwinnen, die so etwas nicht dulden. Sie werden gegen »ihre« Männer aggressiv, wenn diesen der Geruch rudelfremder Löwinnen anhaftet.

Die Position, als Koalitionsmitglied einem Rudel anzugehören, kann sich auf die Lebenserwartungen der Mitglieder günstig auswirken. Im Etoscha-Nationalpark in Namibia betrug das durchschnittliche Sterbealter der Koalitionsmitglieder 12 Jahre, während nomadisierende Löwen dort nicht so alt werden. Offenbar trug dort die Sicherheit des Rudels dazu bei, daß die männlichen Löwen so alt werden konnten. Immerhin sterben dort viele Löwen einer Koalition in ihren eigenen Rudeln eines natürlichen Todes, ohne von männlichen Löwen abgelöst zu werden. Im Krüger-Nationalpark in Südafrika dagegen mußten die Mitglieder der Rudellöwen-Koalitionen »ihr« Rudel durchschnittlich im Alter von neun Jahren an neue Koalitionen abtreten (56). Im Etoscha-Nationalpark erreichen die Löwenmänner der Rudellöwen-Koalition ein höheres Alter als die Rudellöwinnen. Das älteste männliche Tier wurde 14, das älteste weibliche neun Jahre alt, nomadisierende Löwenmänner erreichten hier nur acht bis zehn Jahre (56). Umgekehrt ist es im Krüger-Nationalpark. Dort wurde als Höchstlebensdauer ein Alter von 14 Jahren bei einer Rudellöwin festgestellt, während Koalitionslöwen nur neun Jahre erreichten. Nomadisierende männliche Löwen wurden sogar 16 Jahre alt (87).

Ganz ohne Männer geht die Chose nicht

Obwohl die Rudellöwen-Koalition sich weder der Führung noch des aktiven Schutzes ihres Rudels widmet, sind diese Löwenmänner dennoch auf vielfältige Weise ihrem Rudel unmittelbar nützlich. Auch wenn sie sich nur sehr selten an der Jagd beteiligen, tragen sie beispielsweise auf verschiedenen Wegen zur Ernährung des Rudels bei. So können sie manchmal durch ihr Gewicht und ihre Kraft ein von den Löwinnen auf der Jagd gestelltes großes Beutetier zu Boden bringen, wozu die leichteren und schwächeren Jägerinnen selbst nicht fähig sind. Die Löwenmänner beteiligen sich in solchen Fällen weder an der Jagd noch am Töten des Beutetieres, sondern nur an seinem Niederbringen. Bei einer eigenen Beobachtung im Masai-Mara-Reservat in Kenia erlebten wir, daß drei Löwinnen eine Büffelkuh erjagt hatten, sie aber nicht zu Boden bringen konnten. Zwei männliche Rudellöwen zogen daraufhin die Kuh mit ihrem Gewicht auf die Erde, überließen dann aber das Töten einer einzigen Löwin. Die Rudellöwen-Koalition und die anderen Löwinnen saßen untätig in der Nähe und begaben sich erst zur Beute, als die Büffelkuh tot war.
Gelegentlich kann ein verfolgtes Beutetier zufällig in die Nähe eines aktiv nicht an der Jagd beteiligten männlichen Löwen getrieben werden oder dorthin fliehen. Dann kann dieser Löwe mehr oder weniger unbeabsichtigt dem Beutetier den Weg verstellen oder es direkt in die Fänge einer jagenden Löwin lenken. Dieses Geschehen ist dann aber vom Zufall bestimmt und kann nicht als Teilnahme des Löwenmannes an der Jagd angesehen werden, insbesondere sind solche zufälligen Ereignisse kein Hinweis auf eine wirkliche Kooperation.

Der starke Typ vom Objektschutz

Ein einziger männlicher Löwe kann einen Riß des Rudels gegen eine große Gruppe von Hyänen erfolgreich verteidigen, während die Weibchen einer Überzahl der Hyänen weichen müssen. Kleine Löwengruppen ohne männliche Begleitung haben also wenig Aussicht, eine größere erjagte Beute auch allein zu verzehren.
Wir haben einmal im Ngorongoro-Krater in Tansania gesehen, wie 22 Tüpfelhyänen einen einzigen Mähnenlöwen nicht einmal beim Fressen stören konnten, geschweige denn ihn von seiner Beute zu vertreiben vermochten. Hyänen haben in allen Lagen vor männlichen Löwen mehr Respekt als vor weiblichen. Deshalb haben männliche Löwen auch eine viel größere Durchsetzungskraft als weibliche, wenn das Rudel einer Gruppe von Wildhunden oder Hyänen deren Beute abnehmen möchte.
Diese Verhältnisse wurden eingehend in Botswana untersucht (12). Wissenschaftler haben ein theoretisches Modell erarbeitet, wonach es am günstigsten und am energiesparendsten sei, wenn zwei Löwen eine Beute von der Größe eines Zebras schlagen würden, sie könnten davon drei Tage leben (10). Bei allem Respekt vor der mathematischen Leistung wurde jedoch rasch deutlich, daß dieses Modell mit der Realität in der Natur schon deshalb nicht übereinstimmt, weil es die Aktivität der allgegenwärtigen Tüpfelhyänen nicht berücksichtigt. Das Modell favorisiert die Kooperation von zwei Löwinnen als optimale Gruppengröße für maximalen Jagderfolg. Für die

Erbeutung der Nahrung mag das auch zutreffen, für die Ernährung eines ganzen Rudels gelten jedoch andere Verhältnisse. Lange bevor die zwei Löwinnen nämlich auch nur einen Teil ihrer Beute verzehrt haben, kann sie ihnen von umherstreifenden Hyänen abgenommen werden. Dagegen wären die beiden machtlos.

Mähnenlöwe:
Übergang von defensivem zu offensivem Drohen

Für Löwinnen ist es einfach vorteilhafter, sich mit mehreren Artgenossinnen zusammenzuschließen. Das einzelne Mitglied eines Rudels oder einer Gruppe nomadisierender Tiere bekommt in einer großen Gruppe von der Beute dann zwar einen deutlich geringeren Anteil, aber es hat größere Chancen, daß nicht die gesamte Beute beispielsweise von Tüpfelhyänen übernommen wird. Ebenso ist es für Löwinnen sinnvoll, sich mit einem oder sogar mit mehreren Männchen zusammenzutun, um die Beute gegen »Diebstahl« zu sichern. Allein dieser Aspekt lohnt bereits den Aufwand, die Männchen »auszuhalten« und ihnen sogar den Vortritt beim Fressen zu lassen. Wird kleinen Gruppen von Löwinnen häufig Beute von Hyänen gestohlen, müssen sie immer wieder erneut jagen. Regelmäßig müssen nur aus weiblichen Tieren bestehende Gruppen öfter Beute machen, als wenn sie mehrere nicht jagende Männchen mit Fleisch versorgen müssen. Dabei ist zu bedenken, daß Jagd immer Kraft kostet; dasselbe gilt für den Versuch der Verteidigung der Beute. Außerdem besteht stets die Gefahr der Verletzung. Jagd ist immer mit Risiko verbunden. Manche dieser Risiken können durch den Zusammenschluß mit Männchen indirekt minimiert werden.

Selbst wenn in einem Rudel ständig oder gelegentlich nur eine einzige Löwin erfolgreich jagt, ist es vorteilhaft, wenn die männlichen Löwen zumindest in der Nähe sind. Durch ihre Anwesenheit im Jagdgebiet können sie Beutekonkurrenten fernhalten oder dadurch, daß sie schnell am Riß erscheinen, können sie verhindern, daß die einzelne, von der Jagd vielleicht erschöpfte Löwin ihre Beute sofort an Tüpfelhyänen verliert.

Allerdings muß erwähnt werden, daß sich das geschilderte Modell nicht auf Rudelgrößen bezieht, sondern nur auf die Anzahl der an einer gemeinsamen Jagd beteiligten Löwen. Nur äußerst selten geht ein großes Rudel gemeinsam auf die Jagd. Meist sind es nur einige der Löwinnen, die mit der Fleischversorgung des Rudels befaßt sind. Oft jagen aber Löwinnen abseits von der Hauptmasse der Rudelgenossen. Dann wären zwei Jägerinnen in vielen Fällen zu wenig, um die Beute für das gesamte Rudel zu sichern.

In der theoretischen Diskussion über Rudel- oder Jagdgruppengrößen (68) muß notwendigerweise die Zahl verfügbarer Beutetiere ebenso berücksichtigt werden wie die Anzahl der mit den Löwen konkurrierenden anderen Raubtiere. Auch deren Artenzusammensetzung und innerartliche Sozialstruktur sind Faktoren, die den Jagderfolg beeinträchtigen können.

Wo ist das beste Versteck für die Babys?

Rudellöwen-Koalitionen nützen dem Rudel nicht nur durch gelegentliche Hilfe bei der Jagd, durch das Abschrecken anderer Raubtiere, die die Löwenbeute übernehmen wollen, oder durch ihr Auftreten, wenn es gilt, anderen Raubtieren deren Beute abzunehmen. Löwenkoalitionen vertreiben allein durch ihre Existenz solche Raubtiere, die jungen Löwen gefährlich werden könnten. Das sind vor allem Tüpfelhyänen, Leoparden und bei ganz kleinen Jungen auch Schakale. Die Jungensterblichkeit bei nomadisierenden Löwinnen ist deshalb allein durch solche Verluste viel größer als bei Rudellöwinnen. Für Rudellöwinnen mit kleinen Babys ist es deshalb sehr sinnvoll, wenn sie den Geburtsplatz und die Verstecke ihrer Kleinen möglichst in der Nähe des Rudels wählen. Viele Rudel haben in ihren Territorien bevorzugte Plätze für Geburten und für die frühe Jungenaufzucht.

Es gibt Löwenmütter, bei denen der Trieb zum Anschluß an ihr Rudel nicht besonders stark entwickelt ist und die deshalb ihre Jungen verlieren. Deren Versorgung wird immer schwieriger, je größer sie werden. Da braucht die Mutter für die Ernährung ihrer Jungen Anteile der Rudelbeute und später, bei zunehmender Mobilität der Kleinen, auch den Schutz für ihre Kinder. Erstgebärende, die die Wanderungen des Rudels noch nicht gut einschätzen können, »hoffen«, daß ihr Rudel zurückkommt. Sie selbst bleiben passiv.

Gibt es zu viele Löwen?

Großwildjäger in ihrer oft unbeschreiblichen ökologischen Ignoranz kennen oder bedenken diese Aufgaben der Löwenmänner nicht. Sie argumentieren, daß viele Männchen »überzählig« seien, weil ohnehin nur ein Männchen zur Fortpflanzung komme. An dieser Stelle endet dann ihre Kenntnis von der Biologie ihrer Trophäenlieferanten – und ihr nächster Schritt ist der Schuß.

Nichts in der Natur ist »überzählig« und damit aus der Perspektive der Naturnutzer für die Natur überflüssig. Einigen Menschen »zu hoch« erscheinende Kopfzahlen einer Art sind stets Anpassungen an äußere – manchmal auch den einzelnen Tieren innewohnende – Faktoren. Solche Zusammenhänge sind nicht immer einfach überschaubar. Die ökologischen Beziehungen zwischen Lebewesen und ihrer unbelebten Umwelt sind oft sehr komplex. Was dem vereinfachenden Denken des Menschen im Zusammenhang mit Bestandsgrößen von Tieren einzuleuchten scheint, wird dann oft mit einem plakativen Schlagwort – wie etwa »überzählig« – ausgedrückt. Biologische Einsichten sind nun einmal mühsamer zu erlangen als die käufliche Lizenz zum »sportlichen« Abschuß eines Löwen.

VIII.

Altruismus – aber nicht ohne Eigennutz

Um die vielen Facetten des Soziallebens der Löwen zu verstehen, ist es nötig, sie im Zusammenhang mit modernen biologischen Erkenntnissen zu sehen. Dazu müssen wir uns ein paar Prinzipien aus der Soziobiologie vergegenwärtigen.

Die Soziobiologie als moderne Teildisziplin der Verhaltensbiologie untersucht u. a., welche Folgen die unterschiedlichen Formen tierlichen Zusammenlebens für die Einzeltiere, ihre Sozialverbände, ihre Populationen und die ganze Art haben. Dieser Wissenschaftszweig betrachtet Verhaltensweisen als Anpassungen an die Bedingungen der Umwelt. Verhalten unterliegt damit den Gesetzmäßigkeiten der Evolution, also der natürlichen Auslese von Individuen mit gut angepaßten Verhaltensweisen. Zu den von manchen Menschen beargwöhnten Themen dieser Disziplin gehören vor allem jene Verhaltensweisen, die bei vordergründiger Betrachtung keinen »biologischen Sinn« ergeben, weil sie dem Tier auf den ersten Blick wenig oder gar nichts nützen, ihm eventuell sogar Nachteile eintragen. Der Versuch, hinter allem in der Natur einen »Sinn« zu suchen, hat Tradition. Es fällt vielen Menschen offenbar schwer, die Natur und ihre Gesetzmäßigkeiten als etwas Zweckfreies zu betrachten. Hauptsächlich davon betroffen ist zum Beispiel jenes Verhalten, das offensichtlich die Fortpflanzungschancen einengt oder scheinbar anonymen Artgenossen und nicht den altruistisch handelnden Individuen zugute kommt. Es scheint vielen unbegreiflich, daß ein Tier für ein anderes oder eine Gruppe anderer etwas tun kann, was ihm selbst in keiner erkennbaren Weise dient. Warnung vor Feinden, Verteidigung von Artgenossen unter Einsatz des eigenen Lebens, Hilfe bei der Jungenaufzucht durch Geschwister, Tanten, Onkel oder noch weiter entfernte Verwandte, gegenseitige Hilfe in Notsituationen gehören zu solchen von manchen Menschen nur ungläubig zur Kenntnis genommenen Verhaltensweisen.

Schwierigkeiten bereitet es dem weniger Kundigen, sich vorzustellen, auf welche Weise dieses altruistische Verhalten über Generationen weitergegeben werden kann. Gelangt doch in vielen Fällen gerade das altruistisch handelnde Tier durch sein auf den Nutzen anderer Tiere gerichtetes Verhalten selbst überhaupt nicht mehr zur Fortpflanzung. Es kann dafür manchmal sozusagen gar keine Zeit mehr erübrigen.

Tatsächlich sind die Zusammenhänge für den Laien mit seinen vielen aus überholtem Biologieunterricht stammenden Vorurteilen schwer zu verstehen. Sie sind auch nicht immer in populärwissenschaftlicher Weise plausibel zu machen und allgemein verständlich zu erklären. Echter Altruismus ist auf den Menschen beschränkt und entspringt moralischen Beweggründen. In dieser idealen Form – also ohne Gegenleistung – konnte er bei Tieren nicht nachgewiesen werden. Im Tierreich springt für den Handelnden aus »altruistischem« Verhalten immer irgendein meßbarer Nutzen heraus.

Deshalb wurde der Begriff »reziproker Altruismus« geprägt. Damit soll angedeutet werden, daß für jede auf den ersten Blick uneigennützige Handlung irgendein Gegenwert zu erwarten ist. Aus sprachlichen und logischen Gründen ist »reziproker Altruismus« ein Widerspruch in sich, denn der Begriff des Altruismus bedeutet, keine Gegenleistung zu bekommen oder auch nur zu erwarten. Er kommt oft auch dem scheinbar altruistisch handelnden Tier selbst nicht direkt zustatten. Vielmehr wird das eigene, mit nahe verwandten Tieren geteilte Erbgut durch seine altruistische Handlung begünstigt. Zu den Grundprinzipien des Lebendigen gehört die Erhaltung der eigenen Erbanlagen für künftige Generationen. Im Grunde handelt eine Löwin, die ihre Nichten und Neffen bei sich trinken läßt, egoistisch, weil sie ihr eigenes Erbgut in den nahen Verwandten begünstigt. Ein männlicher Löwe, der – obwohl selbst sattgefressen – einen Riß für seine Kinder oder für Löwinnen, mit denen er sich erst noch fortpflanzen will, verteidigt, handelt eigennützig. Diese Überlegung führt zum Thema der Gesamtfitneß.

Darum dreht sich alles: Gesamtfitneß (»inclusive fitness«)

Um den Begriff der »inclusive fitness« zu verstehen, muß man zunächst auf Darwin zurückgehen. Seine Wortwahl vom »survival of the fittest« hat vor allem in der deutschen Übersetzung Verwirrung gestiftet. Insbesondere seit die deutsche Sprache nach dem Zweiten Weltkrieg mit Amerikanismen und englischsprachigen Fachausdrücken überschwemmt wurde, haben viele jetzt im Deutschen benutzte englische Ausdrücke neue Inhalte bekommen. Im alltäglichen Sprachgebrauch versteht man unter »fit«, unter »fit sein« oder »Fitneß« etwas völlig anderes, als Darwin das im Titel seiner grundlegenden Arbeit beabsichtigte.

Für Darwin war der Fortpflanzungserfolg das Maß der Fitneß und keineswegs die Fähigkeit, Artgenossen mit körperlicher Stärke oder List zu überwältigen oder gar zu vernichten. Ferner gehört nach Darwin zur Fitneß, in welchem Ausmaß die eigenen Nachkommen ihrerseits das Erbgut weiterverbreiten. Eine große Anzahl von Nachkommen, die sich der Umwelt nicht anpassen, die schwach oder lebensuntüchtig sind und sterben, bevor sie zur Fortpflanzung gelangen, erhöhen die persönliche Fitneß ihrer Eltern natürlich nicht. Ein Löwe, von dem zehn Urenkel überleben, besitzt eine größere Fitneß als einer, der Dutzende von Kindern hat, von denen aber nur fünf Urenkel am Leben bleiben. Es kommt also auf die Eigenschaften des weitergegebenen Erbgutes an. Qualität rangiert hier oft vor Quantität.

Die Zusammensetzung des bei der Fortpflanzung weitergegebenen Erbgutes eines Individuums unterliegt dem Zufall. Welches Erbgut eine Eizelle oder ein Spermium enthält, liegt außerhalb des Einflusses der Erzeuger. Wenn Nachkommen sich an schwierige Verhältnisse in ihrem Leben, in ihrer Umwelt anpassen können, steigern sie die Fitneß ihrer Eltern. Die Kombinationen des von den Vorfahren übernommenen Erbgutes entscheiden maßgeblich über die Fitneß eines Individuums.

Es ist für viele Menschen nicht mit ihrem Selbstverständnis vereinbar und schwächt ihre Selbstachtung als Individuum, als Mensch oder als Geschöpf Gottes, wenn sie auf nichts weiter als den Träger eines bestimmten Erbgutes reduziert werden. Das ganze Lebendigsein dreht sich aber um dieses Erbgut, dessen Verbreitung ist das Prinzip alles Lebenden. Seine Zusammensetzung definiert dessen Träger sowohl als Mitglied seiner Art als auch als Individuum.

Für die persönliche Fitneß jedes einzelnen ist es selbstverständlich wichtig, sein eigenes Erbgut in die Fortpflanzung einzubringen, und die Sorge um dessen Verbreitung ist ebenfalls von großer Bedeutung. Bei vielen Tierarten setzt schon vor der Zeugung ein Vorsorgeverhalten ein, das einen dauerhaften Fortpflanzungserfolg zu optimieren versucht. Dieses Verhalten betrifft beispielsweise die Auswahl eines geeigneten Habitats mit gutem Nahrungsangebot, ergiebiger Tränke, artgemäßen Klimabedingungen, sicheren Geburtsplätzen und günstigen Verstecken für die Jungen.

Bei vielen Säugern errichten die männlichen Tiere Fortpflanzungs-Territorien. Deren Qualität ist ein wichtiges Wahlkriterium für weibliche Tiere, sich in diesen Territorien aufzuhalten, begatten zu lassen und die Jungen zu gebären. Bei Rudellöwen haben die weiblichen Tiere die Territorien in Besitz. Die Löwen einer Koalition suchen sich gute Territorien und damit geeignete Sexualpartner aus. Unabhängig davon, ob weibliche oder männliche Tiere die Territorien errichten, ist aus der

Qualität des Gebietes auf die Qualität der Besitzer zu schließen. Denn im allgemeinen sind Individuen mit besonderer Fitneß auch in der Lage, besonders geeignete Territorien zu errichten und zu verteidigen.

Mit der Wahl des Territoriums und deren Besitzerinnen, den Löwinnen, ist aber nur ein Teil der Partnerwahl vollzogen. Löwen, die ein Rudel übernehmen wollen, müssen zuvor eine Probe bestehen, indem sie die amtierende Rudellöwen-Koalition vertreiben. Wenn ihnen das gelingt, ist damit der Beweis ihrer Durchsetzungsfähigkeit erbracht, und es kann vermutet werden, daß sie auch die Verteidigung des Territoriums und des Rudels gewährleisten können. Unterliegen die Herausforderer, würden sie wahrscheinlich auch noch nicht ein Rudel erfolgreich verteidigen können. Manche Löwen erobern zeitlebens kein »eigenes« Rudel. Sie können sich dann höchstens mehr oder weniger zufällig mit nomadisierenden Löwinnen paaren und ihr Fortpflanzungserfolg ist in Frage gestellt, weil viele Nomadinnen Probleme bei der Aufzucht ihrer Jungen haben.

Ein geeigneter Sexualpartner muß für die Fürsorge der mit ihm gezeugten Nachkommen die besten Voraussetzungen bieten. Seine elterlichen Qualitäten sollten möglichst große Gewähr dafür bieten, daß mit ihm gezeugte Kinder später in der Lage sind, das gemeinsame Erbgut weiterzugeben. Bei Löwen bedeutet das, geeigneten Lebensraum auszusuchen, zu verteidigen und dort später dem Nachwuchs die Sicherheit zum Erwachsenwerden zu bieten. Die Mütter sorgen anfangs für Milch und Schutz vor den Unbilden der Witterung. Die Rudellöwen-Koalition trägt zur späteren Sicherstellung der Nahrung bei, wehrt Feinde, Nahrungskonkurrenten und rudelfremde männliche Löwen ab.

Das muß nicht immer, wie die sozialdarwinistische Verkürzung das versteht, durch große körperliche, vielleicht sogar brutal eingesetzte Kraft oder Mächtigkeit geschehen. Große Sozialisierungsbereitschaft, die Fähigkeit, den Nachwuchs ohne Kämpfe in Sicherheit zu bringen, die Wahl eines Verstecks mit Deckung vor Feinden und vieles andere mehr sind mindestens ebenso gefragt. Als Maßnahmen zur Absicherung des Nachwuchses gehören diese Kriterien unmittelbar in den Komplex der »inclusive fitness«.

Für die männlichen Tiere bestehen andere Voraussetzungen. Da sie über eine nahezu unbegrenzte Anzahl von Spermien verfügen, haben sie theoretisch die Möglichkeit, sich mit einer großen Anzahl von weiblichen Partnern fortzupflanzen. Dabei können sie in Kauf nehmen, daß keine gezielte Partnerwahl stattfindet. Immerhin ist es ja möglich, daß auch ohne gezielte Wahl zufällig eine Partnerin befruchtet wird, die alle Voraussetzungen erfüllt, um die Fitneß dieses Vaters zu fördern.

Die Möglichkeiten von Vätern, auf die Entwicklung einer unübersehbaren Schar von Nachkommen zur Erhaltung der eigenen Fitneß selbst Einfluß zu nehmen, sind beschränkt. Ihr begrenzter Aktionsradius ermöglicht ihnen nicht, sich um alle gezeugten Nachkommen zu kümmern, wie das bei monogamen Arten möglich und meist auch üblich ist. Sie überlassen die Versorgung des Nachwuchses weitgehend den Weibchen, für die es schwierig ist, sowohl Nahrung für die Jungen zu beschaffen wie für deren Schutz zu sorgen.

Fremde Hilfe, die eigene Fitneß zu vergrößern, ist deshalb sehr erwünscht. Diese Hilfe kann von nächsten Verwandten ausgehen. So kommt es in der Tierwelt gelegentlich, wenn auch selten, vor, daß ältere Geschwister bei der Aufzucht und beim Schutz der jeweils letztgeborenen Nachkommen helfen. Vordergründig wirkt eine derartige Hilfe wie ein sehr uneigennütziges Verhalten. Tatsächlich ist es das aber nicht, weil nämlich jedes Tier durch Fürsorge für seine Geschwister auch der Verbreitung seines eigenen Erbgutes hilft. Geschwister sind einander nahe verwandt, jedes trägt in seinem Erbgut 50 Prozent der Gene, die auch das andere trägt. Wechselseitige Hilfeleistung unter Geschwistern ist deshalb insofern eigennützig, als auch dem eigenen Erbgut im Körper des Geschwisters, für das mitgesorgt wird, zur Verbreitung verholfen wird. Nicht nur Geschwister, sondern auch Onkel und Tanten sorgen mit

ihren Aufwendungen für Nichten und Neffen in sehr eigennütziger Weise für die Verbreitung ihres eigenen Erbgutes, das ja auch diese Verwandten tragen.
Das Prinzip, sich auch um Erbgut zu sorgen, das nicht auf eigene Beteiligung an der Fortpflanzung zurückzuführen ist, leistet einen Beitrag zum Verständnis des Begriffes der »inclusive fitness«. Manche Versuche in der Fachliteratur, diesen Begriff ins Deutsche zu übersetzen, sind unbefriedigend. »Gesamteignung« oder »Volltauglichkeit« sind Worte ohne sprachlichen Bezug zum Sachverhalt. Wir behalten deshalb den ursprünglich von dem Soziobiologen Hamilton eingeführten Begriff der »inclusive fitness« bei oder benutzen den Ausdruck »Gesamtfitneß«.
Die geschilderten Verhältnisse von Fitneß und »inclusive fitness« sind Schlüssel zum richtigen Verständnis der Löwen. Auffällig findet man das Prinzip verwirklicht in der gering ausgeprägten und manchmal völlig fehlenden Rivalität unter den Mitgliedern einer Rudellöwen-Koalition. Es gibt so gut wie keine ernst zu nehmende Nebenbuhlerei. Das hängt damit zusammen, daß – wie erwähnt – Koalitions-Löwen sehr häufig nahe miteinander verwandt sind. Häufig sind sie Wurfgeschwister, zumindest Halbgeschwister. Auf jeden Fall tragen sehr oft alle, zumindest mehrere Mitglieder einer Rudellöwen-Koalition in mehr oder minder großem Ausmaß gleiches Erbgut. Daher ist es im Sinne der »inclusive fitness« zwar nicht völlig gleichgültig, aber von untergeordneter Bedeutung, welches Mitglied der Rudel-Koalition jeweils zum Fortpflanzungserfolg kommt. Für das genetische Material von Brüdern, Halbbrüdern oder Vettern ist auch dann gesorgt, wenn dieses von einem Verwandten in die nächste Generation weitergegeben wird. Ganz unabhängig davon gibt es unter ihnen – wie bereits dargelegt – keine Rangordnung. Damit sind die Chancen, sich selbst zu reproduzieren, für alle Mitglieder der Koalition gegeben. Aber selbst wenn ein Mitglied einer solchen Koalition niemals zur Fortpflanzung gelangt, kann es zur Absicherung des eigenen Erbgutes beitragen durch Schutz des Rudels, in dem ja auch seine eigenen Gene, wenn auch auf viele Einzeltiere verteilt, vorhanden sind.
Das Prinzip der »inclusive fitness« äußert sich noch in vielen anderen Bereichen des sozialen Zusammenlebens der Löwen. Alle erwachsenen Löwinnen eines Rudels sind – wie wir bereits mehrfach erwähnten – miteinander verwandt, sei es als Schwestern, Tanten, Cousinen, Mütter, Großmütter, Enkelinnen oder Urenkelinnen. Alle tragen also in mehr oder minder großem Umfang gemeinsames Erbgut. Die Babys einer Schwester, der eigenen Mutter, einer Tante, einer Nichte oder einer Cousine mitzuversorgen, dient also auch der Bewahrung des eigenen Erbgutes. Dieses Prinzip der Gegenseitigkeit ist damit dem Rudel in vielen Situationen nützlich. Wenn eine Löwin durch Unfall oder Krankheit stirbt, werden ihre hilflosen Jungen durch die (verwandten) anderen weiblichen Mitglieder des Rudels versorgt. Den Schutz vor dem Infantizid (S. 69ff) durch fremde Männchen übernehmen ohnehin die Koalitionslöwen ohne Rücksicht auf jeweils persönliche Vaterschaft.
Löwinnen – ebenso wie andere Weibchen von Tieren mit ähnlichen sozialen Lebensformen – erhöhen ihre »inclusive fitness«, wenn sie in ihrem Geburtsrudel verbleiben und nicht mit anderen Löwinnen gemeinsam ein neues Rudel gründen. Die Vorteile, das Rudel nicht verlassen zu müssen, liegen beispielsweise in der genauen Kenntnis des Territoriums mit allen Ressourcen, wie zum Beispiel günstigen Jagdgebieten, Tränken, Schattenplätzen, Verstecken usw., Kenntnisse, die für die erfolgreiche Aufzucht des Nachwuchses nützlich sind. Diese Kenntnisse müssen Löwinnen neu etablierter Rudel erst erwerben. Allerdings werden neue Rudel oft in Teilgebieten der Territorien der mütterlichen Rudel gegründet, aber sie müssen stets in Richtung auf »Neuland« ausgeweitet werden.
Männliche Löwen dagegen erhöhen ihre »inclusive fitness«, wenn sie ihr Geburtsrudel verlassen, um sich mit fremden Löwinnen fortpflanzen zu können. Mitglieder ihres Geburtsrudels sind für sie nicht attraktiv.

IX.

Wenn Löwen Löwenbabys töten

Zu den ganz normalen Vorgängen im Sozialleben der Rudellöwen gehört es, daß ein Rudel alle paar Jahre von einer neuen Rudellöwen-Koalition übernommen wird. Dabei werden – von Ausnahmen abgesehen – regelmäßig die sehr jungen Löwen von den übernehmenden Koalitionslöwen getötet. Man bezeichnet dieses Umbringen der Kinder als Infantizid.

Nach korrekter Definition ist Infantizid eine Methode, die »inclusive fitness« zu erhöhen. Durch Töten blutsfremder Jungtiere kommt alle Energie, die Koalitionslöwen in den Schutz des Rudels stecken, ihrem eigenen Erbgut zustatten. Die Weibchen werden in dieser Situation konzeptionsbereit für die Veranstalter des Infantizids. Nach der Geburt neuer Jungtiere ziehen sie gemeinsam Nachkommen groß, in denen das Erbgut der neuen Männchen steckt. Je länger Koalitionslöwen ihre Position im Rudel behalten, desto größer wird auch für die Löwinnen die Chance, ihren Nachwuchs nicht bei der nächsten Rudelübernahme durch erneuten Infantizid zu verlieren. Der Verlust ihrer Kinder »lohnt sich« auch für die Löwinnen im Sinne ihrer »inclusive fitness«, wenn die Koalition gleichzeitig neuen Nachwuchs zeugt und den bis zum Erwachsenwerden beschützen kann.

Dieses Prinzip, die Kinder aus den Verbänden polygyn lebender Tierarten zu töten, ist weit verbreitet (34, 52). Polygyn bedeutet, daß sich ein Männchen mit mehreren Weibchen zu paaren pflegt. Besonders gut wurde der Infantizid untersucht an Langurenarten, also asiatischen Affen (38, 39, 55, 74). Selbst bei uns Menschen so nahen Verwandten wie den Gorillas fand die Feldforscherin Dian Fossey Infantizid.

In einem Löwenrudel kommt es zum Infantizid, wenn neue männliche Löwen die Herrschaft übernehmen. Erstaunlicherweise wurde das in der Etoschapfanne in Namibia nie beobachtet (56). Nun hängt die Häufigkeit, mit der neue Koalitionen Löwenrudel übernehmen, wahrscheinlich mit der Gesamt-Löwendichte eines Gebietes zusammen. In der Etoschapfanne lebt auf 45 bis 90 km^2 nur ein Löwe, während in der Serengeti ein Löwe auf 8 bis 12 km^2 gefunden wird. In der Serengeti sind Wechsel der Koalitionen sehr häufig (64).

Eine Rudellöwen-Koalition muß innerhalb eines Rudels ihre Stellung dauerhaft behaupten und verteidigen. Anfangs müssen die Koalitionslöwen – wie bereits erwähnt – die oft sehr aggressive Abneigung der Löwinnen im von ihnen übernommenen Rudel überwinden und sie zu einer loyalen Anerkennung bringen. Für die gesamte Dauer ihrer Herrschaft müssen sie sich gegen männliche Artgenossen verteidigen, die ihnen die Führung des Rudels streitig machen wollen.

Löwen ein und desselben Rudels kennen sich individuell. Sie sind einander oft geradezu liebevoll, zumindest aber freundschaftlich verbunden und unterscheiden auch – natürlich völlig unbewußt – ihre Verwandtschaftsgrade.

Für eine Koalition, die ein Rudel neu übernimmt, sind alle Mitglieder des Rudels Nichtverwandte. Zu altruistischem Verhalten besteht für sie zunächst keinerlei Anlaß. Um sich sobald wie möglich nach der Rudelübernahme fortzupflanzen, müßten alle Weibchen schnell in Hitze kommen. Kinder der früheren, fremden Rudellöwen zu beschützen, würde der Bewahrung ausschließlich fremden Erbgutes dienen. Zu warten, bis diese Junglöwen erwachsen sind, wäre für die neuen

Koalitionslöwen fortpflanzungsbiologisch gesehen vergeudete Zeit, denn bis ihr eigener Nachwuchs überlebensfähig wäre, könnten sie längst von Nachfolgern vertrieben sein.
In ihrer Aggression gegen alle fremden Löwen – und das sind auch die erwachsenen Weibchen des Rudels – attackieren die neuen Koalitionslöwen jedes Mitglied. Die erwachsenen Löwinnen wissen sich zu wehren, zumal sie sich gegen die neuen Koalitionslöwen solidarisieren, auch um ihre eigenen Jungen zu verteidigen. Immerhin gilt für sie, das zu 50 Prozent anteilige mütterliche Erbgut zu erhalten. Sie können ihre Jungen jedoch nur eine begrenzte Zeit erfolgreich schützen. Die kleinen Löwen, insbesondere die Babys, können sich selbst nicht verteidigen. So werden regelmäßig viele oder sogar alle Babys von den neuen Rudellöwen getötet. Ganz selten gelingt es unter diesen Umständen einer Mutter, das Rudel mit ihren Kindern für immer zu verlassen und als Nomadin weiterzuleben oder später ein neues eigenes Rudel zu gründen. Häufig verlassen in dieser unruhigen Zeit fast erwachsene Löwen im Alter von drei bis vier Jahren das Rudel. Im Hinblick auf die Verbreitung des Erbgutes der neuen Koalitionslöwen ist es nicht sinnvoll, wenn durch zuviel Kampfgetümmel bei der Rudelübernahme womöglich junge Weibchen, die kurz vor der Geschlechtsreife stehen, das Rudel verlassen. Aggression gegen solche Weibchen sollte die neue Rudellöwen-Koalition besser unterlassen, und in der Tat sind weibliche Jungtiere einem geringeren Druck durch die neuen Männchen ausgesetzt als männliche.
Diesen männlichen Löwen gelingen Übernahme und Durchsetzung ihrer Führungsansprüche mit offener Gewalt. Das wichtigste Mittel ist der Kampf. Da gehen Löwen keineswegs zimperlich mit ihren Gegnern um. Im Gefecht um die Vorherrschaft fliegen im wahrsten Sinne des Wortes die Fetzen, und es fließt Blut. Mit Zähnen und Klauen stellen die Beteiligten fest, wer die bessere Kondition, die größere Kraft, die besseren Nehmerqualitäten, den größeren Kampfeswillen hat. Gelingt es der neuen Rudellöwen-Koalition, die bisherige aus dem Feld zu schlagen, so ist nur die erste Schlacht gewonnen. Die nächste Aufgabe besteht darin, die Löwinnen gefügig zu machen. Auch diese Aufgabe wird kämpferisch gelöst. Oft stürzen sich dabei mehrere Löwinnen gleichzeitig auf einen debütierenden Koalitionslöwen, der dann nicht selten heftig verprügelt wird.
Nach unseren eigenen wiederholten Beobachtungen sind solche Auseinandersetzungen keineswegs einmalige Ereignisse, die sofort entschieden werden. Im Masai-Mara-Reservat in Kenia haben wir beobachtet, daß der Kampf zwischen einer alteingesessenen Rudellöwen-Koalition und deren Herausforderern zwei Wochen hin und her wogte. Die abgeschlagene Löwenkoalition konnte sich mehrfach wieder für ein paar Tage in den »Besitz« ihres alten Rudels setzen. Erst am 15. Tage nach dem ersten Übernahmeversuch verschwanden die Verlierer endgültig aus dem Gebiet ihres angestammten Rudels.
In vielen Schilderungen des Infantizids bei Löwen ist von Einschüchterung des Rudels und Passivität der Löwinnen und der Jungtiere bei einer Rudelübernahme die Rede. Tatsächlich aber beobachtet man dabei eine große Kampfbereitschaft der Löwinnen. Im Serengeti-Nationalpark in Tansania haben wir erlebt, daß drei Mähnenlöwen die vierköpfige Koalition eines Rudels relativ mühelos in die Flucht schlagen konnten. Sie wurden dennoch von den Rudellöwinnen attackiert und unter kilometerlanger Verfolgung vertrieben. In den wenigen Tagen dieser »führungslosen« Zeit kam es zu flüchtigen und unfreundlichen Kontakten zwischen den Rudellöwinnen und dem Quartett der alten vertriebenen Koalition. Wenn sich die neuen Koalitionslöwen – eng zusammengeschlossen – in der Nähe des Rudels niederlegten, schlichen sich die Löwinnen unter Ausnutzung jeder Deckung an die neuen Herrscher heran und überfielen sie nach wenigen Sprüngen mit Prankenschlägen und Bissen. Erst in der dritten Woche war der Friede hergestellt und das Rudel konnte den Tag in Ruhe gemeinsam dösend verbringen. Aber selbst dann legten die neuen Herren immer noch einen gehörigen Sicherheitsabstand zwischen ihrem unmittelbaren Ruheplatz und dem der Löwinnen.

In den Tagen einer solchen Rudelübernahme befinden sich alle beteiligten Tiere im Zustand höchster aggressiver und defensiver Kampfbereitschaft. Man glaubt förmlich, die knisternde Spannung mitempfinden zu können. Selbst wenn die Rudelübernahme durch ein einziges Gefecht erreicht wird, hält diese Unruhe mehrere Tage an. Beobachtet man in diesen Tagen solch ein Löwenrudel, spürt man – auch ohne Augenzeuge des eigentlichen Kampfes zu sein – daß ein Machtwechsel bevorsteht oder gerade stattgefunden hat. Die neuen Machthaber sind den Löwinnen gegenüber kaum weniger zimperlich als im Umgang mit den Löwen der alten Koalition. Dennoch werden Rudellöwinnen weniger verletzt als männliche Löwen. Jungtieren des Rudels gegenüber verhalten sich Löwenmänner, die im Begriff sind, ein Rudel zu übernehmen oder die gerade die bisherige Koalition vertrieben haben, völlig anders als in »friedlichen« Zeiten.

Wer die furiosen Kämpfe bei einer Rudelübernahme beobachtet, ist betroffen von der Intensität der Kämpfe. Es ist erstaunlich, wie sich bei diesen blitzartigen Attacken Freund und Feind so schnell auseinanderhalten können. Da bei derart heftigen Auseinandersetzungen gelegentlich auch ein Löwe getötet werden kann, führte man den Tod von Junglöwen lange Zeit auf zufällige Unfälle zurück. Man hat aber inzwischen wiederholt beobachtet, daß die neuen Rudellöwen die Jungtiere nicht, gewissermaßen aus Versehen, im Getümmel der Kämpfe, sondern durchaus gezielt töten. Es gibt auch Berichte, daß die getöteten Junglöwen angefressen oder sogar ganz aufgefressen wurden. Mit der Biologie des Löwen vertraute Feldforscher werten dieses Verhalten als festen Bestandteil der Strategie bei der Übernahme der Rudelführung.

Überlebensstrategie fürs Rudel

Durch die Übernahme eines Rudels können die neuen Koalitionslöwen – wenn auch dem einzelnen Löwen natürlich vollkommen unbewußt – ihr eigenes Erbgut weitergeben. Die fortwährenden Wechsel der Koalitionen in einem Rudel ermöglichen es immer neuen Löwen, sich Zugang zur Fortpflanzung zu erkämpfen. Die bloße Übernahme eines Rudels ist aber für die neuen Koalitionslöwen noch keine Garantie, sich erfolgreich reproduzieren zu können. Solange nämlich eine Löwin oder womöglich alle Löwinnen eines Rudels Junge führen, scheiden sie für die Fortpflanzung aus. Erst wenn die Jungen selbständig geworden sind, kommen Löwinnen wieder in Hitze. Zu diesem Zeitpunkt kann dann die Koalition schon wieder von Nachfolgern verdrängt sein. In solch einem Fall würden dann diese Löwen ein oder zwei Jahre lang keine Gelegenheit haben, ihr eigenes Erbgut zu verbreiten. Statt dessen würden sie helfen, mit ihnen gar nicht verwandte Jungtiere zu beschützen. Je erfolgreicher sie dabei wären, desto länger würden sie sich selbst von der Fortpflanzung ausschließen.

Sobald eine Junge führende und insbesondere säugende Löwin alle Kinder verliert, kommt sie nach wenigen Tagen wieder in Hitze. Löwinnen, die dagegen von ihnen abhängige Junge versorgen, werden erst wieder paarungsbereit, wenn ihre Kinder etwa zwei Jahre alt sind (66, 71). Dem Löwenforscher Schaller (76) ist die Gleichschaltung der Geburtstermine in Löwenrudeln in der Serengeti aufgefallen. Er hat das nicht mit einem Infantizid in Zusammenhang gebracht, sondern nahm an, daß eine Löwin die anderen stimuliert, ebenfalls in Oestrus zu kommen.

Im Durchschnitt wird eine Rudellöwin 190 Tage nach Übernahme des Rudels durch eine neue Löwenkoalition wieder trächtig. Bei der relativ kurzen Tragzeit von 105 bis 110 Tagen haben die neuen Rudellöwenmännchen rund 300 Tage nach der Rudelübernahme – also nach weniger als einem Jahr – eigenen Nachwuchs.

Wenn der Infantizid gleichzeitig mehrere Löwenmütter betrifft, kommen sie alle gleichzeitig wieder in Hitze, werden ungefähr gleichzeitig befruchtet und bekommen auch etwa zum gleichen Zeitpunkt ihre Jungen. Für die Aufzucht der Jungen hat das besondere Vorteile, weil sie nicht nur von der Mutter, sondern auch von allen Tanten gleichmäßig gut betreut werden. Falls einer Lö-

wenmutter ein Unglück zustößt, sind ihre Jungen bei Tanten mit etwa gleichaltrigen Kindern in bester Obhut.
Der durch den Infantizid bei allen Löwinnen zur gleichen Zeit auftretende Eisprung liefert damit auch einen wichtigen Beitrag zur Sicherung der Aufzucht aller Jungtiere des Rudels. Letztlich kommt das aber auch den Löwinnen selbst zugute, weil sie bei der Betreuung ihrer eigenen Jungen durch Tanten entlastet werden.
Die Gleichschaltung der Entwicklung der Junglöwen ist auch eine Entlastung für das Rudel. Streitigkeiten sind zwischen Gleichaltrigen leichter zu schlichten als zwischen Jungtieren verschiedenen Alters. Gleichaltrige Junglöwen organisieren alle ihre Aktivitäten, auch das Spielen, selbst. Unter derart günstigen Bedingungen heranwachsende Nachkommen haben größere Chancen, ihrerseits zu einer erfolgreichen Fortpflanzung zu gelangen; damit dient der Infantizid der Vergrößerung der Gesamtfitneß der Löwenmütter.
Gleichaltrige Junge marschieren bei einem Ortswechsel gemeinsam und können das Tempo des Rudels nachhaltiger beeinflussen als Junge unterschiedlichen Alters. Bis zu einem Alter von etwa sechs bis sieben Monaten können die Jungen damit rechnen, daß sich auf dem Marsch manchmal das ganze Rudel, zumindest aber ihre Mutter in der Marschgeschwindigkeit den Kleinen anpaßt. Das gilt zumindest, wenn es mehrere Jungtiere sind und wenn diese sich bemerkbar machen. Bei unseren eigenen Beobachtungen im Etoscha-Nationalpark in Namibia verlor ein einzelnes, etwa zehn Wochen altes Löwenkind den Anschluß an sein Rudel, weil die anderen älteren Jungtiere der schnellen Gangart der Erwachsenen folgen konnten und das einzelne Baby sich mit seinen Klagen über das zu hohe Tempo nicht deutlich genug verständlich machen konnte.
Die zeitliche Gleichschaltung der Geburten im Rudel hat auf Größe und Geschlechterverteilung in der Kohorte und damit auf das künftige Schicksal der Jungtiere eines Rudels einen bedeutenden Einfluß (65). Für den Fortpflanzungserfolg weiblicher Tiere ist es gleichgültig, ob sie als einzige Weibchen in einer Kohorte groß werden oder gemeinsam mit mehreren gleichaltrigen. Löwinnen haben immer die Chance, trächtig zu werden, sofern sie mit geschlechtsreifen, nicht verwandten männlichen Löwen in Kontakt kommen.

Ohne Brüder haben es Junglöwen schwer

Der Fortpflanzungserfolg der männlichen Tiere ist größer, wenn mehr als zwei männliche Junge in derselben Kohorte aufwachsen. Werden drei oder vier, vielleicht sogar fünf oder sechs junge männliche Löwen in der gleichen Kohorte groß, so steigert sich deren Fortpflanzungserfolg, den man an der Zahl eigener Nachkommen in mehreren folgenden Generationen mißt.
Für Löwenmänner ist die Wahrscheinlichkeit, zur Fortpflanzung zu gelangen, von der Fähigkeit ihrer Koalition abhängig, sich zu behaupten. Einzellöwen haben eine geringere Aussicht auf Rudelübernahme. In Koalitionen wird sie um so größer, je stärker sich diese erweisen. Die Voraussetzungen für die Durchsetzungsfähigkeit späterer Rudellöwen-Koalitionen werden bereits während der Kindheit in der Kohorte festgelegt. Einzelne männliche Löwen innerhalb einer Kohorte verlassen ihre mütterlichen Rudel als Einzelgänger ohne Koalitionspartner. Sie müssen Löwen gleichen Alters erst suchen und sich mit ihnen zusammenschließen. Die Lösung dieser Aufgabe ist aus einer Reihe von Gründen schwierig. Einzelgänger sind sozial isolierter. Sie müssen stets vor anderen Löwen auf der Hut sein. Mögliche Partnerschaften mit anderen Löwen brauchen Zeit, um sich zu festigen. In Gegenden mit dünner Löwenbesiedlung findet sich ein geeigneter Koalitionspartner oft erst nach längerem Suchen, ein zweiter oder dritter ist vielleicht in der Gegend überhaupt nicht vorhanden. Selbst wenn zu einer neuentstandenen Zweiergemeinschaft ein dritter männlicher Löwe hinzustößt, gibt es zunächst erneut Schwierigkeiten beim – wörtlich zu nehmenden – Zusammenraufen. Und selbst wenn sie später gegeneinander sehr tolerant sind, werden sie nie eine so verschworene Gemeinschaft wie jene, die von wackli-

gen Säuglingsbeinen an miteinander aufgewachsen sind.
Allein die Versorgung mit Nahrung fällt einzelnen männlichen Junglöwen schwerer als einer Gemeinschaft, die schon bei den Jagden der Mütter und Tanten zugesehen und später das Jagen gemeinsam trainiert hat. Rudellöwen-Koalitionen von vier oder mehr Tieren kommen nahezu immer aus ein und derselben Kohorte (65). Zweierkoalitionen dagegen entstammen oft verschiedenen Rudeln.
Löwen können ihre individuellen Fortpflanzungserfolge in den folgenden Generationen also durch möglichst viele, gleichzeitig großgewordene männliche Nachkommen steigern. Ein einziger männlicher Nachkomme in einer Kohorte dagegen wird später geringere Chancen haben, das Erbmaterial seiner Eltern zu verbreiten. Jene Löwen sind also in der Vererbung ihres Erbgutes erfolgreicher, deren Würfe aus möglichst vielen Männchen bestehen. Alle Faktoren, die einen Männchenüberschuß begünstigen, tragen zugleich dazu bei, viel Erbgut weiterzugeben. Die Natur muß also Mittel und Wege finden, daß mehr männliche Tiere in einem Rudel geboren werden und zumindest das Erwachsenenalter erreichen. Es ist noch nicht sicher erwiesen, ob in »erfolgreichen« Rudeln bereits mehr männliche Tier geboren werden oder ob das männliche Geschlecht erst während der Kindheitsentwicklung zahlenmäßig stärker wird. Es ist denkbar, daß sämtliche weiblichen Jungtiere vom Rudel oder von den Müttern eher vernachlässigt werden als ihre Brüder, oder daß Mütter und Tanten männliche Junge bevorzugen. Man fand jedenfalls in Kohorten der ersten Generation nach einer Rudelübernahme im Durchschnitt ein Geschlechterverhältnis von 129 Männchen zu 96 Weibchen, also ein deutliches Überwiegen der männlichen Jungtiere (65).
Einschränkend muß allerdings betont werden, daß es sehr schwierig ist, Löwen in den ersten Wochen ihres Lebens überhaupt zu beobachten, geschweige denn ihr Geschlecht sicher festzustellen. Es bleibt daher einstweilen offen, ob mehr Männchen geboren werden oder ob deren Überzahl in den Kohorten durch äußere Einflüsse entsteht. Unter Wissenschaftlern wird auch eine mögliche genetische Ursache diskutiert: Gerade eben befruchtete Eizellen könnten sich so teilen, daß zwei oder sogar drei identische Brüder entstünden (65).

Eine Nutzen-Kosten-Rechnung

Je größer eine Rudellöwen-Koalition ist, die ein Rudel übernommen hat, desto größer wird auch die Wahrscheinlichkeit, daß es besonders lange an der Macht bleibt. Dadurch werden die neuen Infantizide bei der nächsten Übernahme hinausgeschoben. Die Koalition kann länger dafür sorgen, daß ihre Nachkommen selbständig und damit von einer Betreuung unabhängig werden. Wenn Rudellöwinnen gelegentlich in die Übernahmekämpfe eingreifen und ihre bisherige Rudellöwen-Koalition – die Väter ihrer Kinder – unterstützen, können sie das Erwachsenwerden ihres Nachwuchses sichern und damit ihr Erbgut erhalten.
Ein weiterer Effekt des Infantizids ist die Unterwerfung der Löwinnen durch die Koalition; infolge des Todes ihrer Kinder und des Kampfgewühls geraten die Löwinnen für mehrere Tage in große Erregung. Sie werden verschüchtert und durch die sich wild gebärdenden männlichen Tiere verängstigt. Das wiederum verhindert den immer wieder erneuerten Widerstand gegen die unerwünschten neuen Koalitionslöwen.
Ständige lautstarke Streitereien und häufig wieder auflebende sichtbare Kämpfe machen Beutetiere in der Umgebung eines derart unruhigen Rudels rechtzeitig aufmerksam. Das wiederum mindert den Jagderfolg des Rudels. Je schneller nach der Rudelübernahme das Rudel wieder zu seinem täglichen Lebensrhythmus zurückfindet, desto besser ist das für alle Beteiligten. So wird unnötige Energievergeudung vermieden. Fortwährende kämpferische Auseinandersetzungen, die auch die Weibchen mitbetreffen, behindern dagegen das gesamte Sozialleben einschließlich der Betreuung älterer, vom Infantizid verschonter, jedoch noch der Fürsorge durch das Rudel bedürftiger Jungtiere.

Ältere Jungtiere werden nicht getötet, obwohl sie Nachkommen der Löwen der Vorgänger-Koalition sind. Viele fliehen noch während der Kämpfe. Die übernommenen, fast erwachsenen männlichen Jungen verlassen das Rudel ohnehin nach einiger Zeit. Sie zu töten, wäre mit einem besonderen Energieaufwand verbunden und möglicherweise auch gefährlich. Für die übernehmenden Rudellöwen, die für diesen Exodus verantwortlich sind, hat auch das gewisse Vorteile: In einem auf diese Weise verkleinerten Rudel sind nicht mehr so viele Mäuler zu stopfen, die Jagdbeute verteilt sich auf weniger Individuen.

Im Rudel verbleibende heranwachsende Weibchen können der Rudellöwen-Koalition später als Geschlechtspartnerinnen zur Verfügung stehen, falls sich die Koalition lange genug behaupten kann.

Natürlich gibt es auch für den Infantizid eine gewisse Nutzen-Kosten-Rechnung. Zwar ist es für einen männlichen Löwen nicht energieaufwendig, ein Löwenbaby mit einem Biß zu töten. Aber manche Löwenmütter stürzen sich – sobald sie merken, daß ihren Kindern nachgestellt wird – mit wahrhaftem Löwenmut und mit höchstmöglichem Körpereinsatz auf die neuen Koalitionslöwen. Gelegentlich können sie diese gemeinsam mit ihren bisherigen Männern auch in die Flucht schlagen. In vielen Fällen tragen die Neuen denn auch mehr oder minder schwere Verletzungen und viele Wunden durch die erwachsenen Löwinnen des Rudels davon.

Kindermörder sind die Löwen nicht

Wir möchten noch einmal betonen, daß all diese soziobiologischen Überlegungen über Sinn und Zweckmäßigkeit des Infantizids, einschließlich aller Einzelheiten seiner Ausführung, den beteiligten Löwen natürlich nicht einmal andeutungsweise bewußt sind – es steht bei den Beteiligten keine »Absicht« dahinter. Eine moralische Bewertung dieses Verhaltenskomplexes ist daher völlig abwegig. Infantizid ist kein Kindermord. Wenn wir trotzdem von einer Strategie des Infantizids sprechen und bei der Schilderung des Vorganges erwähnen, wie sinnvoll das Geschehen für die Gesamtheit aller Beteiligten ist, so versuchen wir, aus der Perspektive der Löwen zu urteilen. Es ist Ziel alles Lebendigen, dem eigenen Erbgut zu helfen, sich über Generationen hin mit größtmöglichem Erfolg auszubreiten. Wenn man diese Prämisse akzeptiert, dann ergibt auch der Infantizid in dieser Beziehung Sinn. Im Verlauf der Evolution des Sozial- und Fortpflanzungsverhaltens der Löwen haben sich solche Verhaltenselemente als vorteilhaft erwiesen, die mit der Strategie des Infantizids zusammenwirken. Einige besondere Eigenheiten des Sozialverhaltens begünstigten die Entstehung des Infantizids. Die »Vorteile« einer Strategie, wie zum Beispiel ein enges, Sicherheit bietendes Sozialleben und die Gewährleistung eines erfolgreichen Fortpflanzungssystems haben ihren Preis, bei Löwen in Gestalt des Infantizids.

Das Geschehen beim Infantizid erscheint plausibel, die Deutungen des Verhaltens und die Schlußfolgerungen sind recht schlüssig. Aber wir wollen die von einigen Wissenschaftlern vertretene Meinung, daß es so etwas wie einen Infantizid überhaupt nicht gäbe, nicht unterschlagen. Für einige Forscher ist Infantizid ein Reizwort, ihre Ablehnung stützt sich auf die Behauptung, der Infantizid sei noch nie unmittelbar und korrekt beobachtet worden (35).

Bertram (7) habe – so lautet ein Einwand – zwar getötete Löwenbabys gefunden, jedoch nie den unmittelbaren Vorgang des Tötens durch die männlichen Artgenossen selbst beobachtet oder gar fotografisch oder filmisch dokumentieren können.

Die Richtigkeit der Beobachtungen, daß Löwenmänner bei Übernahme eines Rudels tatsächlich Babys töten, kann nicht mehr bezweifelt werden. Packer und Pusey haben Ende der 80er Jahre in einem Film festgehalten, daß und auf welche Weise Löwenmänner bei der Übernahme eines Rudels junge Artgenossen töten. Wenn auch in einem populärwissenschaftlichen Buch, so doch in vielen Einzelheiten korrekt beschreibend, teilen Jackman und Scott ihre Beobachtungen über zwei

Fälle von Infantizid mit. Diesen in der Feldforschung sehr erfahrenen Biologen kann die sorgfältige Beobachtung ebenso unterstellt werden wie deren richtige Wiedergabe. Wildhüter gaben bereits 1950 in den Archiven der Kenia-Nationalparks zu Protokoll, daß sie sahen, wie »drei junge Löwen von einem Männchen getötet wurden«. Der Grund dafür – so steht es in ihrem nüchternen Bericht – sei unbekannt (13). In seinem Klassiker der frühen Afrika-Literatur schreibt der Schwede Christian Anderson 1858, daß er in Nordtransvaal einen Löwen beobachtete, der einen drei bis vier Wochen alten Junglöwen jagte, tötete und verspeiste. Er deutete dieses Geschehen nicht. Der Löwenforscher Schaller (65) beobachtete 1969 – ebenfalls ohne diesen Vorfall zu deuten –, daß drei Löwen in den Bereich eines Nachbarlöwen eindrangen und ihn töteten. Dieser hatte die Rudelführung als Einzeltier innegehabt. Danach töteten die Eindringlinge drei Junglöwen.

Mutter und Kind

Wer ist schon dabeigewesen?

Wenn daran Kritik geübt wird, daß solche Vorgänge so selten beobachtet werden, liegt das an den großen Schwierigkeiten, unter denen sich solche Geschehnisse beobachten lassen. Die Möglichkeit, die Vorgänge bei der Übernahme eines Löwenrudels durch eine neue Koalition über die volle Länge dieses Vorganges zu beobachten und zu dokumentieren, bietet sich aus räumlichen und zeitlichen Gründen nur äußerst selten. In Afrika gibt es ja nur noch wenige Plätze, an denen man überhaupt ungestörte Löwenpopulationen mit entsprechenden Rudeln beobachten kann. Die Übernahme eines Rudels durch neue Löwenmänner erfolgt nur alle paar Jahre, und ein Infantizid spielt sich dann innerhalb weniger Stunden ab. Es ist sehr unwahrscheinlich, daß bei solchen Voraussetzungen zufällig Wissenschaftler zugegen sind, um solche Abläufe zu beobachten. Und wenn das dann doch einmal der Fall ist, dann müssen sich diese Vorgänge in einem geeigneten übersichtlichen Gelände abspielen. Es muß ausreichende Beleuchtung vorhanden sein, um die Geschehnisse korrekt zu dokumentieren. Die Möglichkeiten, den Vorgang mit der notwendigen, alle Kritiker befriedigenden Akribie zu beobachten, sind außerordentlich gering. Es erscheint uns aber gerade deshalb als gerechtfertigt, die tatsächlich protokollierten Beobachtungen zu einer Hypothese zusammenzufügen.

Infantizid –
von Schreibtisch-Wissenschaftlern erfunden?

Von einigen Wissenschaftlern wird die Annahme eines Infantizids als eine unzulässige »soziobiologische Vereinfachung« komplizierter biologischer Prozesse gewertet.
Selbst wenn das systematische Töten der Junglöwen als gegeben angenommen wird, setzt die Kritik daran an, den Infantizid als ein soziobiologisches Phänomen zu interpretieren. Immer wieder wird diskutiert, ob nicht doch die allgemeine Erregung in dieser Ausnahmesituation die Ursache sei,

wenn bei der Rudelübernahme Junge getötet würden und damit Unfall oder Zufall eine Rolle spielen. Der bekannte Löwenforscher Bertram stellte das Töten der Jungen in einen soziobiologischen Zusammenhang, der auch für andere Arten postuliert wird, bei denen Infantizide vorkommen. Danach bringt das Töten der Löwenbabys den übernehmenden Koalitionslöwen so viele verschiedene Vorteile, daß dieses Verhalten unter Evolutionsdruck geriet: Männliche Löwen, die bei der Übernahme eines Rudels die mit ihnen nicht verwandten Babys töteten, bekamen mehr Nachwuchs. Sie erreichten also eine größere Gesamtfitneß als solche Löwenmänner, die keinen Infantizid vornahmen. Damit wurde dieser zu einer biologisch sinnvollen Anpassung an das Sozialleben der Rudellöwen, die jene männlichen Individuen begünstigte, die übernommene fremde Babys umbrachten.

Junglöwe

Dem Infantizid kommt ein völlig anderer Stellenwert zu als dem Töten von Artgenossen aus anderer Motivation. Es ist von einigen Säugetierarten bekannt, daß sie – unabhängig vom Geschlecht der Täter – Jungtiere umbringen. Das geschieht zum Beispiel, wenn dadurch das Überleben älterer Geschwister gesichert wird, weil Eltern mit der Fürsorge allzu vieler Kinder überfordert wären, nicht allen Schutz vor Feinden oder anderen Gefahren gewährleisten könnten oder weil die Nahrung nicht für alle ausreicht. Mißgebildete oder lebensschwache Tiere werden dann oft als erste oder als einzige getötet. Diese Kindestötungen gelten fast immer eigenen oder nahe verwandten Kindern. Beim Infantizid dagegen werden immer Nichtblutsverwandte getötet, und dieses geschieht nie wegen einer Verknappung der Ressourcen, sondern im Zusammenhang mit fortpflanzungsbiologischen Strategien. Der Infantizid ist deshalb auch als eine »männliche Fortpflanzungsstrategie« bezeichnet worden (39).
Eine andere Kritik am Infantizid besagt, daß aus dem Töten von Junglöwen bei der Rudelübernahme zu weitreichende soziobiologische Schlüsse gezogen wurden, die ohne empirische Überprüfung allein aus der Theorie entwickelt worden seien (35).
Der Annahme eines Infantizids den Rang einer Hypothese einzuräumen, erscheint uns solange zulässig, wie sie mit anerkannten Gesetzmäßigkeiten der Biologie in Einklang steht, und es ist wissenschaftlich legitim, über diese Hypothese auch zu sprechen oder zu schreiben. Sie wird im Laufe der Jahre durch weitere wissenschaftliche Untersuchungen entweder bestätigt werden oder sich als nicht haltbar erweisen. Wir halten es deshalb für gerechtfertigt und sinnvoll, den Infantizid in diesem Buch ausführlich darzulegen und zur Diskussion zu stellen.
Die Löwenforscher Packer und Pusey (66) konnten analysieren, was bei den von ihnen selbst beobachteten zehn Übernahmen von Rudeln durch eine neue Löwenkoalition im Anschluß daran mit den Jungtieren geschah. Danach überlebten die Jungen eine derartige Situation nur in einem einzi-

gen Fall, und diese übernehmenden Koalitionslöwen waren in dem Rudel aufgewachsen, das sie nun übernommen hatten. Zum Zeitpunkt der Koalitionsnachfolge waren zwei Löwinnen trächtig, von denen die eine die Schwester aller drei neuen Löwenmänner war. Die Kinder beider Weibchen wurden von den neuen Löwen verschont. Es kommt überaus selten vor, daß Koalitionslöwen ihr eigenes mütterliches Rudel übernehmen. Ob ein Zusammenhang mit der Blutsverwandtschaft bestand oder nicht, wurde von den Forschern nicht einmal diskutiert.

Bei den neun Beobachtungen, in denen nicht verwandte männliche Löwen ein Rudel übernahmen, sah es anders aus. Zum Zeitpunkt der Rudelübernahme waren in all diesen Rudeln neun Weibchen trächtig. Von sieben dieser Weibchen ist bekannt, daß sie in der nächsten Zeit eine nicht genau bekannte Anzahl von lebenden Jungen zur Welt brachten, die sämtlich innerhalb von 58 Tagen verschwunden waren. Bei den beiden anderen Weibchen wurde zwar die Geburt selbst nicht beobachtet, jedoch hatten die bei der Rudelübernahme trächtigen Löwinnen 32 Tage später sämtlich ihre Jungen verloren.

Bei diesen Beobachtungen der Feldforscher Pakker und Pusey hatten zehn Löwinnen zum Zeitpunkt der Rudelübernahme Junge im Alter von weniger als vier Monaten. Alle diese Kleinen waren nach 26 Tagen verschwunden. Sieben Weibchen hatten Junge im Alter von 13 bis 20 Monaten, die alle aus ihren jeweiligen Rudeln vertrieben wurden. Fünf der sieben Mütter, deren Junge fortgejagt wurden, blieben im Durchschnitt 30 Tage von ihren Jungen getrennt, in einem Fall nur 16 Tage, in einem anderen 102 Tage. Die beiden anderen Mütter folgten ihren vertriebenen Jungen in neue Gebiete und kehrten nach 260 beziehungsweise 270 Tagen mit den Jungtieren zum Rudel zurück.

X.

Raumordnung im Löwen-Reich

Jedes Tier erhebt einen bestimmten Anspruch auf Lebensraum. Der individuelle Bedarf unterliegt verschiedenen äußeren Bedingungen, hängt aber auch mit den unterschiedlichen Lebensweisen der Arten und den Besonderheiten eines Einzeltieres zusammen. Dazu gehören beispielsweise Geschlecht, Alter, Kondition, Status, Kontaktbedürfnis, Paarungsbereitschaft oder Mutterschaft. Die Besiedlung des gleichen Landstriches mit anderen Tieren und mit Pflanzen hat sowohl hinsichtlich der Artenzusammensetzung als auch der Kopfzahl Einfluß auf den Raumbedarf und die Beschaffenheit des beanspruchten Geländes. Tiere gliedern den Raum, den sie bewohnen, nach artgemäß unterschiedlichen Bedürfnissen. Gerade in der populärwissenschaftlichen Literatur und bei Natur- und Tiersendungen im Fernsehen werden Begriffe wie Verbreitungsgebiet, Lebensraum, Streifgebiet, Wohngebiet, Wohnraum, Aufenthaltsraum, Aktionsraum, Territorium, Revier oft sehr unpräzise verwendet und durcheinandergebracht. Mißverständlich gebrauchte wissenschaftliche Fachausdrücke verstärken das Durcheinander von Bezeichnungsweisen: Biotop, Biozönose, Habitat, Areal, Home range. Wir halten es deshalb für notwendig, Begriffsbestimmungen der verschiedenen von Tieren in Anspruch genommenen Gebiete vorzunehmen, um Klarheit zu schaffen, von welchem Raum jeweils die Rede ist.

Verbreitungsgebiet nennt man jene Teile der Erde, in denen eine bestimmte Art heute aktuell vorkommt. Für den Löwen ist beispielsweise auch Indien noch Verbreitungsgebiet, weil es dort im Ghir-Forest noch letzte Löwenbestände gibt. In Europa war bis zur Ausrottung des europäischen Löwen der Balkan das letzte Verbreitungsgebiet. Über die Häufigkeit, mit der eine Art in ihrem Verbreitungsgebiet vorkommt, sagt der Begriff nichts aus.

Wählt man nationale Grenzen als Grundlage, ist also Indien dem Verbreitungsgebiet des Löwen zuzurechnen. Bezieht man sich auf Kontinente als geographische Einheit, so gehört Asien zum Verbreitungsgebiet des Löwen. Auf Verbreitungskarten kann dann ein riesiges Land oder ein ganzer Kontinent dem Verbreitungsgebiet einer Art zugerechnet werden, selbst wenn es dort nur noch an einem einzigen Platz ein paar Exemplare gibt.

Lebensraum ist ein Ausdruck, der sehr umfassend benutzt werden kann. Überall, wo Löwen tatsächlich leben oder wo sie unter normalen natürlichen Verhältnissen leben könnten, ist ihr Lebensraum. Auch nach Ausrottung einer Population in einem Gebiet bleibt dies Lebensraum einer Art, der ja auch – zumindest theoretisch – jederzeit wieder besiedelt werden kann. Oft wird dieser Ausdruck gleichbedeutend mit Biotop benutzt.

Biotop bezeichnet den gemeinsamen Lebensraum für Tiere und Pflanzen, die hier geeignete Lebensbedingungen vorfinden. Sümpfe, Bergplateaus, Gletscher, Höhlen oder Trockenflüsse sind gut definierte Biotope. Löwen können beispielsweise in Biotopen wie Buschsavanne, Galeriewäldern oder Halbwüsten leben. Manche Biotope werden vom Menschen durch Maßnahmen zielgerichteten Managements beeinflußt. In manchen Tierreservaten und sogar Nationalparks werden beispielsweise kontrollierte Buschfeuer angelegt, um durch das daraufhin bald sprießende frische Gras Pflanzenfresser anzulocken, im Gebiet zu halten oder an bestimmten Stellen zu konzentrieren. Mancherorts werden künstliche Wasserstellen oder Tränken angelegt oder Flüsse zu Stauseen aufgestaut. All das führt zu Änderungen der natürlichen Verhältnisse solcher Biotope.

Biozönose ist ein Begriff, der von Laien oft mit Biotop verwechselt oder gleichgesetzt wird. Biozönose bezeichnet keinen geographischen Raum, sondern nur die Artenzusammensetzung sowohl von Pflanzen als auch Tieren und die Bodenbeschaffenheit sowie die klimatischen Faktoren. In Biozönosen regeln sich die jeweils natürlichen Gleichgewichte selbst. Artenzusammensetzungen und vor allem Kopfzahlen können deshalb auch in derselben Biozönose schwanken, oft sogar stark fluktuieren. Löwen und ihre Beutetiere im Busch- oder Waldland bilden eine Biozönose der tropischen und subtropischen Zonen Afrikas.

Unter **Habitat** versteht man jenen Raum, in dem eine Art nicht nur die geeigneten Lebensbedingungen vorfindet, sondern in dem sie auch tatsächlich lebt. Ein Habitat ist also der von einer Art aktuell genutzte Teil eines Biotops. Ein Biotop kann also aus verschiedenen Habitaten bestehen.

Der Begriff **Areal** wird von manchen Autoren synonym mit Streifgebiet benutzt, von anderen dagegen mit Verbreitungsgebiet gleichgesetzt.

Als **Streifgebiet** bezeichnet man jenen genau definierten Bezirk im Lebensraum der Löwen, der von einem Löwenrudel oder von nomadisierenden Löwen dauerhaft bewohnt, wenn auch nicht täglich kontrolliert wird. Es ist von sehr unterschiedlicher Größe. Die Ausdehnung hängt bei Rudellöwen mit der Rudelgröße zusammen. Bei Nomaden steht das Streifgebiet in Beziehung zu ihrer Neigung und zu der Notwendigkeit von Wanderungen. Vor allem ist die Beschaffenheit des Biotops von großer Bedeutung. Nomadisierende Löwen haben größere Streifgebiete als Rudellöwen. Über Monate werden bestimmte Partien ihres Streifgebietes von den Löwen überhaupt nicht betreten oder in Anspruch genommen. Streifgebiete benachbarter Löwenrudel können sich weiträumig überlappen.

Diese Überlappung von Streifgebieten hängt auch mit den Sozialstrukturen der jeweils dort lebenden Arten zusammen. Im Musiaragebiet des Masai-Mara-Reservates in Kenia fanden wir dafür Beispiele. Wir konnten dort über Jahre vier Rudel beobachten, deren Territorien aneinander grenzten. Solange in jedem Rudel eine eigene Rudellöwen-Koalition etabliert war, trafen wir nur äußerst selten Mitglieder solcher Koalitionen in »fremden« Territorien, und dann auch meist nur an deren Rand. Die Mitglieder der Rudellöwen-Koalition lebten in Streifgebieten, die nur wenig größer waren als ihre Territorien. In einem dieser Rudel – dem nach der Gegend so benannten Paradise-Rudel – wurden 1989 die drei Männer der Rudellöwen-Koalition von drei neu eingewanderten Männern aus dem Feld geschlagen. Die Löwen der neuen Koalition konnten sich jedoch trotz des Sieges über die bisherige Koalition nicht mit den fünf erwachsenen Weibchen einigen. Es gab ständig heftige kämpferische Auseinandersetzungen. Als vier Tage nach ihrer Absetzung die bereits vertriebene Rudellöwen-Koalition die »Neuen« noch einmal kurzfristig aus dem Felde schlagen konnte, akzeptierten die Rudellöwinnen auch ihre alten Koalitionslöwen nicht mehr, sondern trieben sie sogar in die Flucht. Dieses Rudel blieb dann für etwa zehn Monate ganz ohne Führungskoalition. Ohne Nachwuchs schlugen sich diese fünf Löwinnen problemlos durch. Ihre Hauptbeute bestand in dieser Zeit aus Warzenschweinen. Diese konnten sie schnell auffressen, dadurch hatten Tüpfelhyänen oder die drei Leoparden, die ebenfalls in ihrem Territorium lebten, kaum Gelegenheit, den Löwinnen ihre Beute abzunehmen.

Drei Koalitionslöwen aus dem Nachbarterritorium des sogenannten Milima-tatu-Rudels weiteten ihr Streifgebiet nun mehr in Richtung auf das Gebiet der fünf Löwinnen des Paradise-Rudels aus. Kämpfe mit anderen männlichen Löwen hatten sie dort zwar nicht zu bestehen, jedoch mußten sie den heftigen Widerstand der fünf Paradise-Löwinnen immer wieder brechen. Letztlich wurde die Koalition stets für ein paar Tage von den Paradise-Löwinnen geduldet – ehe sie sich zum »eigenen« Milima-tatu-Rudel zurückzogen. Im Jahre 1991 haben wir drei Löwen dieser Koalition weit innerhalb der Territoriumsgrenzen zweier anderer Rudel, nämlich der sogenannten Marsh-Löwen und des Naibarsoit-Rudels gesehen. Kontakte mit den Mitgliedern dieser Rudel haben wir nicht beobachtet. An dieser Beobachtung wird deutlich, daß zumindest männliche Rudellöwen die Territoriumsgrenzen ihrer Rudel überschreiten und ihr Streifgebiet sich mit den Territorien der Nachbarrudel überlappen kann.

Im Streifgebiet müssen alle für das Leben der Löwen notwendigen Voraussetzungen gegeben sein, und dazu gehören vor allem Nahrung – also ausreichend Beutetiere – und Tränke. Die Untersuchungen von Löwen in der Kalahari, aber auch in anderen wasserarmen, semiariden (halbwüstenartigen) Gebieten zeigen allerdings, daß Löwen sich eine Zeitlang auch ohne Wasser ganz gut behelfen können. Das Streifgebiet muß ferner Schatten zum Ruhen bieten und Deckung bei der Jagd. Die klimatischen Bedingungen müssen innerhalb der Toleranzgrenzen der Löwen liegen. Es darf also weder zu kalt noch zu heiß sein, weder zu naß noch zu trocken. Ausdehnung und Grenzen des Streifgebietes eines Löwenrudels hängen u. a. von der Beschaffenheit des Gebietes, der Artenzahl und Anzahl der Beutetiere, aber auch von der Größe des Rudels ab. Je mehr Löwenrudel sich einen Großraum in eigene Streifgebiete aufteilen müssen, desto kleiner sind diese. Die Verhältnisse sind nur schwer zu übersehen, wenn man berücksichtigt, daß sich all diese Faktoren gegenseitig beeinflussen.

Manche Wissenschaftler verwenden anstelle des Ausdrucks Streifgebiet Begriffe mit gleicher Bedeutung wie **Wohngebiet, Wohnraum, Aufenthaltsraum** oder **Aktionsraum.** Vielfach wird auch im Deutschen der englische Ausdruck **Home range** benutzt, der mit Streifgebiet identisch ist.

Territorium und **Revier** nennt man jene von einer Tierart benutzten Teile ihres Streifgebietes, in denen sie sich exklusiv bestimmte Vorrechte sichern wollen. Die Fachausdrücke Territorium und Revier werden heute meist wie austauschbare Begriffe benutzt. In der älteren Literatur ist die Bezeichnung Revier meist der Vogelwelt vorbehalten, während bei Säugetieren, aber auch bei anderen Wirbeltieren und sogar Insekten und Spinnen derselbe Raum als Territorium bezeichnet wird. Wir verwenden in diesem Buch ausschließlich den Begriff Territorium, zumal er – einschließlich des von ihm abgeleiteten Eigenschaftswortes »territorial« – im englischen Schrifttum üblich ist.

Ein Territorium ist ein klar umgrenzter Raum, dessen Grenzen vom Territoriumsinhaber – oder von den -inhabern – markiert und verteidigt werden. Der Schweizer Verhaltensbiologe Schenkel weist darauf hin, daß es sich bei Auseinandersetzungen zwischen Territoriumsbesitzern und fremden Artgenossen nicht um eine Verteidigung des Territoriums handelt. Das territoriale Tier greift vielmehr von sich aus in seinem gewohnten Raum Eindringlinge an. Das Markieren geschieht auf vielfältige optische, lautliche und geruchliche Art und Weise. Die Grenze wird zwischen benachbarten Artgenossen festgelegt, wobei es auch zum Drohen und Kämpfen kommen kann. Einmal etablierte Grenzen werden meist über längere Zeit als unveränderlich respektiert. Freilich müssen diese Grenzen ununterbrochen den benachbarten Artgenossen deutlich gemacht werden. Prinzipiell können einzelne Männchen oder Weibchen ebenso Territorien unterhalten wie gleichgeschlechtliche Gruppen oder aus Weibchen und Männchen gemischte Verbände. Auch Paare können Territorialität praktizieren.

Am häufigsten stehen Territorien im Zusammenhang mit der Fortpflanzung. Dann sind sie jener Teil des Streifgebietes der Population, in dem ein Männchen sich das Recht auf uneingeschränkten sexuellen Zugang zu weiblichen Artgenossen sichert. Solch ein Territorium wird von einem fortpflanzungsfähigen, meist starken Männchen besetzt, das zunächst die territorialen Grenzen festlegt. Je günstiger die Lebensbedingungen innerhalb eines solchen Territoriums für weibliche Tiere sind, desto größer sind die Chancen, daß sie dort auch tatsächlich hinkommen und lange genug bleiben. Aus diesem Grunde ist es für ein Territorium günstig, wenn es alle zum artgemäßen Leben der jeweiligen Tierart erforderlichen Bedingungen erfüllt, also Nahrung, Tränke,

39

Für viele Wochen sind die recht unreif geborenen Löwenbabys auf intensive Fürsorge ihrer Mutter angewiesen. Sie werden von ihr gesäugt (Abb. 40) und beschützt. Unter diesem Schutz spielen sie völlig unbekümmert und sorglos (Abb. 48). Dennoch beobachten auch junge Löwen bereits aufmerksam und kritisch alles, was um sie herum geschieht (Abb. 39). In ihren ersten Lebenswochen haben die Junglöwen zahlreiche Feinde wie Tüpfelhyänen, Leoparden, Geparden und andere Raubtiere. Deshalb bringt die Mutter ihre Kinder zum Schutz vor Entdeckung alle paar Tage in ein neues Versteck. Mit dem kräftigen Gebiß, das Knochen zermalmen kann, trägt die Löwenmutter behutsam ihre Babys – eines nach dem anderen – an der Nackenhaut zum neuen Lager (Abb. 38). Dabei verfallen die Kleinen in eine reglose Tragstarre. Der Körper der Mutter dient den Kleinen als Spielplatz (Abb. 49). Beim Ruhen bevorzugen junge Löwen gegenseitige körperliche Berührungen, das sogenannte Kontaktliegen (Abb. 41). Erst wenn sie älter werden, leisten sie es sich, allein in Reitlage auf einem waagerechten Ast zu schlafen (Abb. 42).

40

41

43

In tierreichen Savannen ist ein zufälliges Zusammentreffen von Löwen mit anderen Tieren – typischen Beutetieren oder respekteinflößenden Großtieren – nicht zu vermeiden. Das wichtigste ist für die Löwen, insbesondere die Jungtiere, die Bedeutung anderer Tiere richtig einzuschätzen (Abb. 43). Handelt es sich um Beutetiere, die auch gleich geschlagen werden können? Oder sind es nur ungefährliche Störenfriede, deren Erbeutung sich nicht lohnt? Oder kommen da etwa wehrhafte Tiere, denen man besser aus dem Wege geht? Begegnungen zwischen Löwen und Elefanten verlaufen im allgemeinen friedlich (Abb. 44). Beide Arten kennen ihre eigene Stärke und die der anderen. Man weicht einander respektvoll aus oder hält gebührenden Abstand. Ein mächtiger Mähnenlöwe läßt sich beim Trinken von einem in der Nähe gemächlich grasenden Elefanten überhaupt nicht stören (Abb. 46). Steppenzebras lassen vorbeiziehende Löwinnen nicht aus dem Blick, solange die Distanz groß genug ist, fliehen sie nicht (Abb. 45). In einer Büffelherde und einem Löwenrudel, die zufällig aufeinander treffen, fordern mal die einen und mal die anderen Wegerechte (Abb. 47).

44

45

46

47

48

49

Schatten bietet. Im allgemeinen sind die besten Standorte für ein Territorium einer Art von den jeweils stärksten Männchen besetzt. Meist sind sie von weniger guten Territorien umgeben. Von außen in die Territorialgebiete eindringende Raubtiere, Feinde oder Störenfriede treffen daher auf die stärksten Territorialbesitzer erst, wenn sie die schwächeren bereits passiert haben. Die werden entweder erbeutet oder zumindest durch Warnlaute ihrer Artgenossen auf drohende Gefahr hingewiesen. Auch aus diesem Grund haben zentral gelegene Territorien für ihre Besitzer Vorteile.

Mähnenlöwe: Spritzmarkierend

Bei Löwen ist es schwierig, ein Streifgebiet vom Territorium zu unterscheiden. Nomadisierende Löwen errichten keine Territorien. Wo immer man sie antrifft, sind sie daher in ihrem Streifgebiet. Weibliche Rudellöwen markieren und verteidigen ihr Territorium gegen fremde Löwinnen. Sie verteidigen dieses Gebiet gegen gleichgeschlechtliche Artgenossen, weil das Territorium ihnen das Privileg sichert, hier Sexualpartner zu finden. Für Löwinnen ist ihr Territorium zugleich ihr Streifgebiet.

Manche männlichen Rudellöwen dehnen ihr Streifgebiet oft über die Territoriumsgrenzen ihres Rudels bis in die Territorien benachbarter Rudellöwinnen aus. Wenn benachbarte Rudel nicht von einer Rudellöwen-Koalition beherrscht werden, kann eine einzige Koalition mehrere angrenzende Rudel mit allen Konsequenzen übernehmen. Das ist zum Beispiel für eine gewisse Zeit im Nairobi-Nationalpark in Kenia (73), im Savutigebiet in Botswana (12) und in der Serengeti Tansanias (33) beobachtet worden.

Männliche Rudellöwen pflegen keineswegs ihr gesamtes Streifgebiet mit ihrem Duft zu markieren. Für sie fallen – im Gegensatz zu den Rudelweibchen – Territorium und Streifgebiet ja nicht zusammen. Männliche Löwen müssen auch die Territoriumsgrenzen von Löwinnen nicht respektieren. Sie »streifen« durch mehrere Territorien weiblicher Artgenossen. Erst wenn sie von den Besitzerinnen eines Territoriums als Rudel-Koalition akzeptiert werden, wird für diese Löwenmänner das neue Gebiet zu ihrem Territorium. Dann nämlich erst markieren und verteidigen sie dieses Areal wie ein (eigenes) Territorium. Bis zur Akzeptanz durch die »Eignerinnen« sind sie bei Zusammentreffen mit anderen Löwen geneigt, den Rückzug anzutreten – oder so zu kämpfen, als wollten sie das örtliche Rudel übernehmen.

Weites Land: von Territorien und Streifgebieten

Die Ausdehnung eines Territoriums oder auch eines Streifgebietes läßt sich bei Löwen nicht generell verbindlich für die Art angeben. Sie schwankt von Rudel zu Rudel, ändert sich dagegen für ein einzelnes Rudel nur über längere Zeiträume (57). Ob sich die Größe eines Territoriums nach der Anzahl der Rudelmitglieder richtet, ist nicht bewiesen. Untersuchungen darüber sind widersprüchlich, selbst wenn sie im gleichen Gebiet durchgeführt wurden. Die von Macdonald 1983 durchgeführte Analyse der von Schaller 1972(77) gesammelten Daten hat deutliche Zusammenhänge ergeben: Je größer das Territorium, desto größer das Rudel. Derartige Zusammenhänge konnten andere Wissenschaftler nicht bestätigen. Diese Unstimmigkeit zeigt erneut, daß man sich hüten sollte, selbst noch so vertrauenswürdig erscheinende Forschungsergebnisse von noch so seriösen Forschern vorschnell zu verallgemeinern.

Territorium und Streifgebiet müssen das ganze

Jahr über das Rudel mit Nahrung versorgen können. Die Größe eines kontrollierten Raumes wird begrenzt durch die Notwendigkeit, zumindest gelegentlich Grenzpatrouillen durchführen zu müssen. Bei Übernahme eines Rudels durch eine neue Löwen-Koalition werden die Grenzen nicht verändert. Das ist unseres Erachtens ein wichtiges Argument dafür, daß die Rudellöwinnen die »Besitzerinnen« des Territoriums sind, an dessen Abgrenzung und Verteidigung sich die jeweilige Rudellöwen-Koalition beteiligt.

Die Daten aus der Kalahari in Botswana über die Ausdehnung von Territorien und Streifgebieten zeigen – obwohl sie im gleichen Biotop erhoben wurden – eine ungewöhnliche Schwankungsbreite von 702 km^2 bis mehr als 3900 km^2 (61). Vergleichsweise fand der Schweizer Biologe Schenkel im Nairobi-Nationalpark in Kenia ein Löwen-Streifgebiet von 25 bis 50 km^2, im kleinen Lake-Manyara-Nationalpark in Nord-Tansania umfaßt ein Streifgebiet nur 25 km^2 (51). Schaller gibt die Größe der Streifgebiete in der Serengeti mit 30 bis 400 km^2 an, im Etoscha-Nationalpark in Namibia liegt die Größe bei 81 bis 207 km^2. Dort scheint die Verfügbarkeit von Wasser (56) ein wichtiger begrenzender Faktor für die Größe eines Streifgebietes zu sein. Sehr wahrscheinlich richtet sich die Größe in erster Linie nach der Dichte der Beutetiere, die Löwen überhaupt als Nahrung dienen können. Deren Anzahl im ungünstigsten Monat ist der entscheidende Faktor (59). Wir haben oft gestaunt, wie relativ wenig Löwen im Ökosystem Serengeti leben, weil wir, überwältigt von den Massen der wandernden Herden, vergaßen, daß nur wenige Wochen später die Herden weitergezogen sind. Dann sind die Löwen ausschließlich auf jene Beutetiere angewiesen, die in ihrem Streifgebiet ortsfest ansässig sind oder die als Nomaden – wie etwa Elenantilopen oder Büffel – zufällig in ihr Streifgebiet kommen.

Beim Vergleich von Territoriumsgrößen in verschiedenen Bereichen Afrikas wird die Rudelgröße oft sehr unterschiedlich definiert. Tatsächlich ändern sich Zahl und Zusammensetzung der Junglöwen oft schnell. Konstant bleibt dagegen die Zahl der erwachsenen Rudellöwinnen, die den über Jahre recht stabilen Kern eines Rudels darstellen. So bemißt der Löwenforscher Bertram die Größe eines Territoriums nach den Anteilen, die auf eine erwachsene Löwin bezogen sind, also auf km^2 pro Löwin (5). Für sein Arbeitsgebiet, die Serengeti in Tansania, gibt er fünf bis 20 km^2 pro erwachsene Rudellöwin an. Er betont, daß größere Rudel auch über größere Territorien verfügen.

Streifgebiet und Territorium werden meist stärker von Männchen mit Duftmarkierungen durch Urinspritzen markiert als von Weibchen. Dabei sei es dahingestellt, ob bei den Angaben der Feldbiologen, die das Markieren untersucht haben, Territorien oder Streifgebiete gemeint sind. Im Sinne der hier weiter oben formulierten Definitionen muß für Rudellöwen angenommen werden, daß Weibchen die Inhaber der Territorien sind. Sie allein leben mit ihrem Nachwuchs über Generationen in diesen sich wenig ändernden Territorien. Diese werden von ihnen besetzt und gegen fremde Löwenweibchen verteidigt. In diesen Territorien sichern sie sich den Zugang zu jenen Männchen, die von Zeit zu Zeit als Rudellöwen-Koalition das Rudel übernehmen. Wenn diese Rudellöwen-Koalition ihrerseits ihre eigenen Territorien markiert und gegen männliche Artgenossen verteidigt, so geschieht auch das in der Absicht, sich Sexualpartner zu sichern. Diese leben im Zweifelsfalle in mehreren getrennten Territorien, zu denen diese Männchen Zugang haben. Nicht ausgeschlossen ist, daß beide Geschlechter gegen gleichgeschlechtliche Artgenossen auch deshalb intolerant sind, weil sie sich die begrenzten Nahrungsquellen erhalten wollen.

XI.

Nomaden – die Alternativen unter den Löwen

Der Ablauf eines normalen Löwenalltags richtet sich in erster Linie nach einigen, sich täglich wiederholenden Grundbedürfnissen. Dazu gehören u. a.: Schlafen, Ruhen, Fressen, Trinken, bei jüngeren Tieren Spielen, bei älteren die Befriedigung sozialer Kontaktbedürfnisse, Sexualverhalten, Komfortverhalten, Aufzucht von Jungtieren u. v. a. m. Wenn auch Löwen nicht viele Feinde haben, so besteht doch auch in ihrem Alltag das Streben nach Sicherheit. Die Lebensweise im Rudel oder solitär als Nomaden ist entscheidend dafür, auf welche Weise sie diese Grundbedürfnisse befriedigen. Bei Rudellöwen handelt meist das gesamte Rudel. Und dem Einzeltier ist dabei wenig Spielraum für Eigeninitiativen gegeben. Allerdings kann jedes einzelne Mitglied allein oder in Begleitung anderer sein Rudel vorübergehend verlassen und sich damit der Gleichschaltung in der Gruppe entziehen.

Das ist bei nomadisierenden Löwen anders. Sie haben weit mehr persönliche Freiheiten, selbst wenn sie sich vorübergehend zu kleinen Gruppen zusammenschließen. Mit 13 Tieren ist die größte Kopfzahl eines solchen Zusammenschlusses von nomadisierenden Löwen beobachtet worden. Ob und wann ein einzelner Nomade ruhen oder trinken möchte, wann er mit anderen Löwen Kontakt aufnehmen oder abbrechen möchte, ist ihm selbst überlassen. Viele meßbare Daten, die man beim Rudellöwen erheben und deuten kann, sind für nomadisierende Löwen überhaupt nicht existent. Kopfzahl eines Rudels, Größe des Streifgebietes, ritualisiertes Sozialverhalten, Rangordnung u. a. haben für den Rudellöwen eine lebensbestimmende Bedeutung, während Vergleichbares bei nomadisierenden Löwen überhaupt nicht vorhanden ist. Zu den wichtigen Unterscheidungen zwischen Rudel- und nomadisierenden Löwen gehört die Bindung an den Lebensraum. Rudellöwen haben ihr klar umrissenes Streifgebiet, wobei die weiblichen Tiere eines Rudels und deren Junge sowie die Mitglieder einer Rudellöwen-Koalition über ihre eigenen geschlechtsspezifischen Territorien verfügen. Das Seßhaftsein hat auch Einfluß auf die Rudelgröße und die sich daraus ergebenden Regulative für die Begrenzung der Kopfzahl in einem Rudel. So können zum Beispiel Löwinnen aus besonders großen Rudeln auswandern oder umgekehrt alle Löwinnen dauerhaft im Rudel bleiben, wenn dessen Größe geschrumpft ist. Vergleichbares gibt es für Nomaden-Löwen nicht.

Ohne Rudel – aber keine Einsiedler

Nomaden haben eine andere Raumbindung. Sie wandern etwa zehnmal so weit wie Rudellöwen, die ihr Streifgebiet nie verlassen. Ein nomadisierender männlicher Löwe durchwanderte ein Streifgebiet in einer Größe von 4700 km^2 (77). Weder errichten Nomadenlöwen von sich aus Grenzen noch respektieren sie die Grenzen, die von Rudellöwen errichtet, kontrolliert und verteidigt werden. Nomaden sind keine Einsiedler. Sie haben ein ebenso starkes Sozialbedürfnis wie Rudellöwen. Nur kann der Kreis der mit ihnen in offenen Gruppen zusammengeschlossenen Löwen in Zusammensetzung, Größe und Dauerhaftigkeit stark wechseln. Es gibt unter den Nomaden ungesellige Löwen, die wenig Bedürfnis haben, sich – und sei es nur für ein paar Tage – mit anderen Löwen zu verbinden. Mit wie vielen anderen Löwen sich ein Nomade vereinigt und wie lange er solch eine Gruppe bestehen läßt, ist von Tier zu Tier, von Gebiet zu Gebiet, von Jahreszeit zu Jahreszeit unterschiedlich. Es gibt Nomaden, die zeitlebens mit denselben anderen nomadisierenden Löwen eine feste Gruppe bilden. Das trifft oft für gleichgeschlechtliche Wurfgeschwister zu, die gemeinsam das Rudel verlassen haben, um ihr Leben als Nomaden zu führen. Unter den nomadisierenden Männchen, die später als Koalition ein Löwenrudel für eine Zeit übernehmen, findet man häufig Wurf- oder zumindest Halbgeschwister aus derselben Kohorte oder aus dem gleichen Rudel. Aber es können sich auch unter nicht verwandten Nomadenlöwen enge und dauerhafte Freundschaften herausbilden. Solche Zusammenschlüsse sind bei männlichen Löwen fester und dauerhafter als bei weiblichen. Zwei oder mehr nomadisierende Löwenweibchen können sich für die Dauer der Jungenaufzucht, vielleicht aber auch lebenslänglich zusammenschließen und im Nomadenleben ähnliche soziale Funktionen für einander und für ihren Nachwuchs übernehmen, wie in einem Rudel zusammenlebende Löwinnen. Die Arbeitsteilung der Mütter beim Säugen der Jungen und bei deren Aufzucht ist sehr vorteilhaft. So kann eine von den zwei ihre Jungen gemeinsam versorgende Löwinnen den Nachwuchs bewachen, während die andere auf Jagd geht. In besonderen Situationen – oft, wenn sich die allgemeinen Lebensbedingungen für Löwen verbessern, etwa durch Anwachsen der typischen Beutetiere – können aus solchen Nomadengruppen neue Rudel entstehen (33). Auf welche Weise derartige neue Rudel ihr Territorium errichten, ist noch nicht beobachtet worden. Immerhin müssen die Neuen das Streben nach einem Territorium mit den Alteingesessenen ausfechten und deren Gebiet sozusagen annektieren. Oft gründen nicht einzelne Löwinnen allein ein derartiges neues Rudel, sondern mehrere Wurf- oder Halbgeschwister aus einer gemeinsamen Kohorte schließen sich dazu zusammen, nachdem sie gemeinsam das mütterliche Rudel verlassen haben.

In der Verteidigung ihrer Beute gegenüber Tüpfelhyänen, Leoparden oder Wildhunden können nomadisierende Löwen Nutzen aus einer selbst noch so lockeren Gruppenbildung ziehen. Um Anteile an einem Riß streiten sich Nomaden nicht heftiger als Rudellöwen. Der gemeinsame Verzehr der Beute bietet den Löwen immer den Vorteil, ihre Beute besser gegen »Diebstahl« verteidigen zu können als allein. Allerdings neigen nomadisierende Löwen dazu, kleinere Beutetiere zu schlagen, die sie schneller verzehren können und nicht gegen Nahrungs-Konkurrenten verteidigen müssen. Vereinigte nomadisierende männliche Löwen können – wie das im Kafue-Nationalpark in Sambia beobachtet wurde – Rudellöwen von deren Riß verdrängen, wenn im Rudel weniger männliche Tiere vorhanden sind als in der nomadisierenden Männergruppe (3).

Im Unterschied zu Rudellöwen gibt es für Nomadenlöwen einige Tabus, die sie dringend beachten müssen. Der gesamte von Löwen bewohnte Lebensraum ist aufgeteilt in Streifgebiete für alle Löwen und in Territorien der Rudellöwen. Dazwischen gibt es kein Niemandsland, in dem nomadisierende Löwen unter sich wären. Wo immer sich ein nomadisierender Löwe also aufhält, »gehört« das Land den Weibchen eines Löwenrudels als deren Territorium oder einer Rudellöwen-Koalition (ausnahmsweise auch einem einzelnen männlichen Rudellöwen), die eines oder mehrere Territorien markieren und verteidigen.

Nomadisierende Löwen müssen unter allen Umständen vermeiden, mit diesen »Großgrundbesitzern« in Konflikte zu geraten. Wehe dem nomadisierenden Löwenweibchen, das in Reichweite einer Löwin eines Rudels kommt! Mit unerwarteter Heftigkeit verprügeln Rudellöwinnen entschlossen und sehr oft gemeinsam alle nicht zum Rudel gehörenden Artgenossinnen, wann immer und wo immer sie auf diese treffen. An solchen geradezu als Schlachten zu bezeichnenden Auseinandersetzungen nehmen die Rudellöwen-Koalitionen nicht oder – gewissermaßen erfaßt vom Kampfgetümmel – nur mit geringer Intensität teil. Begegnen ihnen nomadisierende Löwinnen, ohne daß die Weibchen des Rudels zugegen sind, verläuft so ein Treffen sehr friedlich. Oft zeigen sich die Löwenmänner geradezu interessiert, vor allem, wenn die Nomadenlöwinnen paarungsbereit sind. Dann können die Löwenmänner solche Weibchen in ihrem eigenen Territorium und dem ihrer weiblichen Rudelmitglieder geradezu festhalten. Sie können sich auch mit nicht dem Rudel angehörigen Löwinnen paaren. In dieser Zeit bleiben sie ihrem eigenen Rudel für einige Zeit fern.

Nomadisierende männliche Löwen haben nicht nur die männlichen Rudellöwen gegen sich, sie müssen auch mit ungestümen Angriffen seitens der Rudellöwinnen rechnen. Gerade die Junge führenden Löwinnen bewerten jeden fremden Löwen als potentielle Gefahr für die Ruhe im Rudel und vor allem für das Überleben ihrer Jungen.

In der Etoschapfanne haben wir einmal beobachtet, wie ein nomadisierender Mähnenlöwe zunächst von den Weibchen eines Rudels heftig attackiert und vertrieben wurde und bei seiner panischen Flucht dann auf die vom Rudel etwas abgesonderte Koalition aus drei Löwen dieses Rudels stieß. Diese blockierten seinen Fluchtweg und der Nomade war damit in die Zange genommen. Er trug eine Anzahl blutiger Verletzungen davon und konnte sich nach kilometerlanger Verfolgung nur mit Mühe in das Territorium eines Nachbarrudels retten. Zu seinem Glück waren von diesem Nachbarrudel gerade keine Mitglieder in diesem Teil ihres Territoriums.

Alle Versuche der Wissenschaft, »Vorteile und Nachteile« des Nomadenlebens gegenüber dem Eingebundensein in ein Rudel mit harten Zahlen zu belegen, sind gescheitert. Beide Formen der Lebensbewältigung sind erfolgreich. Deshalb haben sich beide etabliert und bis zum heutigen Tag halten können. Wäre die eine oder andere Form der Lebensführung ungünstiger, so würde sie von den Löwen aufgegeben werden. Nomadisierende Löwen bemühen sich im allgemeinen mehr um Unauffälligkeit. Das Markierverhalten der Rudellöwen »sagt« den Nomaden auch meist, wo die Grenzen der Territorien verlaufen, ob die Rudellöwen sich gerade in der Nähe befinden oder längere Zeit nicht in den jeweiligen Regionen ihrer Territorien waren. Das ermöglicht den Nomaden, direkte Begegnungen zu vermeiden, was aber keineswegs immer gelingt. Knapp gewordene Beutetiere, die sich nur an bestimmten Stellen wie auf gutem Weideland oder an noch nicht ausgetrockneten Trinkplätzen konzentrieren, können dazu führen, daß Rudellöwen und Nomaden einander begegnen. Wenn eine nomadisierende Löwin noch kleine Junge zu versorgen hat, ist sie oft auch nicht mobil genug, vor dem Rudel auszuweichen. Insgesamt ist die Jungensterblichkeit bei nomadisierenden Löwen größer als bei Rudellöwen (77). Die Abwanderung von Löwen aus Rudeln in das Nomadenleben ist damit nicht nur ein Regulativ für die Kopfzahl in den Rudeln, sondern hat darüberhinaus auch besonderen Einfluß auf die Größe der gesamten Löwenpopulation.

XII.

Ein Rudel auf der Jagd

Über die offene Grassavanne des Amboseli-Nationalparks in Kenia kommt eine Zebrafamilie direkt auf uns zu. Unser Fahrzeug hält an. Voran marschiert – wie es die Regel ist – die Leitstute. Dicht dahinter ihr Fohlen von etwa neun Monaten und ein Junghengst, offenbar ihr älterer Sohn. Dann folgen zwei Stuten mit je einem Fohlen, eine Jungstute und mit etwas Abstand bildet der Hengst den Schluß. Die Familie folgt einem ausgetretenen Wechsel und ist offenbar auf dem Wege zum Wasser. In der Absicht, ein paar Fotos zu machen, auf denen die Tiere direkt auf den Betrachter zulaufen, fahren wir der Zebrafamilie entgegen.

Während wir zwischen Büschen und Bäumen einen geeigneten Platz suchen, der für die Fotos einen angemessenen Vordergrund abgibt, entdekken wir völlig unerwartet eine Löwin. Sie liegt in Kauerstellung mit der Längsrichtung ihres an den Boden gepreßten Körpers den Zebras zugewendet. Alle Muskeln sind angespannt. Die Ohren sind streng nach vorn gerichtet. Der Blick ist höchst aufmerksam. Ganz sanft bewegt sich die Schwanzspitze. Die Löwin fixiert die Zebras und will ihnen offenbar hier auflauern. Sie mag vier Jahre alt sein, die Nase ist noch etwas rosig und besonders an den Hinterbeinen sieht man noch viele dunkle Felltupfer.

Ist sie allein? Sorgfältig suchen wir mit unseren Ferngläsern die Gegend nach anderen Löwen ab. Wir entdecken vier weitere Löwinnen. Alle sind den Zebras näher als wir. Zwei liegen links vorn von unserem Fahrzeug und zwei auf der anderen Seite. Die Zebras trotten völlig arglos in den von den Löwen gebildeten Halbkreis hinein. Später sehen wir dann hinter uns einen mächtigen Mähnenlöwen, und schon auf der Höhe der Zebras, aber seitlich weit von ihnen entfernt, einen anderen. Langsam, aber stetig ziehen die Zebras unmittelbar auf uns bzw. auf die neben unserem Fahrzeug liegende Löwin zu. Besser kann eine Falle gar nicht angelegt sein. Die Zebras kommen mit dem Wind, können also die Löwen nicht riechen. Die Deckung für die Großkatzen ist perfekt. Wären nicht die schwarzen Flecken an den Hinterseiten der Ohren, könnten wir sie von unserem Standpunkt aus überhaupt nicht entdecken. Keine der Löwinnen ändert ihren Standort. Alle blicken gespannt auf die Zebras. Nur zwanzig Meter neben der einen Löwin folgt die Zebragruppe ihrem ausgetretenen Wechsel. Für diese Löwin müßte es ein Leichtes sein, jetzt mit wenigen Sprüngen eines der Zebras zu erwischen. Der Hengst ist von der Marschlinie seiner Stuten ein wenig nach rechts abgewichen, dadurch passiert er eine Löwin auf der anderen Seite des Halbkreises in höchstens fünfzehn Meter Entfernung. Die Löwin hat kaum merklich ihre Stellung korrigiert und könnte jetzt den Hengst von der Seite her anspringen. Warum tut sie das nicht? Wir wissen, daß Löwen zwar gemeinsam jagen, dabei aber nicht einen gemeinschaftlichen Plan verfolgen. Obwohl wir das wissen, wirkt dieses Verhalten so, als hielten sich die Jägerinnen absichtlich zurück, als ob sie einer gemeinsamen Taktik folgen würden. Die Szene wirkt so, als wüßten die Löwen, daß sie ihre Chancen nur vergrößern können, wenn sie noch warten.

Die Leitstute geht etwa fünf Meter an der von uns zuerst entdeckten Löwin vorbei. Damit ist das erste Zebra bereits aus dem Inneren der von den Löwen gebildeten Reuse heraus. Selbst das erscheint aus Sicht der Jägerinnen vernünftig, denn mit dem Töten des Fohlens hätten die Löwen kaum Mühe, aber auch das Fohlen ist jetzt schon durch. Das nächste Zebra, der junge Sohn der Leitstute, wäre auch noch ein besonders geeignetes Opfer – denken wir. Es bietet auch mehr Fleisch für die sieben Löwen als das Fohlen. Doch auch dieser junge Hengst entkommt – ohne es zu bemerken – der Falle. Während wir noch darüber nachdenken, ob es Ungeschicklichkeit, Unerfahrenheit oder schlicht wenig Neigung zur Jagd ist, diese Zebras entwischen zu lassen, stürzt eine Löwin auf die vorletzte Stute. Aus fünfundzwanzig Meter Entfernung. Alle Zebras haben ihren Aufsprung bemerkt. Die Leitstute mit ihren zwei Kindern galoppiert unter Beibehaltung ihrer ursprünglichen Richtung davon. Der Rest der Familie flüchtet auf der eigenen Fährte zurück in die Gegend, aus der er gerade gekommen ist. Nur wenige Galoppsprünge leiten die Flucht ein, bis dann alle Tiere, dicht aneinander gedrängt, nur noch einen zügigen Trab anschlagen. Vier Löwinnen und der entfernt liegende Mähnenlöwe umkreisen die kleine Zebragruppe. Keiner der Jäger macht Anstalten, ein Beutetier besonders aufs Korn zu nehmen und zu erjagen. Die Löwen mögen auf das äußerste gespannt sein, auf uns wirken sie aber unentschlossen, fast gelangweilt. Mühelos entfliehen die Zebras und die Löwen lassen sich, wo sie gerade sind, zu Boden fallen. Die Jagd ist aufgegeben, erfolglos.

Nach und nach sammelt sich das Rudel unter einer Akazie, eine erwachsene Löwin und zwei kleine Babys – wir hatten sie vorher nicht entdeckt – gesellen sich dazu. In den nächsten zwei Stunden, bis wir das Rudel verlassen, geschieht nichts Auffälliges.

Drei Tage später finden wir das Rudel am Rand eines Waldes wieder. Eine Löwin fehlt, dafür ist ein großer Mähnenlöwe mehr dabei als bei unserer letzten Begegnung. Uns bietet sich der Anblick eines ruhenden Rudels. In der Annahme, daß jetzt, am frühen Nachmittag, wenig geschehen wird, fahren wir zum nahegelegenen Fluß, um uns dort ein wenig umzusehen. Um 17 Uhr, dem Zeitpunkt, an dem die meisten Löwen aktiv werden, sind wir wieder beim Rudel. Es hat sich kaum etwas verändert; aber wir zählen ein Baby mehr als zuvor, mag sein, daß wir es übersehen haben. Ohne für uns erkennbaren Anlaß steht eine Löwin auf, gähnt und streckt die Hinterbeine einzeln von sich, macht einen Katzenbuckel, gähnt noch einmal und setzt sich auf die Keulen. Eine andere Löwin zeigt das gleiche Verhalten. Die beiden begrüßen sich auf die übliche Weise und gehen nebeneinander in den nahen Akazienbestand. Alle Tiere werden nun aktiv. Wir haben das Gefühl, sie erwachen und bereiten sich in Ruhe auf irgendwelche Tätigkeiten vor. Sie entsorgen Darm und Blase, wofür sie sich jedesmal vom eigentlichen Lagerplatz entfernen. Manchmal nur zehn Meter, manchmal zwanzig bis dreißig Meter. Die Babys, die offenbar Milch trinken wollen, werden zurückgewiesen. Die drei Mähnenlöwen haben eine Zeitlang stehend und ein paar Schritte umhergehend an den Geschehnissen teilgenommen und legen sich jetzt in den Schatten eines dicken Akazienstammes.

Wie auf ein Kommando entfernen sich vier erwachsene Löwinnen ganz zielgerichtet in die Grassavanne. Auch mit unseren Ferngläsern haben wir nichts entdeckt, was diesen Aufbruch ausgelöst haben könnte. Wir vermuten nach ihrem ganzen Benehmen, daß die vier jetzt auf Jagd gehen.

Wir folgen ihnen, überholen sie und fahren dabei oft viele hundert Meter voraus. Manchmal stehen wir ihnen so im Weg, daß einige links und andere rechts dicht an unserem Fahrzeug vorbeimarschieren. Nicht selten legt sich die eine oder andere Löwin für ein paar Minuten hin und folgt dann als Nachzügler. Sie holt die anderen immer wieder ein, da auch diese von Zeit zu Zeit Rast machen und sich einfach ins Gras werfen. Anfangs blicken die Löwinnen noch gelegentlich zurück zu ihrem Ruheplatz am Waldrand. Auf uns wirkt es, als wollten sie sich überzeugen, ob dort alles in Ordnung ist. Aber wir können uns auch vorstellen, daß sie sich den Ruheplatz optisch einprägen und den Weg merken wollen. Solche Überlegungen gehören aber in das Reich der Spekulationen. Wenn einer von uns beiden derartige Vermutungen ausspricht, weist ihn der andere stets darauf hin, daß Löwen keine Menschen seien. Natürlich ist es wissenschaftlich nicht legitim, Löwen Gedankengänge menschlicher Vernunft zu unterstellen. Aber es liegt nahe, den Löwen ähnliche Empfindungen zuzutrauen, wie wir Menschen sie haben, zumal auch im Verhalten oft erstaunliche Ähnlichkeiten erkennbar sind. Manche Handlungen der Löwen können wir gedanklich ganz unmittelbar nachvollziehen.

Was treibt diese Löwinnen jetzt um diese Zeit in diese Richtung, und warum marschieren sie in dieser Geschwindigkeit, und warum legen sie sich von Zeit zu Zeit hin. Diese Fragen können wir nur beantworten, weil wir ähnliches Verhalten bei Löwen oft beobachtet haben, und nicht, weil es eine Parallelität zum menschlichen Verhalten darstellt. Alles sieht so aus, wie wir es unzählige Male zur selben Zeit und unter ähnlichen Umständen erlebt haben, beim Nahrungserwerb, beim Aufspüren und beim Verfolgen geeigneter Beute.

Plötzlich sinkt die erste Löwin ins Gras und ist nicht mehr zu sehen. Sekunden später sind auch die anderen drei abgetaucht. Das Gras ist goldgelb und braun gefärbt – genau wie die Löwen. Da wir zuletzt hinter den Jägerinnen gefahren sind, müssen wir nur warten, bis die schwarzen Hinterflekken ihrer Ohren auftauchen, um die Positionen der Löwinnen zu erkennen. Aber erst nach drei Minuten gelingt uns das bei einer Löwin. Die Stelle, an der die vorderste Löwin in Deckung ging, haben wir uns gemerkt. Die Löwin, deren Ohren wir jetzt erkennen, ist schon weit über diesen Platz hinaus. Gut getarnt und unter Ausnutzung jeglicher Deckung ist sie unbemerkt vorangekommen. Weiträumig umfahren wir die Region, bis wir ein gutes Stück vor ihnen sind. Hier grasen Gnus. Eine Herde in lockerem Verband von dreißig bis vierzig Tieren. Sie nehmen von uns keine Notiz und sind in keiner Weise aufgeregt oder auch nur besonders aufmerksam. Für uns gibt es keinen Zweifel, daß die Löwinnen kommen werden. Wir warten.

Es dauert über eine Stunde, bis die Jägerinnen auf etwa hundert Meter an die Gnus herangekommen sind. Wir sehen mit dem Fernglas, wie sich hier und dort eine Löwin mit äußerster Vorsicht den Gnus nähert. Sobald ein Gnu den Kopf hebt, erstarren alle Löwinnen in der Haltung, die sie gerade eingenommen haben. Sobald das Gnu den Kopf wieder senkt und weitergrast, setzen die Löwinnen ihre Anschleichjagd fort. Jetzt, wo wir aus dem Blickwinkel der Gnus auf die Löwinnen sehen, ist es viel schwieriger, die großen Katzen zu entdecken. Wir staunen, mit welch großer Sicherheit die Löwinnen kleinste Bodenerhebungen oder Büschel von etwas höherem Gras oder trockene Stengel von Kräutern als Deckung benutzen. Mehrfach vermuten wir, die Endphase der Jagd ginge nun los, weil wir selbst die Situation gerade jetzt als sehr günstig einschätzen. Da steht ein Gnujährling ein wenig abgesondert von der Herde, zeigt sein Hinterteil der nächsten Löwin, die nur fünfzehn Meter entfernt ist. Wenn sie jetzt springen würde, könnte sie die Beute nicht verfehlen! Aber wir erinnern uns: Löwen sind keine Menschen.

Und so verblüfft es uns wieder einmal, daß die Jagd in dem Augenblick aufgeht, als wir glauben, noch Zeit zu haben, die letzten Korrekturen an den Kameraeinstellungen vorzunehmen. Die Szene explodiert förmlich. Eine Löwin stürzt sich aus zwanzig Meter Entfernung auf ein erwachsenes Gnu. Dieses merkt den Angriff erst, als die Löwin schon beinahe zum letzten Sprung ansetzt und kommt nur noch wenige Schritte weit. Mit einem gewaltigen Satz springt die Löwin dem Tier von links an den Hals. Die rechte Pranke in der Mähne, die linke an der Kehle. Im Bruchteil einer Sekunde scheint es, als bliebe das Gnu auf allen vier Beinen. Dann fällt es unter der Last der Löwin, die sich förmlich an den Hals des Opfers hängt. Die wilde Flucht der anderen Gnus erzeugt eine riesige Staubwolke, der wir dann später die Schuld geben, daß unsere Fotos nicht so recht gelungen sind. Eine andere Löwin folgt den Fliehenden vierzig oder fünfzig Meter, setzt sich dann auf die Keulen und blickt zurück. Die beiden anderen Löwinnen nähern sich dem geschlagenen Gnu. So verwirrend blitzartig dieses Drama begann, so gemächlich läuft jetzt alles weitere ab. Es wirkt geradezu lässig, wie die Löwinnen zu dem bereits leblos am Boden liegenden Gnu trotten. Die Jägerin hat mehrfach den Biß und die Umarmung mit den Pranken gelockert und liegt nun so neben dem Gnu, daß sie es festhält, während sie es gleichzeitig kehlseitig in den Hals gebissen hat. Diese Umarmung wirkt einen Moment fast liebevoll auf uns, bis wir uns der tödlichen Wirkung der Pranken bewußt werden. Die leeren Bäuche weisen aus, daß die Löwinnen hungrig sind. Keine beginnt das Mahl. Dabei sind sie nicht erschöpft. Selbst die Jägerin hat nur wenig köperlichen Einsatz leisten müssen. Als die vierte Löwin am Riß ist, beginnen alle vier gleichzeitig zu fressen. Erst wenn alle »zu Tisch« sitzen, beginnt man zu speisen, das scheint bei ihnen Sitte zu sein.

Die erfolgreiche Jägerin versucht, das Gnu vom Hals her anzuschneiden, dort, wo sie den Biß angebracht hat, der wahrscheinlich den Tod durch Unterbrechung der Blutzufuhr zum Gehirn herbeigeführt hat. Aber es ist ebensogut möglich, daß sie das Gnu durch Abdrücken der Luftröhre erstickt hat. Zwei Löwinnen schneiden das Gnu von der Bauchseite her an, die vierte Löwin versucht vom After her, die Beute zu öffnen. Bis die großen männlichen Rudellöwen und der Rest des Rudels hier sein können, vergeht einige Zeit, die wollen die vier Jägerinnen natürlich nutzen. Das Mahl nimmt friedlich, aber blutig seinen Gang.

Es dunkelt schon über der Savanne, und unsere Zeit reicht nicht mehr, die Ankunft des restlichen Rudels, vor allem der Mähnenlöwen, abzuwarten.

Auch Löwen müssen sich ernähren

Etwa zwanzig Stunden des Tages sind Löwen sehr wenig aktiv. Sie ruhen und vermitteln den meisten Betrachtern dann kein interessantes Bild. Ganz im Gegensatz dazu werden jagende Löwen von menschlichen Zuschauern mit größter Aufmerksamkeit beobachtet.

Unter allen Aktivitäten und besonderen Verhaltensweisen des Löwen fasziniert die Jagd uns Menschen am meisten. Der Mensch besitzt aus seiner eigenen Entwicklungsgeschichte ein ganzes Bündel komplexer Jagdtriebe, die er heute nicht mehr ausleben kann. Als Folge der Zivilisation wird die menschliche Ernährung nicht mehr – oder nur noch zu einem sehr geringen Teil – durch Jagd sichergestellt. Die Kultur mit dem ständigen Anwachsen humaner Bestrebungen verweist die nicht mehr der Ernährung dienende Jagd als blutigen Freizeitsport auf den Platz primitiver Barbarei.

Unsere angeborenen Verhaltensweisen aber sind von Zivilisation und Kultur noch weitgehend unbeeinflußt. Jagen und Gejagtwerden ist in der Natur etwas Selbstverständliches, Alltägliches. So werden typische Raubtiere, die man bei der Jagd beobachtet, Stellvertreter der eigenen Wünsche. So wie sich der Fußballfan – ohne selbst zu spielen – mit »seiner« Mannschaft identifiziert, die er siegen sehen möchte, nimmt der Zuschauer bei einer Löwenjagd Partei. Nach unseren Erfahrungen in Afrika scheiden sich beim Beobachten von Löwenjagden die Geister – oder besser die Seelen der Tatzeugen.

Wer sich von der manierierten Vorstellung freimachen kann, Fleischfressen und erst recht das dafür nötige Töten seien etwas grundsätzlich Grausames und daher Verwerfliches, wird Verständnis für den jagenden Löwen haben: »Auch Löwen müssen sich ja schließlich ernähren.« Kein Zweifel, das ist natur- und gottgewollt. Wer dagegen vor diesen biologischen Notwendigkeiten die Augen verschließt und natürliche Vorgänge mit den Maßstäben menschlicher Moral bewertet, wünscht dem Löwen auf der Jagd Mißerfolg: »Es ist ein entsetzlich blutiges Geschehen.« Viele wollen »so etwas« nicht wahrhaben oder nicht sehen, sie wenden sich ab.

Es ist durchaus verständlich, daß Sympathien für die an der Jagd Beteiligten wechseln. Wer gerade eben noch hungrige Löwenbabys in beklagenswert schlechtem Zustand in dem Rudel der Jäger gesehen hat, wünscht ihnen Erfolg. Der Kleinen wegen. Wer dagegen den liebenswürdigen Umgang einer jetzt von Löwen angeschlichenen Zebrastute mit ihrem Fohlen gesehen hat, stellt sich auf deren Seite. Weder soll das Fohlen verwaisen noch die Mutter ihr Kind verlieren. Im Verlaufe ein und derselben Jagd kann es bei ein und demselben Menschen zu einem Stimmungsumschwung kommen, je nachdem, welche Akzente gerade besonders deutlich zu erkennen sind. Da fiebern die Betreffenden mit den tüchtigen Müttern und Tanten der hungrigen Löwenbabys oder umgekehrt mit den unschuldigen Opfern, die »ja auch ein Recht auf Leben« haben.

Aufbruch zur Jagd

Die Anteilnahme der Zuschauer bei der Jagd geht oft bis zum Versuch des persönlichen Eingreifens. Die einen möchten den Löwen ihre Opfer zutreiben oder den Großkatzen durch ihr Fahrzeug Deckung bieten. Die anderen möchten die angeschlichenen Opfer warnen und auf alle möglichen Arten zur Flucht veranlassen. Zum Glück siegt meistens die Disziplin.

Jagdbeginn

Die Beobachtung einer Jagd ist in jedem Fall ein Lehrstück in Sachen Natur. Zahlreiche Verhaltensabläufe, die wir Menschen nur allzu gern als freie Entscheidungen der beteiligten Jäger und Gejagten bewerten, erweisen sich als ausgesprochen autonom. Alle von Menschen eingebrachten Maßstäbe verkümmern dabei zur klischeehaften Karrikatur menschlicher Vorstellungen von natürlichen Abläufen.

Anschleichen

Von Anschleichern, Verfolgern und Stöberern

Bei Löwen kann sich die Jagd auf verschiedene Weise abspielen. Fünf grundsätzliche Formen haben wir in unserem Buch »Raubtiere Afrikas« zusammengestellt (28). Danach unterscheidet man Anschleichjagd, Verfolgungsjagd, Lauerjagd und Stöberjagd. Selbst wenn manche typischen Züge der Jagd fehlen, gehört auch die Aneignung fremder Beute dazu. Im Queen-Elizabeth-Nationalpark in Uganda hat der Forscher van Orsdol 1984 noch das Jagen durch Ausgraben hinzugefügt. Wir ordnen diese Form der Jagd – nach den von uns beobachteten Zusammenhängen – als Stöberjagd ein.

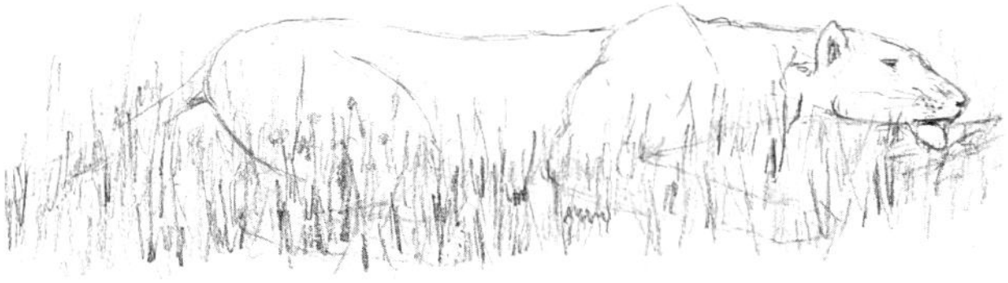

Schleichkriechen

Häufigste Jagdform für die Löwen ist die **Anschleichjagd.** Unterschiedlich lange Entfernungen, oft sind es mehrere hundert Meter, schleichen

Kriechen

sich einzeln oder in Gruppen jagende Löwen an ihre Beute heran. Diese kann aus einem einzelnen Tier, einem Verband von Artgenossen oder auch einer aus mehreren Arten gemischten Ansammlung bestehen. In geschmeidig fließenden Bewegungen nähert sich bei dieser Jagdform jeder Löwe seiner Beute bis auf Ansprungnähe. Anschleichjäger benötigen eine perfekte Technik, um sich ihrer Beute unbemerkt zu nähern.

Das **Anschleichen** geschieht mit oft zeitlupenartig langsamen Bewegungen bei streng auf das Ziel gerichteten Augen und Ohren. Die Beine kommen nach jedem Schritt zur vollen Streckung, der Kopf wird sehr selten über das Niveau des Rückens hinaus erhoben. Jederzeit und in jeder Phase des sonst flüssigen Bewegungsablaufs kann das Anschleichen »einfrieren«. Das geschieht immer dann, wenn der anschleichende Löwe damit rechnen muß, von der Beute – oder bei innerartlichen Streitigkeiten von dem gegnerischen Artgenossen – entdeckt zu werden. Beim Anschleichen nutzen Löwen Büsche, Hügel, Baumstämme, Steine, Felsbrocken und andere größere Objekte zur Deckung aus. Zu Beginn des Anschleichens ist die Neigung, in Deckung zu bleiben, noch nicht besonders stark ausgeprägt. Mit geringer werdender Entfernung zur Beute steigern Löwen die Sorgfalt, verborgen zu bleiben. Das Anschleichen wird immer langsamer. Das erklärt auch, daß eine Jagd viel Zeit beanspruchen kann, etwa wenn auf offenen Flächen viele hundert Meter Entfernung zu überbrücken sind.

Das **Schleichkriechen** ist die sich anschließende Stufe einer Annäherung an Beute oder Gegner, ohne entdeckt zu werden. Beim Schleichkriechen werden die Beine zu keinem Zeitpunkt voll gestreckt, sie werden vielmehr ständig so gebeugt gehalten, daß der Körper sich sehr viel bodennäher fortbewegt als beim Anschleichen. Der Kopf wird deutlich niedriger gehalten als beim Anschleichen. Deckung gebende Vegetation oder unbelebte Gegenstände werden stärker genutzt. Verbergende Büsche oder andere der Deckung dienende Elemente des Geländes können auch in dieser Phase flacher sein als diejenigen, die den Löwen beim Anschleichen verbergen. Je näher der Löwe dem angeschlichenen Ziel kommt, desto niedriger wird sein Schleichkriechen. Zeitweilig kann der Brustkorb bereits dauerhaft den Boden berühren, wobei dann die Schulterblätter über die Rückenlinie hinausragen. Der Hinterkörper hat aber – ohne deshalb höher gehalten zu werden – noch Bodenfreiheit. Das Schleichkriechen kann sich über mehrere hundert Meter erstrecken, wenn auch meist nicht über so lange Strecken wie das Anschleichen. Die Distanzen, die beim Anschleichen und beim Schleichkriechen überbrückt werden müssen, hängen weitgehend von den Lichtverhältnissen – vor allem bei Nacht – und der Geländebeschaffenheit ab. Die jeweils zu überbrückenden Abstände sind in offenem natürlich wesentlich größer als in deckungsreichem Gelände.

Beim **Kriechen** liegt der gesamte Körper des Löwen am Boden. Ohne diese Bodenberührung aufzugeben, werden die sehr stark gebeugten Beine langsam vorgeschoben, der Körper rutscht bei der Fortbewegung förmlich auf dem Grund. Dieses Kriechen wird meist nur über wenige Meter praktiziert, bis Beute oder bekämpfte Artgenossen auf 30 m Entfernung angeschlichen sind. Diese letzte Distanz wird in schnellen, kurzen Sprüngen überbrückt. Löwen können – wie erwähnt – mehr als sechs Meter weit springen.

Die Körperhaltungen beim Anschleichen, im Kriechgang und beim Kriechen selbst sind sehr charakteristisch und werden in ihrer Bedeutung sowohl von Artgenossen wie auch von vielen artfremden Tieren »richtig verstanden«. Während des gesamten Anschleichvorgangs zeigen die Löwen ein typisches Aufmerksamkeitsgesicht, es gibt dabei keine Lautäußerungen.

Bei der **Lauerjagd** wartet der Löwe geduldig und meist bewegungslos an einem Platz mit möglichst guter Deckung auf Beute, die sich ihrerseits dem Löwen nähert. Wenn sich solche, als Nahrung geeignete Tiere grasend dem Löwen nähern, kann eine derartige Ansitzjagd Stunden dauern. Kommt jedoch eine Herde auf dem Marsch, etwa zur Tränke oder zum Weide- oder Ruheplatz auf den

Löwen zu, wird die Geduld des Lauerjägers nicht auf eine so harte Probe gestellt. Auf jeden Fall müssen Löwen bei der Lauerjagd Geduld haben und warten können.

Als **Verfolgungsjäger** sind Löwen nicht sehr erfolgreich. Jedenfalls gilt das, wenn sie gewissermaßen aus dem Stand drauflos springen, sobald sie eines Beutetieres ansichtig werden, ohne sich angeschlichen zu haben oder einer Beute aufgelauert zu haben. Dabei ist es ihnen egal, wie weit das Tier entfernt ist. Als wenig ausdauernde Schnellläufer haben Löwen dann nur geringe Chancen. Besonders bei unerfahrenen Junglöwen haben wir das oft beobachtet. So ist die Verfolgungsjagd denn auch meist nur die Schlußphase der anderen Jagdformen. Dann ist sie ungeheuer vehement, gradlinig und zielstrebig und eine Handlung von höchster Konzentration.

Die **Stöberjagd** wird von Löwen nicht regelmäßig betrieben. Sie stöbern nur, wenn sie Beute in der Nähe vermuten, aber nicht sehen können. Gerüche oder Geräusche können sie zum Stöbern verleiten. Sobald dabei ein Beutetier entdeckt wird, setzt sich die Stöberjagd als Anschleich- oder Lauerjagd fort. Nur wenn die Entfernung dazu günstig ist, kann es beim Stöbern auch gleich zur Verfolgungsjagd kommen.

Die jeweils von Fall zu Fall bevorzugte Jagdform hängt von den äußeren Umständen und den körperlichen und verhaltensmäßigen Fähigkeiten des einzelnen Löwen ab.

Wache Sinne und ausgeprägte Geduld

Im Vorfeld der Jagd muß der Jäger erst einmal feststellen, ob überhaupt jagdbare Beute vorhanden ist. Das kann in offenem Gelände auf optischem Wege geschehen, in deckungsreichen Landschaften kann die Nase den Jäger informieren, und in vielen Fällen können auch Geräusche darüber Auskunft geben, ob es in der Nähe etwas zu jagen gibt. Anschleich-, Lauer- und Verfolgungsjäger müssen vor Beginn jeder jagdlichen Aktivität wissen, ob das Verfolgen oder Auflauern der Beute »lohnt«. Das bedeutet, die Jäger müssen vorher abschätzen, ob die Größe der Beute den Zeit- und Energieaufwand einer Jagd rechtfertigt. Ebenso müssen sie wissen, ob die Jagd gerade dieser Beute nicht eine Gefährdung des Jägers mit sich bringen und bei Mißerfolg Verletzungen bedeuten kann und zusätzlich noch unnötigen Energieeinsatz erfordert.

Für solche Entscheidungen sind gute Augen nötig, die auch das richtige Abschätzen der Entfernung vom Jäger zur Beute ermöglichen. Das ist zunächst einmal notwendig, um die Distanz richtig zu taxieren, die für den allerletzten Sprung und eine eventuelle kurze Verfolgung erforderlich ist. Jagende Löwen müssen darüber hinaus die Länge der Anschleichstrecke einschätzen oder »berechnen« können, wie lange ein sich näherndes Tier braucht, um dem Lauerjäger die Gelegenheit zum Losspringen zu bieten.

Ob nach dem Anschleichen oder bei der Lauerjagd: Löwen können mit wenigen Sprüngen kaum mehr als 30 Meter Abstand zur Beute überbrükken. Fast immer richten sie es so ein, Hals- oder Kopfpartien ihrer Beutetiere von hinten seitlich anzuspringen. So kann das Opfer den Jäger nicht sofort erkennen, und die Löwen vermeiden den Kontakt mit den gefährlichen Stirnwaffen ihrer Opfer. Bei erfolglosem Ansprung kann sich eine Verfolgungsjagd anschließen. Trotz einer Geschwindigkeit von mehr als 50, kurzfristig sogar über 60 Stundenkilometer sind solche Verfolgungen nicht oft erfolgreich. Allerdings halten Löwen ihre Höchstgeschwindigkeit auch kaum mehr als 100 Meter durch. Wir haben oft unerfahrene Löwen bei längeren Verfolgungen beobachtet – sie waren dabei nie erfolgreich. Im übrigen wirkten sie umso unkonzentrierter, je weiter sie bereits gelaufen waren. Löwen können ihre Geschwindigkeit von Null bis zur Höchstgeschwindigkeit besonders schnell erreichen. Sie entwickeln eine Anfangsbeschleunigung von 9,5 m/sec, Gnus dagegen nur 5,6, Zebras 5,0 und Gazellen sogar nur 4,5 m/sec (1). Lediglich ein gut durchtrainierter Mensch hat mit einer Antrittsgeschwindigkeit von 10,0 m/sec auf hindernisfreiem, glattem Boden eine kleine theoretische Chance, dem Löwen auf wenigen Metern davonzulaufen. Der Jagderfolg des Löwen beruht auf seiner großen Beschleunigungsfähigkeit (16). Verfolgte Beutetiere können dem Löwen nur durch Hakenschlagen entgehen, das für sie damit zu einer überlebenswichtigen Verhaltensweise wird (37).

Löwen müssen auch besondere Eigenschaften ihrer Beutetiere richtig einordnen können. Die Augen sind dafür die wichtigsten Sinnesorgane. Größe, Wehrhaftigkeit, Behinderung durch Krankheit, Schwäche oder Unfall, ungünstige Position für die Flucht sind Kriterien, die Löwen optisch richtig einschätzen müssen. Erfahrene Löwen müssen ab»sehen« können, welche Tiere sie erjagen und welche ihnen entkommen können. Dazu brauchen sie einen leistungsfähigen Gesichtssinn.

Auch vom Geruch her müssen Löwen ihre Beutetiere ähnlich genau erkennen, also nach Art, Alter und Kondition einigermaßen beurteilen können. Da Löwen – nach allem, was wir darüber wissen – Windrichtungen bei ihren Jagden nie berücksichtigen, ist bei manchen Einzeljagden das Geruchsorgan völlig ausgeschaltet.

Schall breitet sich ohne Rücksicht auf Deckung und Windrichtung nach allen Seiten aus. Löwen müssen also Geräusche von Beutetieren richtig deuten und orten können. Dennoch spielt das Gehör für die Jagd keine allzu große Rolle, weil die meisten typischen Beutetiere der Löwen nicht sehr lautfreudig sind. Immerhin sind donnernde Hufe, brechende Zweige, gegeneinander schlagende Hörner akustisch wahrnehmbare Signale, die für die Jagd durchaus bedeutsam sein können.

Eine sehr wichtige Eigenschaft, die Löwen für die Jagd brauchen, ist Geduld. Weil sie sich aus den genannten Gründen lange Verfolgungsjagden nicht leisten können, kommt es für sie darauf an, den Absprung zum Reißen einer Beute zeitrichtig zu wählen. Als Anschleichjäger muß der Löwe die Beharrlichkeit aufwenden, sich aktiv der ausersehenen Beute so weit zu nähern, daß er sie mit wenigen Sprüngen erreicht. Als Lauerjäger muß er die Geduld aufbringen, so lange zu warten, bis sich ihm die Beute auf die gleiche Entfernung genähert hat. Häufig machen die Beutetiere unmittelbar vor Erreichen dieser notwendigen Angriffsdistanz spontan ein paar Schritte oder Sprünge in eine unerwartete Richtung, wodurch die Chancen für ein schnelles Losschlagen wieder stark sinken. Dann heißt es für den Anschleichjäger, sich erneut geduldig dem Beutetier zu nähern. Der ansitzende Lauerjäger muß weiter warten, bis das Beutetier seine Richtung ändert oder sich vielleicht ein anderes Tier aus dem gleichen Verband auf günstige Entfernung nähert. Selbst bei der selten praktizierten Stöberjagd ist gelassene Ausdauer nötig, um die Beute aufspüren zu können.

Bei den körperlichen Voraussetzungen hilft dem Löwen seine goldgelbbraune Farbe. Über die meiste Zeit des Jahres hinweg hat Afrikas Vegetation eine ähnliche Färbung. Wenn unmittelbar nach der Regenzeit der Pflanzenbewuchs frischgrün ist, bietet die Fellfarbe der Löwen keine gute Tarnung. Dafür verbirgt dann aber ein dichter Bewuchs von Gras, Kräutern und Büschen den Deckung suchenden Jäger. Im übrigen sieht ein reglos im Grünen liegender Löwe oft einem Stein oder einem in der Sonne ausgeblichenen Baumstamm ähnlich. Eine derartige Tarnung nützt dem Löwen, weil er die Fähigkeit hat, reglos, wie zu Stein erstarrt, zu liegen. Huftiere sehen zwar bewegte Objekte meist gut, können aber Unbewegliches schwerer erkennen und deuten.

Zufall oder Können?

Besondere, für die Jagd günstige Geländeformationen nutzen die Löwen bei der Jagd selten aus. Statt zum Beispiel am Fuße einer Felswand grasende Huftiere so zu bejagen, daß sie in Richtung der unüberwindlichen Steilwand fliehen müssen, lassen die Jäger den Tieren oftmals den Weg in die Ebene offen. Wir haben oft gestaunt, daß sich Löwen über eine sehr deckungsarme offene Fläche an ihre Beute heranschleichen, obwohl sie unter Inkaufnahme eines gewissen Umweges von der anderen Seite die Beute im deckungsreichen Buschland viel müheloser anschleichen könnten. So bleiben bei einer Gemeinschaftsjagd für den

Beobachter viele Umstände allein dem Zufall überlassen.
Gelegentlich fliehen gejagte Tiere ins Wasser, ohne daß ihnen die Löwen folgen. Wir haben 1986 im Etoscha-Nationalpark in Namibia zwei Löwinnen auf der Jagd nach einem Zebra beobachtet. Etwa eine dreiviertel Stunde hatten sie sich mit größter Sorgfalt angeschlichen. Beim Absprung hätten sie das Zebra ohne weiteres überwältigen können, wenn nicht die Zebrafamilie durch ein flaches, aber breites Rinnsal am Rande der Salzpfanne geflüchtet wäre. Als scheuten Löwen nichts so sehr wie nasse Füße, machten beide Löwinnen eine Vollbremsung und kamen gerade noch am trockenen Rand des Wassers zum Stehen. Die Zebras entkamen im langsamen Trab. Dabei sind Löwen durchaus imstande, auch im Wasser ein Tier zu schlagen. So haben wir 1982 im Amboseli-Nationalpark in Kenia erlebt, wie zwei gemeinsam jagende Löwinnen eine Gruppe Gnus verfolgten, von denen drei in den Lake Kioko flüchteten. Dort wurde eines dann im tiefen Wasser von der einen Löwin geschlagen. Dabei dürfte der Tod durch Ertränken herbeigeführt worden sein. Da weder Gnu noch Löwin an dieser Stelle Grund unter den Füßen hatten, also schwimmen mußten, »kletterte« die Löwin förmlich auf das Gnu. Zwei weitere herbeischwimmende Löwinnen beteiligten sich an diesem Manöver, bis das Gnu tot war. Der Versuch, die Beute im tiefen Wasser zu fressen, scheiterte, weil der Kadaver den Löwenpranken und -zähnen immer wieder entglitt und unterging. Die Löwin, die die Beute gerissen hatte, schleppte daraufhin das Gnu, zum Teil schwimmend, ins flache Wasser, wobei die anderen beiden Löwinnen von hinten den »Schleppzug« schoben. Selbst im flachen Wasser gelang es den Löwinnen nicht, von ihrer Beute zu fressen. Erst als das tote Gnu ganz an Land gezogen war, konnte die Mahlzeit beginnen.
Für Löwen kommen alle beschriebenen Formen der Jagd infrage. Ganz im Vordergrund stehen die Anschleichjagd und die Aneignung fremder Beute. Lauerjagd findet seltener statt, sie ist im offenen Gelände oft besonders schwierig. Gewisse Elemente der Verfolgungsjagd sind am Abschluß jeder Löwenjagd erkennbar. Vorsätzliche Stöberjagd betreiben Löwen nicht, dennoch stöbert ein Löwe, dem der Geruch eines versteckten, verletzten oder bereits toten Tieres in die Nase kommt, nach diesem Tier. Mehrfach haben wir beobachtet, daß Löwen, die offenkundig in langer Reihe auf dem Marsch zur Tränke, zu einem schattigen Ruheplatz oder zu einem unbekannten Ziel unterwegs waren, durch Gerüche aufgehalten wurden. Einmal kontrollierten sie – durch besondere Düfte angezogen – mehrere Löcher, in denen Warzenschweine lebten. Sie gruben dann mit großem Energieaufwand ein solches Loch auf. Ein altes Warzenschwein kam aus diesem Bau förmlich herausgeschossen, rannte durch den Pulk umherstehender Löwen hindurch und verschwand in einem anderen Bau. Für die Löwen war das der Anlaß, die Gegend auf der Suche nach weiteren Bauten zu durchstöbern.

Eindeutig Mundraub

Es ist in der Tierwelt keineswegs selten, daß ein Tier dem anderen die Beute abnimmt. Man sollte dieses Verhalten nicht als Diebstahl im menschlichen Sinne ansehen und schon gar nicht moralisch bewerten. In der Fachsprache ist von »Kleptoparasitismus« die Rede, und im Englischen wird nicht von einem »stealing«, sondern von einem »scrounging« gesprochen. In der Vogelwelt und auch bei Fischen ist es weit verbreitet, daß ein Tier dem anderen die Beute abjagt und sofort ganz verschluckt. Dieses gegenseitige Stibitzen von Nahrung kann sich unter Artgenossen abspielen, aber auch zwischen verschiedenen Arten vorkommen. Bei dem Versuch, einem erfolgreichen Jäger die Beute abzunehmen, können sogar verschiedene Arten konkurrieren. Dieses Verhalten ist im Lebensraum des Löwen durchaus nicht selten zu beobachten. So kann der Besitzer ein und desselben Beutetiers nacheinander häufig wechseln. Wenn es sich um große Beute handelt, wie das bei Löwen ja die Regel ist, kann diese auch noch zerrissen werden. Auf diese Weise können sich

mehrere Arten gleichzeitig ihren Anteil an einer fremden Beute holen.
Im Masai-Mara-Reservat in Kenia haben wir 1987 eine schnelle Folge von gegenseitigem Abnehmen der Beute beobachtet. Zwei Schabrackenschakale hatten in wilder Hetzjagd bis an die Grenzen ihrer Leistungsfähigkeit ein Thomsongazellenkitz erbeutet. Dieses wurde ihnen von einem dritten Schabrackenschakal weggerissen, ohne daß die beiden erschöpften Jäger Gegenwehr leisteten. Unmittelbar anschließend erschien eine Tüpfelhyäne auf der Bildfläche. Der dritte Schakal war so überrumpelt, daß er das Kitz im Stich ließ. Die Hyäne übernahm die Beute ohne jede Anstrengung »im Vorübergehen«. Jetzt machte sie einen Fehler, indem sie mit der Gazelle in ein nahes Wäldchen lief, ohne zu beachten, daß dort ein Trupp Paviane umherstreifte. Ein Pavianmann stieg schnell von einem Baum, entriß das Gazellenkitz der verblüfft wirkenden Hyäne und schwang sich zwei Meter hoch in seinen Baum zurück. Ehe sich der Pavian entschloß, von dem Kitz zu fressen, näherte sich am Erdboden ein riesiger Pavianmann. Er verscheuchte die Hyäne, stieg auf den Baum und ließ sich von dem rangniederen Artgenossen das Kitz geben, um damit im dichten Wald zu verschwinden. Wir waren verblüfft, wie kampflos sich diese Wechsel vollzogen.
Unter Umständen kann man schon an der Art der Beute erkennen, daß sie nicht von Löwen selbst geschlagen, sondern von anderen erfolgreichen Jägern übernommen wurde. Dies trifft zum Beispiel für Gerenuks (Giraffengazellen) zu, die der deutsche Wissenschaftler Willi Räder über einen Zeitraum von mehr als sechs Jahren in Nordkenia erforscht hat. Ein Gerenukbock, den der Feldforscher länger als zwei Jahre beobachtet hatte, wurde eines Tages von zwei Geparden geschlagen. Nachdem sich die beiden gesättigt hatten, verließen sie ihre Beute. Räder beobachtete jedoch weiterhin die Beute und konnte sehen, wie Stunden später in der Dunkelheit die Überreste des Gerenuks von einer Löwin übernommen wurden. Räder hat in den Jahren seiner Feldforschung nie erlebt, daß Löwen Gerenuks selbst erbeutet hätten. Im Gegensatz zu Geparden und Leoparden beeindrucken Löwen die Gerenuks überhaupt nicht. So entfernte sich bei einer Beobachtung von Räder eine ruhende Gerenukgruppe erst, als ein sich nähernder Löwe auf zehn Meter herangekommen war. Wenn man also einen Löwen mit einem Gerenuk als Beute antrifft, so hat er seine Mahlzeit vermutlich von anderen Jägern übernommen.
Vordergründig erscheint es uns Menschen »unfair«, einen erfolgreichen Jäger um seine Beute zu »betrügen«, ebenso wird häufig der Vorwurf gemacht, solche »Mitesser« machten sich ein bequemes Leben. Abgesehen von dieser vermenschlichenden Ansicht und Ausdrucksweise ist auch diese Vermutung falsch. Einerseits kann es zum ganz normalen Artverhalten gehören, regelmäßig von anderen Erwerbern die Beute zu entwenden. Zum anderen ist die Übernahme der Beute oft eine gefährlichere Methode als manch eine glückliche Jagd. Kaum ein Tier oder Sozialverband gibt freiwillig und ohne Verteidigung seine Beute ab. Manch ein Geier oder Schakal, ja selbst manch eine Hyäne wird verprügelt, wenn sie sich heimlich ein Stückchen des Gnus holt, das gerade von Löwen geschlagen worden ist.
Löwen ernähren sich durchaus auch von Kadavern solcher Tiere, die nicht von Raubtieren geschlagen wurden, sondern eines natürlichen Todes gestorben sind. So können Schlangenbisse gesunde Tiere töten. Aber auch an Seuchen, wie zum Beispiel Tollwut oder Milzbrand, verendete Tiere können von Löwen ohne Ansteckungsgefahr gefressen werden. Wir haben das im Etoscha-Nationalpark in Namibia beobachtet. Ohne daß wir über die Todesursache etwas aussagen können, sahen wir im Amboseli-Nationalpark in Kenia ein Löwenrudel tagelang an einem großen, zum Schluß unerträglich stinkenden, von Fliegenmaden übersäten Elefantenkadaver zwischen Geiern und Marabus fressen. Im Tsavo-Nationalpark in Kenia beobachteten wir vier Tage lang ein großes Löwenrudel an einem Elefantenkadaver, den es dann jedoch aus uns nicht bekannten Gründen aufgab, obwohl er noch für mehrere Tage Fleisch geliefert hätte.

Im übrigen gehört das Übernehmen fremder Beute zu den Überlebensstrategien unserer frühen menschlichen Vorfahren. Bei ihnen nennt man es Wildbeuterei, wenn sie oft großen wehrhaften Tieren deren Beute fortnahmen. Wildbeuterei spielte von jeher für die Fleischversorgung eine viel größere Rolle als das Jagen. Heutige Waidmänner mit ihren hehren Vorstellungen, daß die Entwicklung des Menschen ohne die Jagd gar nicht möglich gewesen wäre, müssen sich von nüchternen Untersuchungen der Paläo-Anthropologen eines anderen belehren lassen: Die frühen Menschen lebten weit mehr davon, daß sie andere Tiere jagen ließen, als selbst Beute zu machen. Nach den Forschungsergebnissen des bedeutenden Anthropologen Lewis Binford sind die frühen Menschen »keine großen Jäger wilder Tiere gewesen, sondern Aasfresser, die sich ganz hinten anstellen mußten, also marginale Aasfresser«. Kein Geringerer als der in diesem Buch wiederholt zitierte Löwenforscher Schaller hat zusammen mit einem Mitarbeiter diese Beuteübernahme an Löwenrissen versucht (79). Er vertrieb mehrfach zu Fuß – ohne Auto und ohne Waffen – Löwen von einem Riß, der etliche Mahlzeiten für Menschen ergeben hätte. Noch im vorigen Jahrhundert wurde diese Art des Nahrungserwerbs praktiziert. Andersen schildert, wie zwei Löwen eine Giraffe am Ngamisee in Botswana töteten. Die »Eingeborenen« vertrieben die insgesamt fünf Löwen mit Geschrei, um sich dann die Giraffe anzueignen.

Macht Einigkeit beim Jagen stark?

Löwen können allein oder in Gruppen jagen. Für einzelne, auf sich selbst gestellte nomadisierende Löwen gibt es keine Wahl. Sie müssen allein jagen. Selbst wenn sie vorübergehend auf andere, vielleicht ebenfalls einzeln lebende Nomaden stoßen, ist ihre Neigung sehr gering, mit diesen nun auch gleich Seite an Seite zu jagen. Rudellöwen können jederzeit gemeinsam jagen, müssen dies aber keineswegs tatsächlich tun.

Weit verbreitet ist die Meinung, die Gemeinschaftsjagd der Löwen sei ein besonders kooperatives Verhalten, an dem alle erwachsenen Tiere teilnehmen. Tatsächlich aber jagt jedes Tier, selbst bei einer Gemeinschaftsjagd, auf eigene Faust und folgt keineswegs einem Konzept geplanter gemeinsamer Jagd. So beteiligen sich zum Beispiel Löwen während der Zeit, in der sie mit Kopulieren beschäftigt sind, nicht so häufig an der Jagd wie ihre sexuell gerade inaktiven Rudelgenossen, meist jedoch gar nicht. Der jagdliche Erfolg hängt auch keineswegs nur von der Rudelgröße und der Anzahl möglicher Jäger ab, sondern auch von den jagdlichen Fähigkeiten der einzelnen Rudelmitglieder (67). Die Teilnahme von vielen Löwen an einer gemeinsamen Jagd steigert den Erfolg keineswegs (91). Sie kostet die jagenden Tiere lediglich Energieaufwand, der eventuell größer ist, als durch den Anteil an der Beute gedeckt werden kann. Wenn ein Einzeltier bei der Jagd stets besonders erfolgreich ist, kann ein gleichzeitig mitjagendes zweites Tier den Jagderfolg kaum wesentlich steigern (80). Dabei muß ein zweiter Jäger genauso viel Energie in die Jagd investieren. Auch nicht an der Jagd teilnehmende Rudelmitglieder sind am Verzehr der Beute beteiligt. Dadurch kann die eingesetzte Energie eines für den Jagderfolg überflüssigen Jägers in einem sehr ungünstigen Verhältnis zum Nutzen stehen. So ein erfolgloser Jäger trägt zur Ernährung nichts bei, hat aber den gleichen Nahrungsbedarf wie ein erfolgreich jagender Löwe.

Ist dagegen ein Einzeltier bei der Jagd nicht sehr geschickt, kann ein zweiter Jäger den Jagderfolg erheblich verbessern. Zugleich lohnt sich für solch einen zweiten Jäger der Energieaufwand. Denn ohne eigene Anstrengung hätte dieser wegen der Ungeschicklichkeit seines erfolglosen Rudelgenossen womöglich hungern müssen.

Beteiligen sich zu viele Einzeltiere an der gemeinschaftlichen Jagd, werden deren Anteile an der Beute natürlich zunehmend geringer.

Knappe Nahrung hat nicht nur Auswirkungen auf die Ernährung der Rudelmitglieder, sondern auch auf den sozialen Frieden innerhalb des Rudels, zumindest für die Dauer gemeinsamer Mahlzeiten. Denn je mehr Löwen sich eine Beute teilen

51

52

53

Zur Begattung sondern sich die beiden Partner meist von ihrem Rudel ab. Bei einer Löwenkopula halten sich Friedfertigkeit und Aggression die Waage. Beide Partner fühlen sich einerseits zueinander hingezogen, haben aber andererseits Angst vor den Pranken und Zähnen des anderen. Man sieht, daß die Löwin nicht besonders erregt ist, obwohl der Schwarzgemähnte sein mächtiges Gebiß demonstriert und drohende Laute ausstößt (Abb. 51). Es zeigt sich die Erfahrung des blonden Mähnenlöwen, dem die Einführung seines Penis ohne längeres Suchen mühelos gelingt. Allerdings ist auch das Weibchen offenbar sehr versiert, denn es nimmt eine für die Kopula optimale Position ein (Abb. 52). Da Löwen über mehrere Tage etwa alle zwanzig Minuten kopulieren und höchstens nachts einmal eine eineinhalb- bis zweieinhalbstündige Pause zwischen zwei Paarungen einlegen, sammeln sie schnell sexuelle Erfahrungen. Je häufiger ein Paar miteinander kopuliert hat, desto friedlicher und gelassener ruhen beide Partner zwischen zwei Paarungen (Abb. 53). Die junge Löwin vermittelt einen völlig entspannten Eindruck (Abb. 50).

55

56

57

58

59

Der fast erwachsene männliche Löwe mit einem bereits deutlich erkennbaren Mähnenansatz und kräftigen Pranken, der neben seiner Mutter oder Tante liegt, wird sein Rudel bald verlassen müssen (Abb. 54). Die spielenden Junglöwen (Abb. 55, 56, 57) sind Vettern oder Kusinen. Mit einem dreiwöchigen Altersunterschied sind sie Angehörige der gleichen Kohorte ihres Rudels. Dagegen sind die Löwen auf Abb. 58 Wurfgeschwister eines anderen Rudels. Die Drillinge haben das Maunzen ihrer Mutter gehört, sind daraufhin aus ihrem Versteck in einem Salsolabusch herausgekommen und blicken ihr gespannt entgegen (Abb. 59). Männliche Wurfgeschwister, deren Ähnlichkeit recht deutlich wird (Abb. 60), bleiben oft lebenslänglich beieinander, zunächst als nomadisierende junge Erwachsene, dann als Rudellöwenkoalition eines gemeinsam »eroberten« Rudels und später als dort wieder vertriebene alternde Tiere. Bei einem Ortswechsel marschiert das Rudel gemeinsam. Meist geht dabei die Entscheidung über Zeitpunkt, Richtung und Marschgeschwindigkeit von den alten Rudellöwinnen aus, die untereinander keine Rangordnung kennen. Der Zufall bestimmt, wer voranmarschiert (Abb. 61).

60

61

müssen, die womöglich nicht für das ganze Rudel reicht, desto unfreundlicher wird die Stimmung und desto eher kommt es zu ernsthaften Streitigkeiten um Anteile an der Beute. Auch solche Unruhe kann recht energieaufwendig sein und mehr Kalorien verbrauchen, als der durch Streit erworbene Brocken der Beute einbringt.

Faulpelze, Optimisten und andere Jäger

Die individuellen Unterschiede einzelner Löwen im gleichen Rudel werden an ihrer Beteiligung an der gemeinsamen Jagd deutlich. Forscher haben herausgefunden, daß zwar alle Löwen an den Jagden teilnehmen und jede notwendige Aufgabe übernehmen können, daß es aber dennoch einzelne Tiere gibt, die sich spezialisieren. Die Spezialisierung in diesem Sinne kann auch darin bestehen, geringe oder gar keine Beiträge zur gemeinsamen Jagd zu leisten.

Die Feldbiologen Scheel und Packer haben 1991 über ihre eingehenden Untersuchungen zur Strategie der Löwenjagd berichtet. Nach ihren Erfahrungen gibt es bei Löwen verschiedene, gut unterscheidbare Voraussetzungen zur Teilnahme an einer Jagd.

So kann ein Löwe aktiv jagen, ohne sich dabei um das Verhalten seiner Rudelmitglieder zu kümmern. Diesem Löwen ist es gleichgültig, ob sich ein Mitglied seines Rudels oder mehrere an der Jagd beteiligen. Ein anderer Typ des Rudellöwen geht von sich aus nicht so bedingungslos selbst auf die Jagd. Er beurteilt zunächst das Jagdverhalten seiner Rudelgenossen. Wenn genügend andere jagen, beteiligt er sich selbst nicht. Dennoch hat er an der Beute wie jedes andere Rudelmitglied Anteile und scheint dies auch zu »wissen«. Im Krüger-Nationalpark in der Südafrikanischen Republik haben wir einmal zehn Tage lang ein und dasselbe Rudel beobachtet. Dabei sahen wir vier erfolglose und zwei erfolgreiche Jagden. Eine an ihrem rötlichen Fell leicht erkennbare Löwin, die nicht einmal Junge führte, beteiligte sich kein einziges Mal an der Jagd, war aber am Riß einer der größten Fleischkonsumenten.

In einer anderen Kategorie von Rudellöwen jagt der einzelne nur dann selbst, wenn er als erster die Beute entdeckt hat. So ein Löwe hört aber sofort auf zu jagen, wenn er bemerkt, daß andere Rudelgenossen sich an dieser Jagd auf dasselbe Beutetier beteiligen. Vor mehr als zwanzig Jahren haben wir im Virunga-Nationalpark in Zaire gesehen, wie eine Löwin eine Herde von Uganda-Moorantilopen anschlich. Sie war bereits auf 50 Meter an ihre Opfer herangekommen, als sie bemerkte, daß zwei andere Löwinnen ihr folgten und dabei eindeutiges Jagdverhalten zeigten. Die schon fast ans Ziel gelangte Löwin brach plötzlich die Jagd ab, richtete sich auf und trottete zum Lagerplatz des Rudels zurück. Damals haben wir dieses Verhalten in unseren Protokollen »unverständlich« genannt, zumal die Jagd durch den Abbruch auch für die anderen Löwinnen »vermasselt« war. Nach den Kategorien, die Scheel und Packer herausfanden, gehörte diese Löwin zu denjenigen Typen, die mit der Jagd aufhören, sobald andere Löwen eingreifen oder mitwirken.

Einen letzten Typus von Jägern im Löwenrudel stellen jene Tiere dar, die ausschließlich allein jagen. Löwen mit dieser Eigenschaft schließen sich niemals einer bereits im Gang befindlichen **Gemeinschaftsjagd** an. Sie würden auch nicht die Jagd fortsetzen, wenn sich zufällig oder gegen ihre Absicht andere Löwen der Jagd anschließen würden und so aus der **Einzeljagd** eine Gemeinschaftsjagd würde. Zumindest in vielen Gegenden Afrikas ist diese Art der Einzeljagd die häufigste Jagdmethode. In der Serengeti waren bei 1300 beobachteten Jagden in 48 Prozent der Fälle nur ein Löwe beteiligt, in 20 Prozent zwei Löwen und bei den restlichen Jagden drei bis achtzehn (77).

In welchem Maß und auf welche Weise ein Einzeltier eines Löwenrudels sich an der Jagd beteiligt, ist also sehr unterschiedlich. Es hängt von den Eigenarten des einzelnen Tieres ab, insbesondere von der Geschicklichkeit zu jagen oder von der Bereitwilligkeit, andere Rudelmitglieder für sich jagen zu lassen. Wenn in einem Rudel besonders talentierte Jäger leben und diese auch noch offensichtlich gern jagen, können es sich andere Tiere leisten, überhaupt nicht auf die Jagd zu gehen. Sie leben nur von Fleisch, das andere erfolgreiche Jäger geschlagen haben und mit ihnen zu teilen bereit sind. Wächst in einem Rudel die Zahl solcher Tiere mit wenig Neigung zur Jagd, müssen sich diese – menschlich ausgedrückt – »bequemen« Mitglieder schließlich doch häufiger selbst auf die Jagd begeben als in Rudeln mit vielen ambitionierten Jägern (80).

Für ein Einzeltier gibt es viele Anreize, an einer Jagd teilzunehmen. Erfolgreiche Jäger beteiligen sich eher an einer gemeinsamen Jagd als weniger erfolgreiche. Wenn ein Beutetier schwer zu erjagen ist, erhöht das den Anreiz für mehr Rudelmitglieder, an der Jagd mitzuwirken. Das gilt vor allen Dingen, wenn ihre Gruppe klein ist. Miteinander verwandte Löwen, wie man sie im allgemeinen in Rudeln antrifft, haben eine größere Neigung, ihre Verwandten bei der Jagd zu unterstützen als etwa gemeinschaftlich jagende nomadisierende Löwen.

Wenn die Situation eine Arbeitsteilung bei der Jagd erfordert, wird die Teilnahme an der Gemeinschaftsarbeit leichter akzeptiert, als wenn Mithilfe nicht erforderlich ist.

Löwinnen nehmen nach den Untersuchungen von Scheel und Packer an den gemeinsamen Jagden ohne Bevorzugung bestimmter Altersklassen teil. Löwenmänner aus einer Koalition beteiligen sich fast nie, selbst wenn sie vor Übernahme des Rudels gute Jäger waren. Nomadisierende Männer müssen für sich selbst sorgen, falls sie sich nicht am Verzehr der Beute von nomadisierenden Löwinnen – manchmal auch von männlichen Nomaden – beteiligen oder die rechtmäßigen Erbeuter vertreiben. Im übrigen sind bei allen Jagden, unabhängig, ob es sich um Nomaden oder Rudellöwen handelt, 90 Prozent der Jäger Löwinnen. Löwen können aus der Entfernung hören, wenn eine Jagd stattfindet. Sie können sogar das Töten akustisch wahrnehmen (40) und sie begeben sich daraufhin zum Riß, um den Jägerinnen deren Beute abzunehmen.

Gruppengröße und Verwandtschaftsgrad haben keinen Einfluß auf das Jagdverhalten, insbesondere nicht auf eine Teilnahme an der Jagd.

Die südafrikanischen Zoologen Smuts und Mitarbeiter nehmen an, daß männliche Löwen deswegen weniger als weibliche geneigt sind, auf Jagd zu gehen, weil sie eineinhalbmal so groß sind wie die Weibchen, leichter entdeckt werden, daher nicht so erfolgreich sind und die Jagd vielleicht sogar behindern.

Scheel und Packer teilen die Löwen bei der Jagd – ohne es vermenschlichend zu meinen – in »Pessimisten« und »Optimisten« ein. Löwen schätzen die Wahrscheinlichkeit eines Jagderfolges vorher ab. Pessimisten trauen anderen Jägern nicht zu, etwa ein Warzenschwein allein erbeuten zu können. Deshalb nehmen sie selbst an der Jagd teil, weil sie vermuten, den ungünstig eingeschätzten Erfolg dadurch verbessern zu können. Ein Optimist nimmt an einer solchen Jagd nicht teil, weil er die Erfahrung gemacht hat, daß seine Rudelgenossen auch ohne seine Teilnahme erfolgreich sein können und er selbst von der Beute seinen Teil erhält.

Gemeinsam – und dennoch jeder für sich

Wie erwähnt, jagen selbst gemeinsam auf Beutefang gehende Löwen keineswegs nach einem bestimmten Plan und ohne Kooperation oder Arbeitsteilung. Gilt eine gemeinsame Jagd nur einem einzigen Beutetier, so hat man als Zuschauer das Empfinden, die Löwen hätten sich untereinander abgesprochen. Denn sie fächern sich häufig auf und umgehen die Beute von einer oder von beiden Seiten. Tatsächlich ist die scheinbare Aufgabenteilung rein zufällig. Es kann vorkommen, daß Jäger sich zufällig fast gleichzeitig von ganz verschiedenen Seiten auf das Beutetier stürzen, dem sie sich – jeder für sich – so weit genähert haben, daß sie in Sprungweite kommen.

Früher nahm man an, Löwen würden immer gegen den Wind jagen (14, 91), das erschien angesichts der »Intelligenz« der Löwen ganz selbstverständlich (26). Die Löwenforscherin Rudnai hat nie gesehen, daß Löwen zur Jagd aufbrachen, wenn die Beutetiere im Wind vor ihnen standen. Sie hat stets nur Löwenjagden beobachtet, bei

denen der Wind von der Beute zu den Löwen oder aus seitlichen Richtungen wehte.
Wir selbst haben öfter erlebt, daß Beutetieren der Wind von Löwen zugetragen wurde und daß diese Löwen trotz sonst guter Jagdbedingungen keine Jagd anfingen. Allerdings fanden wir in solchen Situationen stets aufmerksame Beutetiere, die den Löwen auch zu erkennen gaben, sie längst entdeckt zu haben. Offenbar haben die Löwen dabei eher die Aufmerksamkeit ihrer Beutetiere bemerkt als die Windrichtung. Denn wir haben gelegentlich beobachtet, daß Löwen sich mit dem Wind auf mehrere hundert Meter offenbar bereits ausgeguckten Beutetieren im für das Jagen typischen Schleichgang näherten. Erst auf kürzere Entfernung von 100 bis 150 Metern wurden die Beutetiere aufmerksam. Natürlich ließ sich dabei nicht entscheiden, ob die Beutetiere die Löwen nicht womöglich auch optisch oder mit Hilfe des Windes geruchlich entdeckt hatten.
Nach Auffassung der meisten Feldforscher berücksichtigen Löwen Windrichtungen überhaupt nicht. Für manch eine sich geschickt anschleichende Jagdgemeinschaft ist der Erfolg der Jagd zunichte, wenn ein Jäger sich – zufällig und »unwissend« – so postiert, daß dem Beutetier Witterung vom Wind zugetragen werden konnte. Aber auch bei solchen Beobachtungen läßt sich nicht beweisen, daß der Wind den Beutetieren Löwengerüche zugeweht hatte.
Das Töten erfolgt ebenfalls nicht nach einem gemeinsamen Plan. Nach unseren eigenen Beobachtungen kommt es sehr oft vor, daß mehrere Löwinnen sich mit höchster Aufmerksamkeit und großer Geschicklichkeit anschleichen und dann der Löwin, die das Tier anspringt, nicht zu Hilfe kommen. Meist verlassen dann die Mitjägerinnen sofort ihre Deckung, setzen oder legen sich oftmals hin und schauen förmlich zu, wie die erfolgreiche Jägerin sich abmüht. Nur wenn das erbeutete Tier nicht gleich zu Boden gebracht werden kann, helfen gelegentlich die Mitjägerinnen. Sobald die Beute zu entkommen droht, sind alle wieder auf dem Plan. Es ist nicht ausgeschlossen, daß bei diesem Verhalten eine gewisse Furcht mitspielt, beim eigentlichen Tötungsvorgang noch von spitzen Hörnern oder schlagenden Hufen verletzt zu werden. Ist der Hunger jedoch sehr groß oder der Jagdtrieb durch eine wirklich kurze Jagd nicht erschöpft, dann können sich auch mehrere Löwinnen beteiligen, das Beutetier zu Boden zu bringen und zu töten.
Wenn andere Mitjäger der Erbeuterin zu Hilfe kommen, ist deren Hilfe nicht koordiniert. Wir haben im Luangwa-Valley-Nationalpark in Sambia erlebt, daß eine Löwin eine Büffelkuh vorn am Hals gepackt und fest im Griff hatte. Sie konnte jedoch den Büffel nicht zu Boden bringen. Daraufhin versuchten zwei andere Löwinnen, die Büffelkuh am Hinterteil auf die Erde zu ziehen. Das mußte jedoch erfolglos bleiben, weil jede der beiden Jagdhelferinnen von einer anderen Seite kam. So zog eine Löwin das Beutetier immer gegen die Bemühungen ihrer Rudelgenossin auf ihre eigene Seite, wodurch es sich auf den Beinen halten konnte.
Löwen werfen ihre Beute nie durch Gegendruck oder durch Aufprall zu Boden. Vielmehr ziehen sie ihr Opfer von unten her zu Boden. Dabei helfen ihnen natürlich ihr Gewicht und die Fähigkeit, sich mit den dafür hervorragend geeigneten Krallen an einem hohen Punkt des Beutetiers förmlich festzuhaken. Auch das Gebiß des Löwen läßt nicht los, was es einmal gepackt hat. Tatsächlich ging die erwähnte Büffelkuh zuerst mit dem Vorderkörper zu Boden. Wenn zwei Löwinnen ein Beutetier von der gleichen Seite zu Boden ziehen, ist das wahrscheinlich mehr oder weniger zufällig, jedenfalls nicht angeboren koordiniertes oder durch Erfahrung erlerntes Verhalten.

Keine Garantie auf Erfolg

Die Bedingungen, von denen es abhängt, ob eine Löwenjagd Erfolg hat oder ergebnislos verläuft, sind meist schwer durchschaubar. Repräsentative Untersuchungen zu diesem Thema fehlen. Zwar geben viele Forscher, die im Feld über Löwen gearbeitet haben, Erfolge und Mißerfolge bei der Jagd in absoluten oder in Prozentzahlen an. Aber die von verschiedenen Forschern erarbeiteten Zahlen sind nicht miteinander vergleichbar. Fast nie entsprachen die äußeren Umstände, unter denen die Beobachtungen gemacht wurden, einander, oder sie wurden überhaupt nicht registriert. Oft fehlen Angaben über den Zeitpunkt der Untersuchungen, über Witterungsbedingungen, Rudelgrößen, Häufigkeit der Beutetiere und andere wichtige Faktoren.

Der Feldforscher van Orsdol, der speziell über Beutesuchen, Beutefinden und Beuteschlagen bei Löwen gearbeitet hat, nennt eine Reihe von Faktoren, die Einfluß auf das Jagdverhalten haben. Grundsätzlich kann die Struktur der Umwelt den Jagderfolg ebenso beeinflussen wie Komponenten, die in den Beutetieren oder in den jagenden Löwen selbst liegen. Unter den Faktoren der Umweltstruktur ist die Deckung besonders zu erwähnen: die Höhe des Grases, das Vorhandensein und die Dichte von Büschen. Uns erscheinen Jagden im hohen Gras der offenen Savanne für die Löwen viel einfacher als bei kurzem Gras im Buschland. Auf den Jagderfolg hat es großen Einfluß, ob die Jagd am Tage oder in der Nacht stattfindet. In der Nacht spielt das Vorhandensein von Mondlicht oder absoluter Finsternis eine wichtige Rolle. Aber auch das Wetter ist von Bedeutung. Bei Regen sind die Verhältnisse anders als bei Trockenheit. Naßgeregnete Tiere fliehen nach unseren eigenen Beobachtungen bei Annäherung von Löwen oder anderen Gefahren später als solche mit trockenem Fell.

Bereits erwähnt wurde die Bedeutung der Zusammensetzung der Beutetierarten und auch deren Häufigkeit. Ein Einzeltier zu erjagen, bedeutet etwas ganz anderes, als ein Beutetier in einer Gruppe sozial lebender Tiere zu schlagen. Junggesellenherden oder Mutter-Kind-Herden, insbesondere wenn diese noch kleine Junge führen, bieten für den Jäger völlig unterschiedliche Bedingungen. Auch die Faktoren, ob ein einzelner Löwe auf Beute geht oder ob mehrere zusammen jagen und wie die Alters- und Geschlechtszusammensetzung gemeinsam Jagender ist, hat für den Jagderfolg große Bedeutung.

Alle diese Faktoren beeinflussen sich gegenseitig. Eine Gruppe von Löwen wird bei der Jagd auf einen einzelnen Büffel in einer mondlosen Nacht ohne Regen einen anderen Jagderfolg erzielen als ein einzelner Löwe, der im buschigen Gelände bei Tage im Regen ein Warzenschwein jagt. Wir halten es für gewagt, aus den bisherigen, immer unter ganz bestimmten Bedingungen in ganz bestimmten Gegenden zusammengetragenen Beobachtungen einen allgemein gültigen Schluß zu ziehen. Für die wissenschaftliche Weiterbearbeitung solcher Einzelergebnisse ist es nötig, möglichst viele der bei der Jagd vorherrschenden Bedingungen genau zu protokollieren. Leider – so ist zu befürchten – wird man bei dem rasch schwindenden Lebensraum des Löwen kaum noch ausreichend Gelegenheit haben, zu verläßlichen Aussagen über sein Jagdverhalten zu gelangen.

Im übrigen besteht in unserer reichen westlichen Welt mit einem hohen Prozentsatz an Akademikern aller Fachrichtungen ein ausgesprochener Mangel an Biologen, die bereit sind, das entsagungsvolle Leben eines Feldforschers für Jahre auf sich zu nehmen, um am Ende dieser Zeit vielleicht feststellen zu müssen, damit zu wenig für die berufliche Karriere getan zu haben, während in der Institutshierarchie verbliebene Wissenschaftler sich inzwischen hochgedient haben. Im übrigen sind Kostenträger für biologische Feldforschungen schwer zu finden.

Im folgenden referieren wir einige wenige Ergebnisse aus der Feldforschung, um das Problem der lückenhaften Kenntnisse zu verdeutlichen.

In der Serengeti waren Löwen, die in der Langgrassavanne jagten, zweimal so häufig erfolgreich wie bei der Jagd in der Kurzgrassavanne (77). Bei Jagden in der Nacht erwies sich die Grashöhe nach den Untersuchungen des Feldforschers Elliot und seiner Mitarbeiter als unerheblich, während dieselben Forscher einen größeren Jagderfolg der Löwen bei Tageslicht beobachteten, wenn das Gras mehr als 40 cm hoch stand als wenn es kürzer war. Selbstverständlich hat die Grashöhe oder überhaupt das Vorhandensein von Deckung bei der Anschleichjagd eine wesentlich größere Be-

deutung als etwa bei der Ansitzjagd. Denn ein auflauernder Löwe wird ja immer dort ansitzen, wo er besondere Deckung findet. Am Rande der Etoschapfanne in Namibia haben wir hinter dem weit und breit einzigen Grasbüschel eine Löwin lauern sehen, die dann auch Jagderfolg hatte und einen Springbock schlagen konnte. Diese Löwin hätte in dieser Landschaft bei einer Anschleichjagd das Tier niemals erbeuten können, denn bei Tage wäre sie in dem brettebenen, deckungslosen Gelände auf jeden Fall sofort bemerkt worden.
Schaller (77) fand bei 45 beobachteten erfolgreichen Jagden in der Serengeti, daß 51 Prozent in einem Abstand von 150 m und weniger zum nächsten Fluß stattfanden. Einerseits ist dort die Vegetation dichter und bietet mehr Deckung, zum anderen besteht in Flußnähe eine höhere Konzentration von Beutetieren, weil diese zum Trinken an den Fluß müssen.
Je höher die Büsche, desto größer war die Wahrscheinlichkeit einer erfolgreichen Jagd bei den Untersuchungen von van Orsdal (59). Uganda-Moorantilopen entdeckten angreifende Löwen in der Nacht fünfmal so oft wie am Tage. Sie können dem Löwen auch nachts besser davonlaufen als am Tage (58). Bei Warzenschweinen ist es umgekehrt. Nachts haben Löwen keine Chance, Warzenschweine zu erjagen. Dabei spielt zweifellos auch die Tatsache eine Rolle, daß viele Warzenschweine die Nächte in ihren Bauen verbringen.
Löwen sind in ihrer bisherigen Entwicklungsgeschichte mit unkoordinierter Jagd erfolgreich gewesen. In ihre Strategie ist einkalkuliert, daß ein gewisser Prozentsatz aller Jagden erfolglos bleibt. Dieses Ergebnis ist von Lebensraum zu Lebensraum verschieden. Es hängt von der sehr unterschiedlichen Aufmerksamkeit der in dem jeweiligen Gebiet häufigsten Beutetiere ab, von der Beschaffenheit der Biotope, von der Erfahrung der einzelnen Jäger, von der Größe des Rudels und von vielen anderen Faktoren, die im einzelnen in ihrer genauen Bedeutung noch nicht erforscht sind.

Nur selten Hals- und Beinbruch

Über die Art und Weise, wie Löwen ihre Beute töten, gibt es zahlreiche Vorstellungen, Angaben und Schilderungen. Wissenschaftliche Untersuchungen aus dem Freiland über die Todesursachen der von Löwen getöteten Tiere liegen dagegen kaum vor.
In Darstellungen von Löwenjagden liest man immer wieder, Löwen würden ihren Beutetieren das Genick brechen. Es gibt aber bisher keine Untersuchungen an von Löwen geschlagenen Wildtieren, die zweifelsfrei einen Bruch der Halswirbelsäule bestätigen. Es ist auch aus rein mechanischen Überlegungen eher unwahrscheinlich, daß ein Löwe einen Genickbruch überhaupt bewirken kann. Der Knochen-Bänder-Sehnen-Muskelapparat der typischen Beutetiere des Löwen ist zu kompakt und zu kräftig, als daß die Halswirbelsäule mit einem Prankenschlag zu brechen wäre. Dabei kann ein Löwe einen solchen Hieb mit großer Wucht führen und den Hieb auch wiederholen. Aber derartige Prankenschläge haben niemals das Ziel, Knochen zu zerbrechen. Prankenhiebe, insbesondere mit ausgefahrenen scharfen Krallen – also gestreckten Fingern –, dienen bei der Jagd dazu, die Krallen des Löwen im Fell oder besser noch im Fleisch des Beutetieres möglichst fest zu verankern. Die Klauen sollen also zunächst einmal das Tier festhalten. In zweiter Linie ist es ihre Aufgabe, im Rahmen des Tötungsvorganges das Beutetier zu Boden zu ziehen. Löwen stoßen ihre Opfer normalerweise nicht um und schlagen sie auch nicht mit Prankenhieben nieder. Vielmehr ziehen Löwen ihre Beute durch ihr Eigengewicht zu Boden.
Es ist natürlich nicht ausgeschlossen, daß ein Löwe, dem ein Kleinsäuger über den Weg läuft, solch ein Beutetier mit einem Prankenschlag durch Zerschmettern von Knochen und vielleicht auch der Wirbelsäule tötet. Das ist aber keineswegs eine typische oder zielgerichtete Tötungsmethode.
Selbstverständlich kann ein Beutetier bei panischer Flucht stolpern, hinfallen und sich dabei das

Genick brechen. Ebenso ist es möglich, daß ein Beutetier in vollem Lauf vom Löwen zu Fall gebracht wird und dabei einen Bruch der Halswirbelsäule erleidet. Das wäre aber dann beides als eine Art Unfall aufzufassen und nicht als aktiver Vorgang aus dem Inventar der Tötungshandlungen eines Löwen.

Das eigentliche Tötungswerkzeug des Löwen ist sein Gebiß. Löwen töten fast immer durch Verletzen wichtiger Organe am Hals oder am Kopf des Beutetieres. Es wird gelegentlich behauptet, der Löwe würde seiner Beute mit den langen Eckzähnen die lebenswichtige Halsschlagader zerreißen oder die Luftröhre durchbohren. Beides kommt höchst selten vor und geschieht dann stets zufällig. Normalerweise sind die pfriemrunden, glatten, nicht einmal besonders spitzen Eckzähne des Löwen nicht geeignet, Schlagadern oder Luftröhren anzuschneiden. Vielmehr weichen diese elastischen Organe vor diesem Eckzahn geradezu zurück: Der Zahn schiebt sie beiseite, ohne sie zu verletzen. Die eigentliche Aufgabe der langen Eckzähne besteht darin, die Beute mit dem Gebiß festzuhalten. Daher stammt auch der Name Fangzahn.

Darüber hinaus ist der Fangzahn ein besonders brauchbares Instrument, das Rückenmark in den Halswirbeln zu durchtrennen und auf diese Weise einen schlagartigen Tod herbeizuführen. Um das zu erreichen, muß der Löwe den gesamten Hals, am sichersten von der Nackenseite her – und nicht von der Kehlseite –, mit dem Maul umfassen. Die Kiefer des Löwen können tatsächlich sehr weit geöffnet werden. Stoßen die vier Eckzähne bei diesem Biß auf Knochen, so müssen das Wirbelknochen sein. Die Kraft des Löwen reicht nicht aus, um diese massiven, soliden Knochenblöcke zu durchbohren. Er muß jetzt den Biß kurzfristig lockern und blitzartig ein wenig weiter oben oder unten erneut zubeißen. Auf diese Weise muß der Löwe versuchen, mit wenigstens einem der Eckzähne den schmalen Zwischenwirbelraum zu erreichen. Hier kann er diese langen Zähne zwischen zwei benachbarte Wirbel einsenken und damit das Rückenmark erreichen und durchtrennen. Das hat den unverzüglichen Tod des Opfers zur Folge. Das weiche, verletzliche Rückenmark kann dem Zahn nicht ausweichen, weil es ja in einem engen, starren Knochenkanal liegt. Bei kleineren Katzenarten ist diese Form des Tötens nachweislich sehr weit verbreitet.

Bei unseren eigenen Beobachtungen von Löwen, die Beute schlugen und töteten, haben wir öfter gesehen, daß sie den Halsbiß für Bruchteile von Sekunden lockerten und in etwas veränderter Position erneut zubissen und das sogar mehrfach wiederholten. Wir haben keinen Zweifel, daß die Löwen diese von dem Katzenforscher Leyhausen eingehend beschriebene Form des Tötens mit dem Spezialinstrument des Eckzahns häufig in der geschilderten Weise durchführen.

Aber das ist nicht die einzige Technik, mit der Löwen ihre Opfer töten. Sie können – wenn der Biß von der Kehlseite her den Hals trifft, ihre Opfer auch ersticken, indem sie mit der Kraft ihrer Kiefer die Luftröhre des Beutetieres verschließen. Ebenso – und beides geschieht möglicherweise häufig gleichzeitig – können sie mit kräftigem Biß die Halsschlagadern zusammendrücken, ohne sie blutig zu verletzen. Dann leidet die Blutversorgung im Hirn des Opfers schon nach wenigen Sekunden so stark, daß Bewußtlosigkeit und wenig später der Tod eintreten. Beim reinen Ersticken, wenn das Beutetier durch Verschluß der Luftröhre von außen erdrosselt wird, tritt der Tod oft erst nach einigen Minuten ein.

Sowohl das Durchtrennen des Rückenmarks als auch das Erdrosseln geschehen fast immer beim bereits zu Boden gebrachten Tier. Manchmal können Beutetiere nicht entfliehen, weil sie sich ihre Beine in der letzten Phase der Flucht verletzt oder gebrochen haben. Vor allem aber ist das Gewicht des an ihm hängenden Löwen das Haupthindernis für ein noch lebendes, zu Boden gebrachtes Beutetier, sich wieder zu erheben und zu fliehen. Dennoch kann das gelegentlich geschehen, vor allem, wenn die Löwen den Griff ihrer Pranken lockern. Im allgemeinen liegt die eine Pranke des Löwen oben am Hals, während die andere unter der Kehle herumgeführt wird. Löwen umarmen oft

förmlich ihre Beutetiere. Bei größeren Opfern und wenn Löwen zu mehreren jagen, kann einer der Jäger ausschließlich mit dem Festhalten der Beute beschäftigt sein, während ein anderer den Tötungsbiß am Hals anzubringen versucht oder das Tier erdrosselt.
Natürlich gibt es Beutetiere, bei denen diese routinemäßigen Tötungsmethoden nicht anwendbar sind. Wir haben ein Krokodil gesehen, das Löwen getötet hatten, ohne daß wir den Tötungsvorgang selbst beobachten konnten. Die Halspartien des Krokodils waren unverletzt, während der Bauch, auch dort, wo dieser noch nicht eröffnet war, viele blutige Spuren von Krallen und Zähnen aufwies. Der hornige Panzer der Echse gerade am Nacken bietet weder den Krallen noch den Zähnen der Löwen Angriffspunkte. Stachelschweine werden wahrscheinlich auch eher mit Prankenschlägen getötet als durch den Nackenbiß. In der Kalahari sind diese wehrhaften Nager keineswegs seltene Beutetiere des Löwen.
Dort ist im übrigen auch eine besondere Tötungsmethode von dem südafrikanischen Zoologen Eloff (17, 19) beschrieben worden. Sie betrifft Spießböcke als Beute der Löwen. Gerade diese Oryxantilope – wie Spießböcke auch genannt werden – gehört zu den wenigen Hornträgern, die ihre Stirnwaffen auch gezielt zur Abwehr von Freßfeinden einsetzen. Die langen, geraden Spieße der Oryxantilopen, die in beiden Geschlechtern getragen werden, sind gefährliche Waffen, die auch routinemäßig gegen Löwen eingesetzt werden. Um sich dieser Gefahr von vornherein nicht so stark auszusetzen, haben Löwen die Methode entwickelt, Oryxantilopen auf das Hinterteil zu springen und sich dabei auf das Becken zu konzentrieren. Sie reißen förmlich das Kreuzbein aus dem Gelenk zwischen Lendenwirbelsäule und Kreuzbein – das sogenannte Lumbosakralgelenk – nach oben und führen auf diese Weise einen Bruch der Wirbelsäule herbei, der das Tier sofort zu Boden bringt. Sicher gibt es noch eine ganze Reihe von anderen Methoden, wie Löwen ihre Beutetiere töten. Das dürften aber immer mehr oder minder zufällige Verhaltensweisen sein.

Wie grausam ist die Jagd der Löwen?

Natürlich taucht beim Beobachten einer Löwenjagd, die mit dem Töten endet, oder bei der bloßen Lektüre dieser Verhaltensweisen die Frage auf, wie grausam das alles für ein Beutetier ist. Überhaupt wird viel darüber diskutiert, wie wehrlose Tiere mit der ständigen Bedrohung durch vielleicht sogar allgegenwärtige Raubtiere fertig werden. Paradiesische Zustände, wie wir sie dem biblischen Vorbild entnehmen können, herrschen in der Natur nirgends. Nach Jesajas Vorstellung müßten sonst »Löwen Stroh essen wie die Ochsen« (Jesaja 11, Vers 7). Mit derselben Sicherheit kann man sagen, daß das Horrorgemälde von Tieren, die in nicht endender Angst und ständigem Schrecken leben, genauso wenig stimmt.
Wir wollen versuchen, diese Problematik an einem für den Menschen verständlichen Beispiel darzulegen. Die Gefahren für einen in der Zivilisation lebenden Menschen der Großstadt sind ungeheuer vielschichtig. Im modernen Alltagsleben drohen überall ganz akute Lebensgefahren. Die Medien berichten täglich von tödlichen Unfällen durch unsere moderne Technik. Der Straßenverkehr fordert jährlich Tausende von Toten und noch mehr Verstümmelte. Tschernobyl lauert heute überall, Gift ist in unserer Nahrung, im Boden, im Wasser und in unserer Atemluft. Das Ozonloch wird größer, brutale Kriege können jederzeit überall ausbrechen. Unaufhörlich klettert die Zahl quälender Zivilisationskrankheiten hoch und höher. Ihre Lebensbedrohung steigt schneller als vorbeugende Maßnahmen wirksam oder erfolgversprechende Therapien gefunden werden. Wir Menschen sind tatsächlich ständig von einer Vielzahl unterschiedlichster und nicht absehbarer Gefahren umgeben. Im Gegensatz zu den Tieren verfügen wir auch noch über ein Bewußtsein, das diese Gefahren reflektieren kann. Wir können uns ausmalen: Was wäre, wenn? Und dennoch leben wir nicht ständig in Angst und Schrecken. Unsere einzige – biologisch auch sehr vernünftige – Reaktion auf die Vielfalt der uns umgebenden Gefahren ist die Vorsicht.

Und so ist das auch bei den Tieren, die Opfer ihrer Freßfeinde werden können. Alle leben vorsichtig, der Tatsache gewärtig, daß es Feinde gibt, deren Beute ein unvorsichtiges Tier werden kann. Von panischer Angst und nicht enden wollendem Schrecken kann in der Natur nicht die Rede sein. Das Sterben durch Klauen und Zähne typischer Freßfeinde geht in der Regel sehr schnell. Es bringt dem Beutetier mit großer Wahrscheinlichkeit kein großes Leiden. Wirklich tödliche Angriffe lösen einen Schockzustand beim Opfer aus, der wahrscheinlich Angst und Schmerz ausschaltet. Auch hier dürfen wir noch einmal den Vergleich mit uns Menschen heranziehen: Ähnlich geht es uns Menschen bei einem Verkehrsunfall, einem Bombenangriff, einer Schlacht. Schwerverwundete Menschen geben oft später an, im Augenblick des furchtbaren Geschehens und in den nächsten Minuten danach keine oder nur sehr geringe Schmerzen verspürt zu haben. So ein Schock, der sich wie ein gnädiger Schleier über den Schwerverletzten senkt, dauert allerdings nur Sekunden oder höchstens wenige Minuten. Überlebende fast tödlicher Ereignisse geben später nicht selten an, erst nach Abklingen des Schocks Schmerzen, Pein und Angst verspürt zu haben. Da der Schock die Tiere meist lähmt, leisten sie auch keinen Widerstand und beschleunigen damit das Sterben. Eine erfahrene Löwin tötet so schnell, daß ihr Opfer mit hoher Wahrscheinlichkeit »kaum etwas merkt«. Wir haben oft mit Staunen gesehen, daß ein Gnu oder eine Kuhantilope nicht nur auf jeglichen Widerstand verzichtete, sondern geradezu ruhig und gelassen alles mit sich geschehen ließ. Todesschreie und Stöhnen müssen nicht unbedingt als Ausdruck des Leidens beim Sterben interpretiert werden. Oft sind solche Lautäußerungen die einzigen eines sonst fast stummen Tieres. So stark wir bis heute bei jedem Tötungsvorgang, den wir erleben, innerlich berührt werden, so haben wir doch stets den Eindruck gehabt, daß die Beutetiere bei diesem Tod nicht besonders leiden.

Viele Katzenartige geben ihren Jungen Gelegenheit, das Festhalten und Töten der Beute zu trainieren. Sie legen dazu den Jungtieren typische halbtote Beutetiere vor, an denen die Jungen dann üben. Die Mütter überwachen dieses Vorgehen und passen vor allem auf, daß die Beute nicht wieder entwischt. Es ist menschlich überinterpretiert, dieses Verhalten als aktives Lehren seitens der Mutter darzustellen. Die Mutter bringt ihrem Nachwuchs nicht bei, wie die Beute gehalten, behandelt oder getötet werden muß. Die Mütter schaffen nur Übungsobjekte herbei. Die »richtigen« Verhaltensabläufe bei diesem Tötungsvorgang laufen nach angeborenen Schemata ab. Die dafür nötigen Koordinationen von Bewegungen und deren zeitliche Aufeinanderfolge müssen aber geübt werden, um ausreifen zu können. Bei Löwen kommt ein solches »Üben« sehr viel seltener vor als bei anderen Katzenartigen. Wir haben einmal im Tarangire-Nationalpark in Tansania beobachtet, wie eine Löwin ihren halbwüchsigen Kindern ein junges Warzenschwein brachte, das noch lebte. Als die Löwin ihren Jungen die Beute vorlegte, entwischte das Tier und wurde von den Junglöwen in wildem Zickzack verfolgt, ohne daß sie das Warzenschwein stellen konnten. Daraufhin schaltete sich die Mutter ein und tötete das Opfer auf der Stelle. Dann brachte sie es wieder ihren Jungen. Es ist nicht sicher, ob sie überhaupt ein lebendes Beutetier mitbringen wollte oder ob sie gar nicht bemerkt hatte, daß es noch lebte. Im übrigen kommt es selten vor, daß Löwenmütter Fleisch zu ihren Jungen hinschleppen.

Löwen lernen die einzelnen Schritte zum Töten eines Beutetieres bei den ersten Jagden, an denen sie teilnehmen. Dabei stellen sie sich meist recht ungeschickt an und brauchen oft lange, um selbst ein kleines Beutetier zu töten.

XIII.

Löwen am Riß

Am Rande des Musiara Sumpfes im Masai-Mara-Reservat Kenias sehen wir eine einzelne Löwin, die unter Aufbietung großer Kraft ein Zebra aus dem Sumpf gezogen und über die Fahrspuren der Safaripiste gezerrt hat. Den eigentlichen Vorgang der Jagd haben wir nicht beobachtet. Die Löwin ist patschnaß, wahrscheinlich hat sie das ebenso nasse Zebra im Wasser geschlagen. Jetzt schleppt sie ihre Beute vom sumpfigen Ufer fort, sicherlich in den Schatten eines Baumes. Noch ist das Zebra nahezu unberührt, die geöffneten Augen sind noch blank und klar. Man sieht aber frische blutige Kratzer an einer Keule und Blutspuren am Hals. Wir merken der Löwin an, daß sie entweder von der Jagd oder vom Schleppen der Beute sehr erschöpft ist. Alle paar Augenblicke legt sie eine Pause ein.

Mit einem Mal bemerken wir im Gebüsch eines etwa fünfzig Meter entfernten Abhanges Bewegung. Löwen kommen. Sie sind offenbar Mitglieder des Rudels unserer Löwin. Wir haben sie über eine Woche lang täglich aufgesucht und stundenlang beobachtet. Seit Tagen haben sie keine Beute gemacht. Alle sind hungrig, was die leeren Bäuche sichtbar beweisen. Die letzten Meter zum Zebra legen sie in stark beschleunigtem Schritt zurück. Bevor die ankommenden Löwen das Zebra in Angriff nehmen, begrüßen sie der Reihe nach die erfolgreiche Jägerin. Ein paar Sekunden stehen die Löwinnen und die Jungen verschiedenen Alters um das Zebra herum. Sie wirken unschlüssig, als warteten sie auf ein Zeichen zum Beginn der Mahlzeit. Ein gerade eben dem Babyalter entwachsener Junglöwe springt auf die Flanke des Zebras, macht aber keine Anstalten, mit dem Fressen zu beginnen.

Plötzlich geht alles ganz schnell. Mit Knurren und Fauchen haben sich die erwachsenen Löwinnen einen Platz am Rumpf des Zebras gesucht und das Fell ziemlich gleichzeitig an mehreren Stellen aufgerissen. Bei dem Versuch, aus dem Kadaver einen Brocken Fleisch herauszureißen, werden auffällig oft die Pranken zu Hilfe genommen. Bevor sich die Löwen an einer geeigneten Stelle Fleisch aus dem Zebra herausreißen, belecken sie diese Partien. Während dieses Vorganges beobachten sie einander ständig. Kaum ein Teilnehmer dieser Mahlzeit hat ein entspanntes Gesicht. Löwen können mit ihrer sehr ausdrucksvollen Mimik in ganz abgestufter Weise drohen. Die großen Löwinnen zeigen hier nur geringe Drohintensität, sie haben die Ohren zurückgenommen und flach an den Kopf gelegt. Die Drohungen der Halberwachsenen werden deutlicher signalisiert. Die Fasterwachsenen richten ihr Drohgesicht unmißverständlich in Richtung des angedrohten Artgenossen. Bei einigen legt sich der Nasenrücken in enge Falten. Die Jüngsten hier am Riß ziehen die Lippen hoch, wobei alle Zähne sichtbar werden. Dumpfes Knurren und Grollen begleiten diese ausdrucksvolle Mimik. Die Lautäußerungen steigern sich in der Stärke und in der Häufigkeit, mit der das monotone Knurren plötzlich wie eine Kadenz in tieferes Grollen übergeht.

Eine alte Löwin hat zunächst keine Schwierigkeit, ihren Platz am Riß zu verteidigen. Sie droht die anderen mit sehr niedriger Intensitätsstufe einmal an. Für eine Weile frißt dann keine andere Löwin in ihrer unmittelbaren Nähe. Offenbar hat sie große Erfahrung darin, sich am Riß den sprichwörtlichen »Löwenanteil« zu sichern. Wüßten wir nicht, daß Löwinnen keine Rangordnung kennen, würde man ihr einen hohen sozialen Rang am Riß zuerkennen. Wie um unsere Kenntnis dieser Zusammenhänge aufzufrischen, wird gerade diese Löwin jetzt von einer Nachbarin angedroht, der es nicht gelungen ist, sich einen ergiebigen Platz an der Beute zu sichern. Die alte Löwin ist zunächst nicht sehr beeindruckt, droht und faucht dann zurück, kann aber nicht verhindern, daß sie jetzt unmißverständlich angegriffen wird. Wie ein Florett schnellt ihr eine Pranke ins Gesicht, und nur mit knapper Not entkommt sie diesem kräftigen Schlag. Im Nu sind die beiden in eine Rauferei verwickelt. Jetzt setzen beide Kämpferinnen ihren ganzen Körper ein und springen förmlich aufeinander los, sie schlagen sich die Pranken links und rechts um die Ohren. Die vom wechselnden Kampfesglück jeweils begünstigte Löwin wird »flacher«, greift mehr von unten an. Die dadurch in die Defensive gedrängte wird »höher« und schlägt von oben herab.

Am Riß hat es inzwischen etwas Raum gegeben. Halbstarke versuchen, die freigewordenen Plätze einzunehmen, werden aber von den Löwinnen zurückgedrängt. Nach kurzem Schlagabtausch kehren die beiden Kämpferinnen an ihre sofort wieder freigemachten Plätze zurück, knurren noch ein wenig und setzen die Mahlzeit fort.

Einer Löwin ist es gelungen, aus einer der Hinterkeulen des Zebras einen großen Brocken Fleisch herauszureißen. Mit ihm geht sie ein paar Schritte weiter. Sie hat jetzt Ruhe, diese Portion einigermaßen ungestört zu verzehren. Zwar nähern sich ihr ein paar der Halbwüchsigen, jedoch weichen diese schon nach den ersten flüchtigen Drohungen zurück. Von Zeit zu Zeit unterbricht eine Löwin nach der anderen ihre blutige Tätigkeit und blickt für ein paar Sekunden zu dem Hang hinüber, den das Rudel heruntergekommen ist. Es scheint, als ob alle die Ankunft der Mähnenlöwen erwarten. Bis dahin muß es ihnen gelungen sein, sich aus dem toten Zebra eine sättigende Portion Fleisch herauszureißen. Die Zeit dafür ist besonders knapp, wenn man bedenkt, daß zusammengenommen viele Minuten gestritten, gedroht und manchmal auch geprügelt wird.

Aber die Koalitionslöwen sind schon da. Alle drei uns bekannten Mähnenlöwen kommen gleichzeitig den Hang herunter. Ihr gemessener Schritt bezeugt, daß sie keine Eile haben. Lautlos treten sie an den Riß heran und lautlos, wenn auch mit Drohgesichtern in Richtung auf die Männer, weichen die Löwinnen zurück. Einer Löwin gelingt es nicht mehr, einen großen Batzen Fleisch aus der Halsmuskulatur mitzunehmen, obwohl sie ihn schon fast völlig aus dem Körper des Zebras herausgerissen hat. Die Mähnenlöwen lassen sich Zeit mit dem Beginn des Fressens. Sie beschnüffeln den Riß, lecken an der blutigen Muskulatur und an der noch unbeschädigten Haut der Kruppe. Im Gegensatz zu den blutverschmierten Löwinnen sehen die Männer noch sehr sauber aus. Ohne Zeichen irgendeiner Aggression legen sich die drei nebeneinander und beginnen, ihren Hunger zu stillen. Nur gelegentlich knurrt oder grollt einer von ihnen, wobei dann jedesmal alle Weibchen und Jungtiere aufmerksam zum Riß schauen. Die Löwinnen liegen mit dem Gesicht zur Beute im Kreis um das tote Zebra herum. Sie lecken sich das Blut von den Pranken und zum Teil gegenseitig vom Gesicht. Als zöge sie ein Gummiband zum Riß, rücken sie zentimeterweise näher. Dabei blicken sie gebannt auf das Fleisch, als wüßten sie, daß es nicht für alle reicht. Die Mähnenlöwen sind gegenüber den langsam näherkommenden Rudelmitgliedern unduldsam, dennoch werden diese immer waghalsiger. So muß von Zeit zu Zeit einer der Löwenmänner ernsthaft zurückdrohen oder ein paar Ausfallsprünge in Richtung auf eine zu dreiste Löwin machen. Alle weichen zurück und beginnen von neuem das Spiel, sich langsam zum Fleisch vorzuarbeiten.

Einer der großen Löwenmänner steht auf, packt den Kadaver mit seinem kräftigen Gebiß am Nakken und zerrt rückwärtsgehend das hocherhobene Zebra hinter sich her. Man erkennt die große Kraft, die in seinen Kiefern steckt und notwendig ist, um dieses Zebra anzuheben und hochzuhalten. Man merkt außerdem, welche Kräfte der Löwe entfaltet, dieses Zebra hinter sich her zu zerren. Seine Arbeit wird dadurch noch erschwert, daß die beiden anderen Löwenmänner sich darin fest verbissen haben. So wird eine Art Tauziehen daraus. Sieger bleibt ein Löwe, der sich an einem Hinterbein festgekrallt hat. Im Hüftgelenk wird es ausgerissen. Beim Abtransport tritt der Löwe auf herabhängende Hautfetzen, stolpert, nimmt seine Mahlzeit wieder auf, geht ein paar Schritte, läßt sich hinfallen und setzt dann das Mahl fort. Die anderen beiden Löwenmänner zerren am Kadaver. Es bringt beiden nichts ein, wenn jeder in seine Richtung zerrt. Es kostet nur Kraft, und so legen sich beide wieder hin. Gegen nur noch zwei Löwenmänner am Riß fassen die Löwinnen etwas mehr Mut. Auf dem Bauch robben sie jetzt Zentimeter um Zentimeter an das Fleisch heran. Nach ein paar Minuten liegen alle nebeneinander und fressen, unbehelligt von den weiterfressenden Männern. Erst als sich die Löwinnen im Wettbewerb um das gleiche Stück Fleisch des Kadavers zu heftig gegenseitig androhen und dabei für die zwei Löwenmänner zu bedrohlich knurren, werden sie von einem der beiden in die Flucht geschlagen. Während der kurzen Strafaktion des verfolgenden Löwenmannes gelingt es dem anderen Löwen, ein Vorderbein von dem toten Zebra abzutrennen und sich damit unter einen nahen Busch zu verziehen.

Für einen Augenblick ist der Kadaver ohne einen aktuellen Besitzer. Der bisher ausgeschlossene Rest des Rudels – Halbwüchsige und Kinder – stürzt sich auf das, was von dem Zebra noch übriggeblieben ist. In dem von lautem Knurren und Prankenschlägen begleiteten Durcheinander kommt zunächst keines der Tiere richtig zum Fressen.

Ganz unbemerkt haben sich inzwischen drei Schabrackenschakale am Riß eingefunden. Wir haben ihr Erscheinen vorher gar nicht bemerkt, aber sie sind wahrscheinlich schon eine ganze Zeit in der Nähe. In tänzelnd leichtfüßigem Gang nähern sie sich nicht einmal schnell, aber sehr zielstrebig dem Kadaver, reißen ein Stückchen Fleisch heraus und verschwinden wieder. Mehrfach gelingt ihnen das, ohne von den Löwen behindert zu werden. Drei Tüpfelhyänen sind inzwischen angehoppelt gekommen. Sie umkreisen den Riß, lassen eine Schar inzwischen Stück für Stück vom Himmel getropfte Weißrücken- und Sperbergeier auffliegen und streiten sich mit einem Schabrackenschakal. Als sich eine Tüpfelhyäne dem Riß zu weit annähert, wird sie von einer halbwüchsigen Löwin verjagt. Ohne den Schutz ihres Rudels würde sich diese junge Löwin nie mit einer ausgewachsenen Tüpfelhyäne einlassen.

Immer mehr Geier landen. Auch ein paar Marabus fallen vom Himmel. Sie stehen, genau wie einige Ohrengeier, am weitesten entfernt. Ein Problem wird immer deutlicher: je weniger Fleisch zurückbleibt, desto mehr hungrige Mäuler und Schnäbel stehen in unterschiedlicher Entfernung um die Reste des toten Zebras herum. Einer der Schabrackenschakale hat den wie ein großer glänzender Gummiball in der Sonne liegenden Magen des Zebras geöffnet. Sein flüssiger Inhalt ergießt sich auf das niedergetrampelte Gras. Aus der dünnen Wandung reißt sich der Schabrackenschakal blitzartig einen Fetzen heraus. Dabei spritzt die olivgrüne Brühe des Mageninhalts auf alle umstehenden Tiere, die davon aber keine Notiz nehmen. Eine halbe Stunde ist vergangen, und für die Löwen ist nichts Verwertbares zurückgeblieben. Das Mißverhältnis zwischen der Größe des Rudels und dem Gewicht des Zebras war zu groß. Bei anderen Löwenrissen mit mehr Fleisch pro Rudelmitglied hatten wir gelegentlich gesehen, daß Löwen während des Fressens an der Beute einschliefen. Wenn sie wieder erwachten, hatten sie ihren guten Platz nicht verloren. Bei soviel Trubel wie heute an diesem Riß wäre das nicht möglich gewesen.

Die kleineren Jungen dürfen sich zwar ohne Strafe seitens der Erwachsenen einschließlich der großen Mähnenlöwen dem Riß nähern, nennenswerte Mengen Fleisch können sie jedoch nicht ergattern. Dazu ist die allgemeine Unruhe zu groß. Dennoch können wir gut sehen, wie heftig ältere Junglöwen, die dem Babyalter entwachsen sind, vertrieben werden. Am Ende dieser hektischen Mahlzeit haben die meisten Löwinnen ausreichend gefüllte Bäuche, die drei Männer sind offenbar satt. Die mit Milch gut versorgten Löwenbabys sind in einem sehr guten Ernährungszustand, die Halbwüchsigen haben aber noch leere Bäuche. Nachdem sich die Alten zurückgezogen haben, wird der Riß unverzüglich von Schabrackenschakalen, Tüpfelhyänen und Geiern besetzt, so daß wir nichts mehr von den Resten sehen können. Die halbwüchsigen Löwen haben nun keine Chance, sich gegen fletschende Hyänengebisse und blitzartig zuhackende Geierschnäbel zu behaupten und noch ein Stück vom Riß zu erbeuten. Der Schutz ihres Rudels ist ihnen auch nicht mehr sicher. Die erwachsenen Löwen und mit ihnen die Babys ziehen zu einem nahegelegenen Wasserloch am Rande des Sumpfes. Dort trinken sie lange, ehe sie sich zu einem ausgiebigen Verdauungsschlaf auf eine Gebüschinsel inmitten der offenen Fläche zurückziehen. Genau an diesem Platz finden wir sie am nächsten Tag wieder.

Wie Löwen fressen

In der Ordnung der Raubtiere haben Katzen insofern einen recht engen Speisezettel, als sie sich fast ausschließlich von Muskelfleisch warmblütiger Tiere ernähren, während andere Raubtierfamilien auch gelegentlich auf pflanzliche Nahrung und Früchte ausweichen. Einige Katzenartige mögen Vögel, beispielsweise Perlhühner, recht gern. Reptilien – zum Beispiel Krokodile oder Pythons – oder Insekten werden von Katzen nur ausnahmsweise angenommen. Im Nairobi-Nationalpark in Kenia hatten sich vor ein paar Jahren einige Löwen darauf spezialisiert, Enten, Hühner und Truthähne aus den Höfen der an den Nationalpark angrenzenden Kleinbauern zu schlagen. Wenn Katzenartige gelegentlich Gras fressen, so geschieht das nicht aus Ernährungsgründen, sondern weil die Faserstoffe der Gräser wieder hochgewürgt werden und dabei gleichzeitig oft Haare und ähnliche unverdauliche Bestandteile tierischer Nahrung mit ausgestoßen werden.
Alle Katzen sind langsame Fresser. Sie können sich im allgemeinen eine gewisse Ruhe beim Fressen gönnen, wenn sie Beute schlagen, die sie sofort verzehren wie die meisten Kleinkatzen oder in Sicherheit bringen wie Leoparden. Die nicht gesellig lebenden Katzen haben außer den eigenen – unterlegenen – Jungen keine Konkurrenten bei der Mahlzeit. Anders bei Löwen! Als gesellig lebende Art beteiligen sich bei ihnen viele hungrige Mäuler am Riß. Dieser ist zwar oft groß genug, alle Mitglieder eines Rudels zu sättigen, aber dennoch zu klein, um allen gleichzeitig einen Platz zum Fressen zu sichern. Deshalb haben sich verschiedene Verhaltensweisen entwickelt, die für eine gleichmäßige Verteilung der Nahrung sorgen. Für menschliche Beobachter sehen diese Verhaltensweisen am Riß oft sehr aggressiv und kämpferisch aus. Dabei ist das Verhalten am Riß eine Anpassung an das sonst sehr harmonische Sozialverhalten mit der Besonderheit gemeinsamer Nahrungsaufnahme.

Der tägliche Speisezettel

Löwen sind nicht allzu wählerisch in der Art des Fleisches, das sie fressen. Wir haben ein Löwenrudel tagelang an einem Elefanten fressen sehen und andererseits beobachtet, daß Löwen in wenigen Minuten winzige Gazellenkitze oder Hasen verspeisten. Man kann nicht begründet von einer Hauptbeute der Löwen sprechen oder gar eine Rangfolge aufstellen, wie oft sich Löwen von welchen Tierarten ernähren. Das hängt wesentlich vom Angebot ab. Eine Wahlmöglichkeit der Beutetiere besteht bei Löwen meist nur über die kurze Zeit, in der die Dichte verschiedener Beutetiere im Lebensraum der Löwen besonders groß ist. Meist ist das aber nicht der Fall.
Wie sehr sich die Beute nach der Verfügbarkeit der Tiere richtet, geht daraus hervor, daß beispielsweise im Manyara-Nationalpark in Nordtansania aus insgesamt sieben zur Verfügung stehenden Beutearten die Löwen in 62 Prozent der registrierten Fälle Büffel schlugen. Im Kafue-Nationalpark in Sambia fanden Mitchell und Mitarbeiter 1965, daß die Löwen insgesamt von 19 verschiedenen Tierarten lebten. Unter ihnen waren wiederum die Büffel mit 30 Prozent doppelt so häufig wie die

nächst häufig erbeutete Art, die Kuhantilopen. Im Nairobi-Nationalpark ermittelte die Löwenforscherin Rudnai 1968 bis 1972 als Hauptbeute der Löwen mit 38 Prozent ebenfalls Kuhantilopen, nämlich die dortige Unterart, das Kongoni. Dann folgen Zebras mit 18 Prozent und Gnus mit knapp 18 Prozent. Legt man nicht die Stückzahl, sondern das Körpergewicht der geschlagenen Beutetiere zugrunde, ändert sich das Bild etwas: Zebras wiegen ungefähr 235 kg, Kongonis 135 kg und Gnus 165 kg. Von der Fleischmasse her sind also Zebras und Kongonis ganz grob zu gleichen Mengen Hauptnahrung der Löwen im Nairobi-Nationalpark. Ebenfalls dort fanden dagegen Foster und Kearney 1967 Gnus mit 38,3 Prozent am häufigsten unter der Beute vertreten. Ähnliches geht auch aus den Untersuchungen von Schaller (77) in der Serengeti hervor, der in den verschiedenen Rudeln eine Häufigkeit der Gnus unter den geschlagenen Beutetieren von 22 bis 56,7 Prozent fand. Hier macht sich der Einfluß langer Wanderungen der Beutetiere auf das Jagdverhalten seßhafter Löwen bemerkbar. Der Anteil der Büffel unter den Beutetieren in der Serengeti war mit 2 bis 15 Prozent vergleichsweise gering. Ebenfalls in der Serengeti fanden Kruuk und Turner in den Jahren 1964 und 1965 Gnus mit 49 Prozent als häufigste Beute, gefolgt von Zebras mit 26 Prozent und Büffeln mit 8 Prozent. Unter Zugrundelegung grob geschätzter Durchschnittsgewichte von Gnu und Büffel läßt sich überschlägig sagen, daß die 49 Prozent Gnus in der Nahrung des Serengeti-Löwen die gleiche Menge Fleisch liefern wie die 8 Prozent geschlagenen Büffel. Dabei ist zu berücksichtigen, daß die gleiche Menge Gewicht bei Büffeln weniger Unverwertbares für die Löwen enthält als bei Gnus. Der Einsatz von Energie und das Risiko bei der Jagd unterscheiden sich bei diesen beiden Beutearten ebenfalls deutlich. Eine breite Streuung von Beutetierarten und Jagdmethoden vermindert wahrscheinlich den Energieeinsatz ebenso wie das Jagdrisiko.

Wasserböcke sind im allgemeinen keine beliebten Beutetiere für Löwen. Im Lengwe-Nationalpark in Malawi sind sie jedoch sehr zahlreich und vielleicht daher die häufigsten Beutetiere der Löwen. Die Bevorzugung bestimmter Beutetiere hängt also weitgehend von ihrer Verfügbarkeit ab. Dabei darf man nicht übersehen, daß die Dichte der Beutetiere jahreszeitlichen Schwankungen unterliegt. Pflanzenfresser konzentrieren sich ja oftmals dort, wo die für sie geeignete Vegetation als Nahrung zur Verfügung steht. Manche Pflanzenfresserarten unternehmen deshalb weiträumige Wanderungen. Diese müssen nicht immer so systematisch erfolgen, wie das in der Serengeti, im Sudan oder in Nordost-Botswana bekannt und erforscht ist. Huftierpopulationen reagieren auf die sich ändernden Umstände mit ihren Wanderungen oft sehr flexibel und ohne Rücksicht auf den Kalender. Das hat natürlich großen Einfluß auf den Speisezettel der Löwen. In der Nähe von Seronera im Serengeti-Nationalpark in Nordtansania haben wir bei zwei Löwenrudeln beobachtet, daß der Anteil von erbeuteten Gnus im April sehr groß war, während nur wenige Thomsongazellen und noch weniger Zebras geschlagen wurden. Im September desselben Jahres konnten wir dagegen feststellen, daß Zebras mit weitem Abstand die Hauptbeute dieser beiden Löwenrudel waren, während es im August noch Thomsongazellen waren. Die anderen zur Verfügung stehenden Beutetiere spielten jeweils kaum eine Rolle.

Wenn Beutetiere verschiedener Arten in großer Zahl verfügbar sind, richtet sich die Auswahl der Löwen nach verschiedenen Kriterien. Die Beute muß mit möglichst geringem Energieaufwand erreichbar sein. Sie sollte getötet werden können, ohne die Löwen zu gefährden. Ferner ist auch eine bestimmte Größe notwendig. Diese wiederum richtet sich nach der Größe des Rudels oder der Gruppe von Nomaden. Einzeln lebende Löwen schlagen viel mehr Gazellen und kleinere Huftiere als in Rudeln lebende. Für einen einzelnen Löwen ist der Aufwand, ein Gnu von 150 bis 250 kg oder ein Zebra von 250 bis 300 kg zu schlagen, groß. Die Wahrscheinlichkeit, solch einen Riß ganz allein auffressen zu können, ist gering, weil die Übernahme durch mehrere Tüpfelhyänen von einer einzelnen Löwin kaum verhindert werden kann. Eine Gazelle von 20 bis 60 kg dagegen läßt sich in ein bis zwei Mahlzeiten auffressen. Kopfstarke Löwenrudel schlagen große Tiere wie etwa Büffel oder Elenantilopen, weil sie diese in gemeinsamer Anstrengung bewältigen können. Mit viel Fleisch lassen sich viele Mäuler stopfen, und ein Rudel kann es sich leisten, mehrere Tage an ein und demselben Riß zu fressen, ohne Sorge, es könnte ihnen »gestohlen« werden.

Statistiken, die von Wissenschaftlern über die Häufigkeit der verschiedenen Beutetierarten des Löwen aufgestellt werden, gelten also nur in dem Bereich, in dem die Daten gesammelt wurden. Selbst dabei muß noch berücksichtigt werden, daß die Erbeutung kleinerer Beutetiere oft unbeachtet bleibt. Niemand registriert, wenn ein Löwe ein neugeborenes Warzenschwein, ein Gazellenkitz oder einen Hasen »nebenbei mitnimmt«. Immerhin braucht ein Löwe nur acht Minuten, um einen Hasen zu verzehren.

Wieviel Zebra braucht ein Löwe?

Die Frage, welche Mengen ein Löwe zu sich nimmt, ist aus verschiedenen Gründen sehr schwierig zu beantworten. Zunächst hängt die Antwort vom Sättigungsgrad des Löwen ab. Die Größe einer Mahlzeit ist abhängig von der Zeit, während der ein Löwe überhaupt nichts zu fressen gehabt hat. Sodann ist natürlich die Verfügbarkeit von Beutetieren dafür entscheidend. Diese müssen nicht nur in Reichweite sein und tatsächlich geschlagen werden, sondern der einzelne Löwe muß sich auch von einer möglicherweise reichlich vorhandenen Fleischmenge seinen Anteil sichern können. Ferner spielt die Tageskondition eine Rolle. Wir haben im Selous-Reservat in Südtansania einmal eine Löwin gesehen, die in sehr energieaufwendiger Jagd ein Gnu geschlagen, dieses über eine große Strecke unter einen schattenspendenden Baum geschleppt hatte und dann völlig erschöpft war. Als sie nach etwa zwanzig Minuten wieder zu Atem gekommen und zum Fressen ausgeruht war, hatte ihr das inzwischen eingetroffene kopfstarke Rudel kaum etwas vom Riß übriggelassen. Die sehr magere und hungrige erfolgreiche Jägerin hatte also trotz Verfügbarkeit von großer Nahrungsmenge ihren eigenen Bedarf nicht dekken können.

Am sinnvollsten ist es, Mittelwerte und Extremwerte des Fleischverbrauchs von Löwen anzugeben. Ein voll erwachsener männlicher Löwe, der mehrere Tage nichts zu fressen bekommen hat und daher sehr hungrig ist, kann bis zu 45 kg Fleisch in einer Mahlzeit verdrücken. Eine vergleichbar ausgehungerte Löwin bringt es auf 30 kg. Ganz grob läßt sich sagen, daß Löwen im Mittel pro Jahr zwischen 2000 und 2500 kg Fleisch benötigen. Umgerechnet auf ihre Standardbeutetiere in den meisten Regionen Ostafrikas heißt das 20 Gnus oder 15 Zebras. 75 Prozent aller Beutetiere der Löwen haben ein Gewicht zwischen 50 und 300 kg.

Raubtiere, die große Beutetiere schlagen, haben Strategien entwickelt, die oft bemerkenswerten Reste vor anderen Raubtieren, die von der Beuteübernahme leben, zu sichern. Leoparden schleppen ihre Beute deshalb auf Bäume, wo diese dann vor auf dem Boden lebenden Raubtieren und vor Geiern sicher ist. Eine andere Methode besteht darin, die Beute mit Verwandten zu teilen, wie das Rudellöwen, Schakale, Hyänen, Wildhunde und Geparden zu tun pflegen. Auch die Bewachung von Beuteresten kommt als geeignete Methode zur Beutebewahrung in Frage. Auch das kommt bei Löwen regelmäßig vor. Noch ein anderer Weg, sich Beute zu sichern, besteht im Verschlingen riesiger Mengen von Nahrung bei einer Mahlzeit. Das ist für Löwen sehr typisch. Um so große Mengen auf einmal fressen zu können, hat sich bei ihnen im Laufe der Entwicklungsgeschichte ein verhältnismäßig großer Magen ausgebildet.

Für Nahrungsnachschub ist gesorgt

Sehr häufig wird über den Einfluß der Raubtiere auf die Bestände der Pflanzenfresser diskutiert. Die oft gemachte Aussage, daß Raubtiere die Bestände ihrer Beutetiere »regulieren«, ist falsch. Für keine Pflanzenfresserart stellen ihre Freßfeinde unter natürlichen Bedingungen irgendeine Bedrohung für die Bestandsgröße dar. Die meisten Huftiere sterben durch Verhungern, Krankheiten wie Infektionen oder Parasitenbefall, Unfälle oder – besonders in jugendlichem Alter – an nicht näher aufgeklärter allgemeiner Lebensschwäche. Schaller (77) hat ausgerechnet, daß den Löwen in der Serengeti nur 2,2 bis 3,3 Prozent der Gnus zum Opfer fallen. Das ist eine Einbuße, die sich auf die Bestandsgrößen überhaupt nicht bemerkbar macht. Auf einem anderen Blatt steht, daß Raubtiere Einfluß auf die qualitative Zusammensetzung ihrer Beutetiere ausüben. Denn sie erbeuten häufig kranke und schwache Tiere, die damit an der Fortpflanzung nicht mehr teilnehmen. Die Bedeutung des Löwen als Freßfeind besteht also viel weniger in quantitativen Auswirkungen auf seine typischen Beutetiere als vielmehr in qualitativen. Es kommt hinzu, daß bejagte Tiere insgesamt aufmerksamer sind und viel Wachsamkeit in Feindvermeidung, Fluchtverhalten und Alarmsysteme investieren. Nur solange diese Tiere ständig bejagt werden, kommen solche Eigenschaften auf den Prüfstand. Fehlende oder mangelhafte Reaktionen auf Freßfeinde bringen den dadurch schlecht an das Bejagtwerden angepaßten Individuen Nachteile. Hört die Bejagung durch Freßfeinde längere Zeit auf, so kann sich in den folgenden Generationen eine mangelnde Anpassung entwickeln, so daß Eigenschaften wie Wachsamkeit nicht mehr vererbt werden oder daß lebensschwache Tiere zur Fortpflanzung gelangen können.

Leos Tischsitten: knurren, beißen, schlucken

Beutetiere, die in kurzer Zeit aufgefressen werden können, werden meist an dem Platz verzehrt, an dem sie geschlagen wurden. Größere Beutetiere, vor allem solche, an denen sich mehrere Löwen sättigen können, werden vielfach in einen Busch oder in den Schatten eines Baumes gezerrt. Selbst in den offenen Flächen der Serengeti, wo Büsche und Bäume nicht zur Verfügung stehen, haben wir beobachtet, daß Löwen geschlagene Gnus, Zebras oder Kuhantilopen noch ein Stück von dem Platz, an dem das Tier getötet wurde, wegzerren. Wir haben ebenfalls gesehen, daß männliche Löwen, die von weiblichen Artgenossen einen Riß übernehmen bzw. die Löwinnen fortjagen, gelegentlich die Beute noch ein paar Meter weiterschleppen, bevor sie mit dem Fressen beginnen. Es ist möglich, daß es zu den angeborenen Verhaltensweisen gehört, vor dem Beginn des Fressens die Beute fortzuzerren, ob es nun nach menschlichen Vorstellungen Sinn macht oder nicht.

Das Öffnen der Beute erfolgt meist vom Bauch her oder vom After. Am häufigsten beginnen Löwen mit dem Fressen an den hinteren Partien eines Tieres. Lediglich wenn mehrere Löwen gleichzeitig die Mahlzeit beginnen, fangen auch einige an den vorderen Teilen an. Es läßt sich nicht verallgemeinernd sagen, ob Löwen von vornherein nur Muskelfleisch essen oder auch Innereien bevorzugen. Es gibt an fast jedem Riß Tiere, die Leber, Milz, Lunge oder Gedärm überhaupt nicht anrühren, andere wiederum fressen diese Organe bevorzugt. Die Wahl richtet sich nach den individuellen Bedürfnissen, die, abhängig von der jeweiligen Zusammensetzung, von den einzelnen Organen unterschiedlich befriedigt werden. Der Gehalt an Mineralien oder Spurenstoffen ist von Organ zu Organ sehr verschieden. Auch der Vitamingehalt der einzelnen Organe der Beutetiere ist unterschiedlich groß. Magen und Mageninhalt werden von Löwen fast nie angerührt.

Kleine Mengen Fleisch werden mit den Schneidezähnen vom Ganzen abgeschabt, insbesondere werden so Fleischreste vom Knochen gelöst. Im übrigen kommen bei den Löwenmahlzeiten vor allem die Reißzähne zum Einsatz. Löwen zerkauen ihre Nahrung nicht, sie reißen vielmehr mit den deshalb auch Reißzähne genannten Backenzähnen aus größeren Fleischmassen jeweils nur so viel, wie sie schlucken können. Auch Sehnen, Gelenkkapseln, Bänder, Knorpel, ja selbst Haut dienen Löwen als Nahrung. Sie können sogar Knochen zermalmen und Knochensplitter verschlucken.

Bevor Löwen die Haut ihrer Beute aufreißen und oft auch bevor sie aus einem noch unversehrten

Muskelpaket Brocken herausreißen, pflegen sie bemerkenswert lange daran herumzulecken. Dieses Lecken ist besonders für Mahlzeiten, an denen mehrere Tiere, auch Jungtiere, teilnehmen, nicht unwichtig. Einerseits überzeugt sich der Löwe noch einmal durch Berührung mit der Zunge, aber auch geschmacklich davon, daß es sich um ein Beutetier handelt, in das er sogleich seine Zähne hineinversenken wird. Auf diese Weise wird sichergestellt, daß er nicht aus Versehen in die Pranke eines neben ihm liegenden Artgenossen oder in den Rücken eines Löwenbabys hineinbeißt. Das ist in der Dunkelheit besonders wichtig. Andererseits können so vom Löwen beleckte Artgenossen ihre Körperteile zurückziehen oder – wenn es sich um kleine Löwenbabys handelt – überhaupt aus diesem Bereich verschwinden, um nicht verletzt zu werden.

Großer Hunger – guter Platz

Weil es bei Löwen keine Rangordnung gibt, ist auch nicht geregelt, wer aus einer größeren Schar von Löwen – seien es nun Mitglieder desselben Rudels oder zufällig zusammengekommene Nomaden – das Vorrecht hat, sich den besten Platz am Riß zu sichern. Ganz eindeutig besteht eine Rangordnung nur in bezug auf die Geschlechter und das Alter. Männliche Tiere haben immer vor den weiblichen Zugang zur Beute, und Erwachsene haben, unabhängig von ihrem Geschlecht, den Vorrang vor Jungtieren. Männliche Löwen können zu jeder Zeit alle fressenden Löwinnen vom Riß verdrängen. Untereinander aber müssen Löwen wie Löwinnen jedesmal erneut aushandeln, an welchem Platz sie fressen. Das geht nie ohne Drohen mit allen Abstufungen der Mimik und allen drohenden Lautäußerungen bis hin zu Prankenschlägen, Bissen und ernsten Kämpfen ab. Während dieser Kämpfe wird dann sofort die Beute verlassen, um mit noch mehr Einsatz kämpfen zu können. Bei den meisten sozial lebenden Tieren ist die Rangordnung, in der die einzelnen Mitglieder eines Sozialverbandes Zugang zum Fressen haben, sorgfältig geregelt. Für die in ständigen Verbänden lebenden Arten bringt das den großen Vorteil, daß nicht immer wieder erneut ausgefochten werden muß, wann das einzelne Tier »dran« ist. Warum hat sich bei Löwen eine derartige Rangordnung, die viele Einzelkämpfe vermeiden könnte, nicht durchgesetzt?

Wir haben viele Löwenrudel an etlichen aufeinanderfolgenden Tagen beobachtet. Dabei haben wir an zahlreichen Rissen das Verhalten dieser Löwen eingehend analysiert. Daraus haben wir eine eigene Hypothese über die fehlende Rangordnung bei Löwen gebildet. Zwar können wir sie nicht mit »harten« Fakten belegen und schon gar nicht durch statistische »Beweise« absichern. Dennoch stellen wir sie zur Diskussion:

Löwen leben zwar in Rudeln, jedoch spalten sich diese Rudel häufiger für ein paar Tage auf. Dann kann es sein, daß Teilgrüppchen des Rudels Beute erjagt und sich satt frißt, während der Rest des Rudels vom Riß zu weit entfernt ist und leer ausgeht. Wenn nun in den nächsten Tagen ein Beutetier dem ganzen, inzwischen wieder vereinigten, Rudel zum Opfer fällt, sind die bereits am Vortage gesättigten Löwen nicht so hungrig, sie beteiligen sich oft nur in sehr geringem Ausmaß an dem Mahl. Hätten die vom Vortage Gesättigten einen hohen Rang, würden sie – wie das bei Rangordnungen nun einmal üblich ist –, ob satt oder hungrig einen guten Platz an der Beute ihrem Rang entsprechend einnehmen und andere solange vom Fressen ausschließen. Da sie satt sind, würden sie sehr langsam fressen. Hungrige, rangniedere Löwen kämen unter Umständen überhaupt nicht mehr zum Fressen, denn auch die Satten vertilgen bestimmte Anteile der Beute, die den Hungrigen dann fehlen. Vor allem verzögern sie aber auch die Dauer der Mahlzeit erheblich. Wenn diese ranghohen Tiere dann satt wären, würden sie sich vom Riß entfernen und dort nur rangniedere, also weniger starke und darüber hinaus hungrige Löwen zurücklassen. Das würde das Risiko erheblich steigern, die Beute an Tüpfelhyänen zu verlieren. Auch Schakale und Geier könnten von dieser Beute etwas stibitzen, weil die zurückgebliebenen, rangniederen hungrigen Löwen nicht die entschei-

dende Durchsetzungskraft zur Verteidigung der Beute hätten.
Angesichts derartiger Möglichkeiten ist es »sinnvoller«, jeweils von Fall zu Fall auszuhandeln, wer einen guten Platz am Riß bekommt. Ein sehr hungriger Löwe kann und wird eine Menge Energie darauf verwenden, einen Artgenossen vom Riß zu vertreiben. Wenn dieser weniger hungrig ist, wird er weniger Widerstand leisten und einen guten Platz eher freigeben. Ein paar Tage später am nächsten Riß kann der Hunger anders verteilt sein. Dann kann ein heute dringend auf Fleisch angewiesener Löwe sich damit zufriedengeben, weniger gut beteiligt zu werden. Ranghöhere Löwen bleiben in der Nähe des Risses, weil sie ja nicht wegen ihres hohen Ranges bereits gefressen haben, sondern warten, bis sie unter weniger Kampfeinsatz ans Fleisch gelassen werden. Dadurch ist die Beute gegen »Diebstahl« durch andere Tiere viel besser gesichert. Die Dauer der Mahlzeit wird auch verkürzt, weil hungrige Löwen mit einem guten Platz am Riß auch schneller fressen als satte Tiere, die hauptsächlich wegen ihres hohen Rangplatzes fressen.
Mit zunehmender Dauer einer gemeinsamen Löwenmahlzeit oder mit zunehmender Sättigung der Teilnehmer geht es an einem größeren Riß immer friedlicher zu. Bei nicht besonders hungrigen Löwen und einem für alle von vornherein erkennbar ausreichend großem Beutetier gibt es überhaupt keine Schwierigkeiten. Ohne Drohung und ohne Kampf können dann fünf, sechs, sieben oder acht erwachsene Löwen beinahe freundschaftlich nebeneinander fressen. Gerade bei einem aggressionslosen Ablauf einer Mahlzeit wird deutlich, daß sich die Aufstellung und Aufrechterhaltung einer Rangordnung für Löwen sehr oft überhaupt nicht lohnt.
Oft ist nur die unmittelbare räumliche Nähe mehrerer gemeinsam fressender Löwen die Ursache für Aggression. Daraus resultiert eine gewisse Neigung, die Beute zu zerreißen. Vielfach versuchen einzelne Tiere, sich eines Beines oder eines anderen größeren Brockens zu bemächtigen, um ihn, ein paar Schritte vom Riß entfernt, ohne Störung allein verzehren zu können. Streit um vom Kadaver losgerissene Stücke kommt selten vor. Im übrigen besteht dann für einen attackierten Löwen immer noch die Möglichkeit, mit dem Beuteteil zwischen den Zähnen zu entfliehen.
Wenn sich nun eine hungrige Löwin mit großem Einsatz einen besonders günstigen Platz an der Beute verschafft hat, möchte sie den zumindest für eine Weile nicht verlieren. So kommt es, daß manche Löwen mit beiden Vorderpranken und dem Kopf auf dem blutigen Riß einschlafen, nur weil sie ihren Platz nicht freigeben wollen. Wenn sie nach einer halben Stunde oder noch später wieder erwachen, liegen sie bereits in sehr günstiger Stellung, um weiterzufressen. Manchmal sind dann gar keine Konkurrenten mehr an der Beute, so daß ein erneuter Kampf um einen guten Platz gar nicht notwendig gewesen wäre.
Ist ein Riß verlassen, und die Teilnehmer liegen in der Umgebung, werden alle aufmerksam, sobald ein Rudelmitglied erneut zum Fressen geht. Wir haben öfter gesehen, daß dann auch ein paar andere Rudelmitglieder animiert werden, ebenfalls noch einmal zum Riß zu gehen. Oft belecken sie dann nur das Fleisch, zerren ein wenig daran herum und kehren dann zu ihrem Platz zurück. Wenn eine Löwin dagegen mit dem Fressen ernsthaft wieder anfängt, kommen die anderen, um sich ebenfalls noch ein paar Brocken Fleisch einzuverleiben. Sehr selten kann es sogar noch einmal zu unfreundlichem Wettbewerbsverhalten kommen.
Löwen halten große Beutetiere oft für viele Tage im Besitz, bis das Fleisch nahezu in Verwesung übergegangen ist und von Maden nur so wimmelt. Das sich über Tage hinziehende Auffressen solcher Kadaver bedeutet, daß die Qualität der Nahrung immer schlechter wird. Ein Tier mit niedrigem Rang, was den Zugang zur Nahrung angeht, käme womöglich erst dann an den Riß, wenn das beste Muskelfleisch längst verzehrt ist und für die Ernährung nur noch angefaultes Fleisch, wertlosere Sehnen, Knochen, Innereien o. ä. übrig wären. Bei dem System der Löwen, viele Tage an einem Riß zu fressen, wäre es nachteilig, den Zugang durch eine Rangordnung zu regeln. Schwa-

che Löwen bekämen womöglich immer nur minderwertigere Nahrung zu fressen.
Den Zugang zur Nahrung durch etablierte Rangordnungen zu regeln, ist also nur dann biologisch sinnvoll, wenn niederrangige Tiere Nahrung in der gleichen Qualität bekommen und lediglich später zum Fressen zugelassen werden. Würden Löwen eine Rangordnung nach der Stärke der einzelnen Individuen errichten, nähmen Junglöwen einen so niedrigen Rang ein, daß sie erst zu einem Zeitpunkt beim Fressen »dran wären«, an dem die besten Stücke bereits aufgefressen wären. Mit ihrem System, sich bei jeder Mahlzeit einzeln durchsetzen zu müssen, haben auch schwächere Tiere zumindest eine Chance, gute Nahrung zu erwischen, wenn sie sich gegen ein kräftiges Tier durchsetzen. Das gelingt ihnen umso leichter, wenn ein starker Löwe kaum noch Hunger hat. Ein Löwe mit vollem Bauch weicht einem anderen eher mit weniger Gegenwehr als ein hungriges Tier.

Bei Gewitter schlagen sie zu

Löwen jagen in aller Regel erst dann wieder erneut, wenn der jeweils letzte Riß aufgefressen ist und sich erneut ein gewisser Hunger bemerkbar macht. Allerdings können sie bei sehr günstiger Gelegenheit einer vorzeitigen Jagd nicht widerstehen, wenn ihnen beispielsweise ein tolpatschiges Beutetier gewissermaßen unmittelbar vor die Zähne läuft. Normalerweise aber töten Löwen nur dann, wenn der Hunger sie dazu zwingt.
Dennoch kommen gelegentlich Mehrfachrisse vor. Sie werden in der Literatur in vielen Teilen Afrikas beschrieben. Unsere eigenen Beobachtungen stimmen damit überein. Wir haben einmal im Masai-Mara-Reservat in Südkenia am gleichen Vormittag in einem Areal von etwa 100 m Durchmesser vier erwachsene, von einem Löwenrudel gerissene Topis gesehen. In Sambia fanden wir 1973 im Kafue-Nationalpark einmal drei von Löwen geschlagene Büffel, von denen eines eine ausgewachsene Kuh, die beiden anderen Jungtiere waren.
Kruuk schreibt, daß Mehrfachrisse meist bei Gewitter und Sturm vorkommen, wenn die Beutetiere – und vielleicht auch die Jäger – durch die Wetterverhältnisse irritiert werden. Es kann auch sein, daß gemeinschaftlich jagende Löwen unterschiedliche Tiere ausgeguckt haben, die sie dann gleichzeitig, aber jeder für sich, überwältigen. Mehrfachrisse kommen jedenfalls nicht häufig vor. Sie erweisen sich auch als sehr unökonomisch, weil die Verteidigung von soviel Fleisch mühsam ist, zumal zwischen zwei Rissen oft mehr als fünfzig oder hundert Meter Distanz liegen. Bei der Verteidigung gegen Tüpfelhyänen, aber auch gegen Schakale, Geier und Schildraben, verzettelt sich dann ein Löwenrudel.
Wenn durch Hunger bedingter großer Druck auf dem Rudel lastet, dann werden bei Mehrfachrissen einzelne Tiere, statt um einen Platz an einem einzelnen Beutetier zu kämpfen, eher auf ein anderes ausweichen. Mehrfachrisse schaffen den Löwen aber noch ganz andere Probleme. Das Fleisch von mehreren etwa gleichzeitig geschlagenen Beutetieren können sie nicht sofort bewältigen, ein Teil der Beute wird verderben. Angefaultes Fleisch wird aber von den Löwen nicht so gern gefressen, es hat auch nicht mehr den Nährwert von Frischfleisch. Mehrfachrisse erschweren auch die Verteidigung gegen »Mitesser«. Geier erspähen eher mehrere Beutetiere als ein einzelnes. Hinzu kommt, daß Löwen einzelne Beutetiere oft ins Gebüsch oder unter einen Baum schleppen und damit den Geiern die Entdeckung erschweren. Mehrere langsam vergammelnde Beutetiere verströmen auch einen sehr intensiven Aasgeruch, der weit mehr Tüpfelhyänen, Schakale und andere Aasfresser anlockt als ein einzelner Riß.
Die Intensität der Beuteverteidigung hängt vom Sättigungsgrad ab und von der Qualität der verbliebenen Beutereste. Die Bereitschaft, die Beute zu verteidigen, sinkt mit zunehmender Anzahl immer dreister werdender Aasfresser.

XIV.

Löwen an der Tränke

Wir sind im Hwenge-Nationalpark in Simbabwe unterwegs. Der Parkwarden hat uns gestattet, bei interessanten Gelegenheiten das Wegenetz verlassen zu dürfen, was Besuchern sonst nicht erlaubt ist. Wir hatten in früher Morgenstunde gesehen, wie ein Rudel Wildhunde abseits des Weges einen Großen Kudu geschlagen und diese Beute, nachdem alle Hunde gesättigt waren, verlassen hatte. Wir hatten uns vorgenommen, nach einer Weile zurückzukommen, um Geier oder Schakale am Rest des Kadavers zu beobachten.

Nachdem wir fast zwei Stunden mit anderen Tierbeobachtungen verbracht haben, kommen wir zurück und sehen, wie sich ein Rudel Löwen mit Jungtieren verschiedensten Alters an den Resten des Großen Kudus zu schaffen macht. Wir kennen dieses Löwenrudel nicht. Wir haben in dieser Gegend in den letzten sechs Tagen überhaupt keine Löwen gesehen. Alle Tiere haben volle Bäuche und es geht am Riß sehr ruhig zu.

Die Mahlzeit der Löwen am Kudu ist beendet. Um die letzten paar Fleischfetzen entbrennen noch einmal heftige Auseinandersetzungen. Dann verläßt ein Löwe nach dem anderen die fast blanken Kuduknochen. Alle ziehen in einer Richtung davon. In der Annahme, daß die Verfolgung der Löwen unter die uns erteilte Sondergenehmigung fällt, folgen wir den Löwen. Wir treffen unweit des Platzes auf ein schmales Flüßchen, von dessen Existenz wir keine Ahnung hatten, weil wir uns bisher immer an die Wege gehalten hatten. Dort ist nach einer Weile das ganze Rudel versammelt. Über viele Minuten beobachten wir jetzt das Trinken der Löwen. Jeder beschnüffelt ganz kurz die Wasseroberfläche und beginnt dann zu trinken. Die meisten haben dabei die Hinterbeine aufgestellt, sie beugen lediglich die Vorderbeine so weit, daß sie bequem mit dem Maul das Wasser erreichen können. Einige legen sich hin und bleiben beim Trinken auch hinten auf dem Boden liegen. Ein paar Junglöwen unterschiedlichen Alters sind auch dabei; sie trinken wie die Alten, wechseln aber öfter als diese ihren Standort am Wasser. Nur die ganz Kleinen kommen mit dem Trinken noch nicht zurecht. Sie sind noch Muttermilch als einzige Flüssigkeit gewohnt. Tolpatschig versuchen sie es dauernd an anderen Stellen des Flüßchens. Dabei gehen sie gelegentlich mit allen vieren ins Wasser. Mit ihren noch sehr ungeschickten Zungen verspritzen sie mehr Wasser als in die Mundhöhle gelangt.

Wir stehen mit unserem Safarifahrzeug diesseits des Flüßchens im Rücken der Löwen. Da wir wissen, wie lange ein solcher Trinkvorgang dauert, nehmen wir uns die Zeit, ein wenig stromab zu fahren und den Fluß zu überqueren, um von der anderen Seite an die Trinkenden heranzukommen. Sie lassen sich nicht stören, blicken kaum einmal zu uns auf. Würde man sich dagegen einem Riß bis auf eine solch kurze Entfernung nähern, müßte man mit Grollen und Drohgestik rechnen, die sich deutlich gegen das Fahrzeug oder die aus ihm herausschauenden Menschen richten würden. An trinkende Löwen kommt man näher heran als an fressende. Mehrfach unterbrechen die einzelnen Tiere das Trinken, blicken in der Gegend umher und schlabbern dann weiter. Manchmal wechseln sie auch die Stellung oder den Platz beim Trinken. Der Unterschied zwischen Löwen am Riß und Löwen an der Tränke ist überraschend. Selbst wenn Löwen sehr durstig sind – wir haben einmal in der Kalahari Löwen beobachtet, die bestimmt seit vielen Tagen schon großen Durst litten und die auffällig lange an einem Wasserloch trinken mußten –, ist bei ihnen nicht die geringste Aggressivität gegeneinander zu beobachten.

In vergleichbaren Situationen war uns immer aufgefallen, daß Flucht- und Meidedistanzen typischer Beutetiere des Löwen deutlich geringer waren, wenn die Löwen selbst tranken. So auch hier im Hwenge-Nationalpark. Mehrere Wasserböcke kommen bis auf zwanzig Meter an die trinkenden Löwen heran. Die Tiere haben einander längst gesehen, jedoch weder Fluchtbereitschaft auf der einen noch Angriffsbereitschaft auf der anderen Seite bemerkt. Natürlich mag das mit einem guten Sättigungsgrad der Löwen zusammenhängen, den auch die Wasserböcke realisiert haben. Im allgemeinen aber gelten an der Tränke andere Gesetze. Jedes Tier möchte zum Wasser, und deshalb herrscht dort immer eine etwas friedlichere Stimmung. Das gilt natürlich nicht für Löwen, die an einer Tränke Ansitzjagd betreiben.

So dauert es auch hier im Hwenge-Nationalpark nicht allzu lange, und die Wasserböcke kommen nur wenige Meter von den Löwen entfernt zum Trinken. Zwischen ihnen erscheinen dann noch ein Schabrackenschakal und etliche Tauben. Wir sind von der Friedlichkeit dieses Anblicks vielleicht auch deshalb so fasziniert, weil erst kurze Zeit vorher um die letzten Sehnen und Hautfetzen des Großen Kudus ein heftiger Streit entbrannt war.

Nach der Mahlzeit ein kräftiger Schluck

Löwen trinken keineswegs regelmäßig, selbst wenn sie unbegrenzte Mengen an Wasser zur Verfügung haben. Natürlich ist es für Wissenschaftler nicht einfach, mehrere Tage lückenlos bei einzelnen Löwen zu überprüfen, ob und wann sie wieviel trinken. Das gilt besonders, wenn während oder kurz nach der Regenzeit überall sogenanntes Feldwasser in Form unterschiedlich großer Pfützen verfügbar ist und Löwen keinen langen Marsch zur nächsten Tränke unternehmen müssen. In der Serengeti in Tansania hat der Feldforscher Schaller (65) einen mit einem Radiohalsband versehenen Löwen 21 Tage hintereinander rund um die Uhr beobachtet. In dieser Zeit trank der Löwe nur siebenmal, davon zweimal an aufeinanderfolgenden Tagen und zweimal im Abstand von sechs Tagen, während der Abstand zwischen dem Trinken in der übrigen Zeit unregelmäßig war. In der Kalahari im südlichen Afrika wurde ein Löwe beobachtet, der an neun aufeinanderfolgenden Tagen nicht getrunken hatte (19). Im Masai-Mara-Nationalreservat im südlichen Kenia haben wir einmal ein Löwenrudel beobachtet, das dort für fünf Tage ortsfest war, seinen Ruheplatz nicht verließ und dort in dieser Zeit zweimal Beute schlug (einmal ein Zebra, einmal ein Topi). Während dieser fünf Tage haben wir die drei männlichen Löwen, die natürlich leichter als Individuen zu erkennen waren als die Löwinnen, täglich jeweils morgens zwischen 7 und 9 Uhr und nachmittags zwischen 18 und 19 Uhr – also zweimal am Tage – am selben Wasserloch trinken sehen.

Wonach sich die Intervalle zwischen dem Trinken richten, ist noch nicht bekannt. Im übrigen ist es sehr schwierig, die getrunkene Menge festzustellen. Löwen trinken mit unterschiedlicher Geschwindigkeit. Insbesondere männliche Löwen haben wir oft zehn bis fünfzehn, einmal sogar zwanzig Minuten lang am Wasserloch beobachten können, wobei sie in Intervallen jeweils ein paar Sekunden tranken, dann wieder ruhten – oft ohne dabei die Körperhaltung zu verändern –, manchmal legten sie sich in den Pausen hin. Im Hwenge-Nationalpark in Simbabwe haben wir einmal ein Löwenrudel an einem Wasserloch beobachtet, das zuvor von einer Elefantenfamilie aufgesucht worden war, die das Wasser nach ihrem Bad trübe hinterlassen hatten. Etwa fünfzig Meter davon entfernt war eine klare Quelle, aus der dieses Wasserloch gespeist wurde. Vier erwachsene Löwen wechselten zu diesem kristallklaren Wasser, obwohl sie an dem trüben Wasserloch schon jeweils länger als eine halbe Minute getrunken hatten. Von der klaren Quelle tranken sie dann erneut etwa 45 Sekunden, der Rest des

Rudels trank sich währenddessen am trüben Wasser satt.
Nach heftigen Regenfällen werden Löwen oft sehr naß. Es ist dann bei ihnen üblich, einander gegenseitig im sozialen Kontakt trockenzulecken. Zwar wird ein Löwe dadurch nicht völlig trocken, jedoch viele Wassertropfen lassen sich so beseitigen. Ein Teil des abgeleckten Wassers deckt auch den Flüssigkeitsbedarf.
In der Literatur wird von einigen Autoren behauptet, Löwen suchten regelmäßig, im unmittelbaren Anschluß an die große Mahlzeit, das Wasser zum Trinken auf. Schaller (65) hat das in der Serengeti nie feststellen können. Er hatte zwei Rudel über einen Zeitraum beobachtet, in dem sie insgesamt 25 Beutetiere geschlagen hatten. Nur einmal suchten sie innerhalb der nächsten Stunde nach Beendigung des Mahls die Tränke auf. Nach unseren eigenen Beobachtungen sind Löwen vielfach unmittelbar nach dem letzten Bissen schnurstracks vom Riß zum Wasser gegangen. Nach ausgiebigem Trinken haben sie sich dann in der Nähe der Tränke zum Ruhen hingelegt. Das traf besonders in Gegenden mit fließenden Wasservorkommen zu. So haben wir das mehrfach im Krüger-Nationalpark in der Südafrikanischen Republik beobachtet. Dieser Park ist von einem System von Flüssen durchzogen. Dasselbe gilt für den Meru-Nationalpark im Nordosten Kenias und für den Ngorongoro-Krater in Tansania.
Dieses Aufsuchen des Wassers nach der Mahlzeit bezog sich nach unseren eigenen Beobachtungen keineswegs nur auf eine Mahlzeit an einem frisch geschlagenen Riß. Wir haben im Manyara-Nationalpark in Tansania ein Löwenrudel mehrere Tage nacheinander an einem halberwachsenen Elefanten fressen sehen und dabei immer wieder bemerkt, daß nach Abschluß der Mahlzeit unverzüglich ein kleines, nahegelegenes Flüßchen zum Trinken aufgesucht wurde. Im Hwenge-Nationalpark in Simbabwe haben wir ebenfalls ein großes Löwenrudel drei Tage lang an einer Giraffe fressen sehen. Viele der Löwen suchten nach Beendigung des Fressens die Tränke auf. Wenn wir dieses Verhalten weder in der Kalahari in Botswana noch in der Etoschapfanne in Namibia beobachten konnten, so mag das in der Kalahari an der mangelnden Verfügbarkeit von Wasser liegen. In der Etoschapfanne dagegen war es von einem Löwenriß zum nächsten Wasserloch niemals so weit, daß die Löwen diese kurzen Entfernungen hätten scheuen müssen.
Zum Trinken beugen Löwen ihren Vorderkörper weit herunter, während die Hinterbeine häufig gestreckt bleiben. Wie man es auch bei Hauskatzen sieht, trinken Löwen durch Aufschlappen des Wassers mit der Zunge. Diese wird beim Eintauchen zunächst nach unten gekrümmt, dann wie ein Löffel hohl gemacht und mit der nach oben zeigenden Zungenspitze in schnellem Rhythmus in den Mund zurückgezogen. Mit gelegentlichen Unterbrechungen kann sich so ein Trinkvorgang über wenige Sekunden bis zu zehn Minuten hinziehen. Nicht selten trinken mehrere Löwen nebeneinander, oft sogar unter enger Körperberührung. Dabei gibt es – selbst wenn das Wasserloch so klein ist, daß sich die Köpfe der Löwen berühren müssen – nie Unfrieden. Schon Löwenbabys versuchen, mit den Erwachsenen gleichzeitig Wasser zu trinken, können aber in den ersten Wochen ihres Lebens ihre Zunge noch nicht richtig benutzen.

XV.

Aggressiv oder friedfertig – eine Charakterfrage?

Wenn man die friedvolle Liebenswürdigkeit, mit der Löwen gemeinsam ruhen oder zusammen trinken, mit dem oft nicht enden wollenden Streit derselben Löwen am Riß vergleicht, dann versteht man, daß Safaritouristen oft im Zweifel sind, ob man Löwen als friedfertige oder streitsüchtige Art bezeichnen soll. Tatsächlich liegt aber eine enorme Breite von Verhaltensmöglichkeiten zwischen diesen beiden Extremen.

Toleranz ist Trumpf: Rangordnung – na und?

Bei den meisten sozial lebenden Tieren findet man ein beträchtliches Maß von innerartlicher Aggression. Konrad Lorenz, einer der Väter der Ethologie, meint, daß die persönlichen Freundschaften unter sozial lebenden Tieren um so stärker ausgeprägt sind, je aggressiver die Art sich verhält. Obwohl das Sozialleben der Löwen bis in viele Einzelheiten strukturierte Züge trägt, unterscheidet es sich von dem der meisten anderen gesellig lebenden Säugetierarten. Fast alle sozial lebenden Säuger errichten und erhalten strenge hierarchische Rangordnungen. Bei Tieren mit einer breiten Palette unterschiedlicher Verhaltensweisen kommen oft unterschiedliche Rangordnungen nebeneinander vor, die sich immer nur auf bestimmte Funktionskreise beziehen. So unterscheidet man Rangordnungen, wenn es um den Zugang zur Nahrung oder zur Tränke, zum Schlaf- oder zum Ruheplatz, zum Geschlechtspartner o. ä. geht. Ein hoher Rangplatz in einem Funktionskreis bedeutet aber nicht automatisch die gleiche Ranghöhe in anderen. Vorteil einer wohl etablierten Rangordnung ist es, daß die Betroffenen nicht bei jeder Konkurrenzsituation oder Streitigkeit durch Kampf entscheiden müssen, wer den Zugang oder den Vortritt in der jeweiligen Situation hat. Das erspart zum Beispiel energieaufwendige Auseinandersetzungen.

Bei Löwen ist erstaunlicherweise eine Rangordnung nur sehr gering ausgeprägt. Das liegt ganz gewiß nicht daran, daß Löwen generell friedfertige Tiere sind, wie bereits die ausführlich dargestellten Verhältnisse bei einer gemeinsamen Löwenmahlzeit lehren. Vielmehr findet man im Zusammenleben der Löwen in sehr vielen Bereichen eine außergewöhnlich große gegenseitige Toleranz. Es gibt keine Konkurrenz um den besten Platz beim Schlafen, es gibt auf dem Marsch keinen Wettstreit, in welcher Reihenfolge die Löwen sich einordnen müssen. Es ist nicht einmal strittig, welches Löwenbaby bei welcher milchgebenden Löwin trinken darf. So gesehen gehen Löwen also wahrhaftig liebevoll miteinander um.

Aber bei drei Gelegenheiten sind Löwen ausgesprochen intolerant. Zum einen betrifft das die Verteidigung ihres Territoriums gegen eindringende gleichgeschlechtliche Artgenossen, zum anderen gilt es für die Übernahme eines Rudels durch eine neue Koalition, und schließlich zeigt sich diese Intoleranz bei der Nahrungsaufnahme.

Löwen verteidigen ihr markiertes Territorium gegen Eindringlinge mit größtem Einsatz. Ebenso heftig raufen sich Eindringlinge mit den Besitzern von Territorien. Bei solchen kämpferischen Auseinandersetzungen geben die Löwen einander keinen Pardon. Sie kämpfen mit Klauen und Zähnen. Wer den Kampf nicht aufgibt, kann üble Verletzungen davontragen, ja sogar getötet werden.

Jeder, wie er will: Kampfrituale bringen nichts

Die Kampfesweise ist bei Löwen nur sehr wenig ritualisiert. Unter einem ritualisierten Kampf versteht man eine Auseinandersetzung, bei der die Kontrahenten bestimmte Kampfregeln nicht übertreten. Solche Kämpfe sind deshalb auch in Anlehnung an studentische Mensuren Kommentkämpfe genannt worden. Die Ritualisierung von Kampfesweisen ist im allgemeinen um so deutlicher ausgeprägt, je gefährlicher, ja lebensbedrohlicher die für den Kampf eingesetzten Waffen einer Tierart sind. Die Ritualisierung verhindert schwere wechselseitige Beschädigungen oder Tötungen.

Löwin: Defensivdrohen

Angesichts der gefährlichen Gebisse, der scharfen Krallen und der außergewöhnlichen Sprung- und Schlagkraft der Löwen müßten sie eigentlich nach strengen Regeln ritualisiert miteinander kämpfen. Tatsächlich ist aber bei Löwen mehr eine Art von Freistil üblich als ein strenges Reglement. Allerdings gilt das bei Auseinandersetzungen mit Artgenossen eingehaltene Ritual vieler Wirbeltiere, daß sich die Angriffe vor allem gegen die vorderen Körperpartien richten. Löwen greifen sich seltener von hinten an, meistens frontal. Aber keine angeborene Verhaltensweise hindert den Löwen, seine Zähne und Krallen letztlich nicht doch an allen Körperteilen des Gegners einzusetzen, ihn nicht doch anzuspringen und ihm nicht doch Prankenschläge zu versetzen, die jeden Körperteil treffen können. Wahrscheinlich ist die wichtigste Anpassung an den hohen »Rüstungs«-standard mit Krallen, Zähnen und Muskeln, daß eben in weiten Bereichen des Alltagslebens Friedfertigkeit herrscht. Für die seltenen Auseinandersetzungen bei Grenzverletzungen von Territorien lohnt es sich wahrscheinlich nicht, strenge Hierarchien zu entwickeln. Auf die Gesamtheit der Löwen bezogen ist die Zahl der Schwerverletzten und Getöteten bei solchen Kämpfen relativ gering.

Bloß keine Kraftverschwendung

Selbst wenn bei vielen Tierarten recht ähnliche Verhaltensstrukturen vorliegen, hat doch jede Art ihre eigene Organisation, mit diesen Strukturen sinnvoll umzugehen. Löwen müßten eigentlich als hochsoziale Art für viele Bereiche ausgeprägte Rangordnungsstrukturen besitzen und als mit todbringenden Waffen ausgerüstete Tiere ihre Kampfmethoden besonders stark ritualisiert haben. Wenn beides offenkundig nicht der Fall ist, dann muß es dafür eine plausible Erklärung geben. Das ist tatsächlich auch der Fall: Sparsamer Umgang mit Energie hat bei Löwen einen höheren Stellenwert als Rangstreben und persönliche Sicherheit beim Kampf. Es ist zu bedenken, daß ein ritualisierter Kampf in allen Bereichen des Löwenalltags Energie fordern würde. Nach bestimmten Ritualen ablaufende Kämpfe dauern oft lange und kosten viel Kraft. Kommentkämpfe müssen von Jungtieren geübt werden. Auseinandersetzungen und Übungen müßten auch in Zeiten großen Hungers stattfinden. Das können sich die Löwen einfach nicht leisten. In Hungerzeiten ist bei Löwen Energiesparen angesagt. Aus energetischen Gründen ist es weniger aufwendig, in bestimmten Bereichen ganz und gar auf Auseinandersetzungen zu verzichten, als diese durch Ritualisierung in ihrer Heftigkeit abzuschwächen.
Die Fortpflanzungsbiologie des Löwen erfordert allerdings, daß Rudel von Zeit zu Zeit von vitaleren Rudelkoalitionen übernommen werden. Die Bedingungen für eine solche Übernahme lassen sich offenbar nicht auf friedliche Weise regeln, und deshalb läßt sich hier das Kämpfen nicht vermeiden. Das Errichten von Rangordnungen brächte in diesen Bereichen keinen Vorteil, denn

die bei einer Rudelübernahme gegeneinander Kämpfenden treffen bei solchen Gefechten meist das erste Mal aufeinander. Sie hätten aufgrund ihrer Lebensweise auch gar keine Gelegenheit, Rangordnungen vorab auszukämpfen. Eher würde bei Rudelübernahme eine Ritualisierung der Kampfesweise nützlich sein. Offenbar besteht dafür aber auch kein Anlaß, möglicherweise, weil ernste Verluste bei solchen nicht ritualisierten Kämpfen selten sind. Flucht bei deutlicher Unterlegenheit ist ein Mittel, gefährliche Kämpfe zu beenden. In der Tat dauern ritualisierte Kämpfe bei Arten, die sie praktizieren, oft viel länger. Nicht ritualisierte Kämpfe erreichen oft schnell ein Stadium, in dem der unterlegene Kämpfer in Lebensgefahr gerät und deshalb den Kampf durch Flucht oder durch eindeutiges Unterlegenheitsverhalten beendet. Ritualisierte Kämpfe gefährden die Kontrahenten um so geringer, je höher sie ritualisiert sind. Deshalb können es sich solche Gegner auch leisten – im Vertrauen auf eine die Gefährdung mindernde Ritualisierung –, lange zu kämpfen, bevor einer aufgibt. Lang andauernde Kämpfe aber bedeuten immer hohen Energieverbrauch, den Löwen sich, wie gesagt und begründet, nicht immer leisten können.

Auch bei der Nahrungsaufnahme wäre die Aufstellung und Aufrechterhaltung einer Rangordnung, nach der die einzelnen Tiere zur Nahrungsquelle Zutritt haben, zu aufwendig. Es reicht offenbar aus, den Streit um den schnellsten Zugang zur Nahrung und das beste Stück Fleisch jeweils in jedem Einzelfall auszutragen. Wir haben das ausführlich im Kapitel über das Freßverhalten geschildert. Es ist offenbar weniger energieaufwendig, wenn Löwen sich von Fall zu Fall um jedes Stückchen Fleisch streiten, als wenn eine Rangordnung aufgestellt würde, die friedlich entscheidet, wer wann wieviel fressen darf.

Um diese Nutzen-Kosten-Rechnung richtig zu verstehen, muß berücksichtigt werden, daß es bei reichlichem Nahrungsangebot keine Schwierigkeiten gibt und daß in solchen Fällen keine energieaufwendigen Streitigkeiten notwendig sind und deshalb unterbleiben. Wir sind immer wieder überrascht, wie friedlich sich selbst ein großes Rudel mit über zwanzig Tieren am Riß eines Großtieres verhält, solange genügend Fleisch für alle da ist. Bei einem Mahl vieler Löwen an einem so riesigen Tier wie einem Büffel, einer Elenantilope, einer Giraffe oder einem Elefanten wäre es unvorteilhaft, die Rudelmitglieder sozusagen einzeln oder streng nach einer Rangordnung an den Riß heranzulassen. Da ist es sinnvoller, wenn alle gleichzeitig fressen und kleine Konkurrenzprobleme unmittelbar mit ein paar Fauchern oder Schlägen aushandeln. Wird die Nahrung knapp, steigt die Konkurrenz sehr schnell, und dann setzt es am Riß Prügel, und manch ein Tier kommt nicht mehr zum Fressen, weil vorher bereits alles aufgefressen ist. Im Fall ernsthafter Nahrungsverknappung verhungern Löwen, weil sie nie zum Fressen kommen. Mit dieser für uns Menschen grausam erscheinenden Verhaltensweise wird die Populationsgröße geregelt und der Nahrungsergiebigkeit des Lebensraumes angepaßt.

Eine Ausnahme ergibt sich durch die bei Löwen sehr deutlich ausgeprägte Höherrangigkeit des männlichen Geschlechts. Für einen männlichen Löwen müssen weibliche Tiere und junge Männchen Platz machen. Das gilt am Riß ebenso wie für den möglicherweise einzigen Schattenplatz unter einem Baum in der offenen Savanne und für das Wegerecht bei der Überschneidung von Laufrichtungen. Aber selbst die Rangordnung, die männliche Tiere grundsätzlich über weibliche dominieren läßt, wird nicht gesondert ausgefochten. Die auffällige Gestalt des männlichen Löwen reicht als Drohung an alle Weibchen und Halbwüchsigen, daß Männer einen grundsätzlich hohen Rang innehaben, der nicht zur Diskussion steht.

Es macht sicher einen Teil der Faszination aus, die Löwen verbreiten, daß sie vielseitige Methoden zur Problemlösung kennen: Friedfertigkeit und Toleranz auf der einen Seite, unnachgiebiger Kampf auf der anderen.

XVI.

So lassen sie sich's gutgehen

Wer in den Ngorongoro-Krater in Nordtansania fährt, muß mit heftigen Regenschauern rechnen. Selbst auf der Höhe der Trockenzeit braut sich über dem Krater oft ein Gewitter zusammen, und schwere, tiefhängende Wolken entlassen für einige Minuten große Wassermassen in dicken Tropfen.

Im Jahre 1988 haben wir im Ngorongoro-Krater ein Löwenrudel beobachtet, das am frühen Nachmittag im Gras döste: Als ein plötzlicher Regenguß niedergeht, haben wir gerade noch Zeit, die Luken des Landrovers zu schließen. Wir kennen solche Schauer und wollen in Ruhe das sicher baldige Ende des Regens abwarten. Zugleich bietet sich uns die gute Gelegenheit, genau zu beobachten, wie sich Löwen im Regen verhalten.

Es ist, als nähmen sie den Regen überhaupt nicht zur Kenntnis. Sie wechseln nicht einmal ihre Lage und lassen sich in wahrhaft stoischer Ruhe ihr Fell in Sekunden durchnässen. Nach vierzig Minuten hört der Regen ebenso schnell wieder auf, wie er begonnen hat. Wenige Minuten später ist die volle, sofort stark wärmende Sonne wieder da. Anstatt sich von ihr trocknen zu lassen, beginnen die Löwen, einander emsig trockenzulecken. Mit langen Zungenstrichen lecken sie ihr eigenes Fell, daß das Wasser nur so spritzt. Nebeneinander Liegende belecken sich gegenseitig. Jungtiere verhalten sich bei der Selbsttrocknung ungeschickt und werden von mehreren Erwachsenen, zum Teil gleichzeitig, trockengeleckt. Wahrscheinlich dekken die Löwen mit diesem Regenablecken sogar einen Teil ihres Flüssigkeitsbedarfs. Wie bei vielen ähnlichen Gelegenheiten können wir uns des Eindrucks nicht erwehren, daß dieses Verhalten lustbetont ist und den Löwen Spaß bringt. Nach einer weiteren halben Stunde sind alle Löwen – nicht zuletzt auch unter den wärmenden Strahlen der Sonne – trocken.

So wie auch wir Menschen uns nach einer längeren Zwangshaltung mit Genuß recken und strekken, räkeln sich jetzt die Löwen. Dabei sehen wir die ungewöhnliche Biegsamkeit der Wirbelsäule, die Katzen maßgeblich zu ihrer Beweglichkeit verhilft. Die Vorderpfoten weit ausgestreckt, so daß der Brustkorb fast die Erde berührt, streckt sich eine Löwin nach vorn, wobei sie gleichzeitig ihre Hinterbeine senkrecht stehen läßt. Kurz danach wird die Wirbelsäule in umgekehrter Richtung gebogen, es kommt zu einem Katzenbuckel. Wenn dabei dann die Pranken der Löwin eng beieinander stehen, verleiht ihr das einen geradezu lächerlichen Ausdruck. Zwischendurch gähnt ein Löwe nach dem anderen. Man sagt, Gähnen steckt an. Hier scheint der Beweis dafür erbracht zu sein. Selbst wir ertappen uns dabei, plötzlich auch zu gähnen.

Der französische Philosoph René Descartes hat das Verhältnis des Menschen zum Tier durch seine Degradierung des Tieres zu einer Reflexmaschine nachhaltig beeinflußt. Auch heute noch gibt es viele Menschen, die sich von diesem kartesischen Weltbild nicht lösen können und den Tieren keine Seele zugestehen. Kann ein Tier Freude und Trauer empfinden? Kann es leiden? Oder glücklich sein? Für uns gibt es daran, bei aller Wissenschaftlichkeit unserer Betrachtungsweise der Natur, keinen Zweifel.

Unsere Löwen hier im Ngorongoro-Krater lecken ihre längst trockenen Gliedmaßen oder die Gesichter ihrer Rudelgenossen mit so viel Hingabe, mit so viel Befriedigung im Gesichtsausdruck, daß wir ihnen einfach unterstellen müssen, daß sie das alles mit Wonne tun. Deswegen geht das Lecken und wechselseitige Lecken auch offenbar dann noch weiter, wenn es eigentlich gar nichts mehr abzulecken gibt. Natürlich hat das Lecken nach dem Abtrocknen des Wassers auch noch eine soziale Funktion. Aber auch die bringt den Löwen hier im Krater offenbar sehr viel Spaß. Entzieht sich eine Löwin durch Lagewechsel dem Lecken, sucht sich die Leckende eine andere Partnerin. Dabei ist nicht nur das aktive Lecken eine für die Löwen offenbar sehr angenehme Handlung, sondern auch das Belecktwerden.

Und wenn dieses Verhalten nur der sozialen Funktion diente, warum dürfen wir nicht trotzdem annehmen, daß es einfach Freude bringt, sich sozial zu verhalten? Für uns sind die Löwen hier im Krater eine Bestätigung dafür, daß unsere eigenen seelischen Empfindungen bei manchen Tätigkeiten nicht eine Neuentwicklung des Menschen, sondern ein Jahrmillionen altes Erbe von unseren tierischen Vorfahren sein können.

Die jungen Löwen hier im Ngorongoro-Krater zeigen uns die fließenden Übergänge der verschiedenen Bedeutungen ein und desselben Verhaltens. Sie begannen sich zu lecken, weil sie naß waren. Wenn dann für die Fortsetzung des Leckens eine neue Motivation herhalten muß – weil Spaß als Beweggrund wissenschaftlich nicht akzeptiert werden kann –, ist das weitere Lecken eine Verhaltensweise aus dem Inventar des Sozialverhaltens. Die Löwen machen jedenfalls weiter. Aus dem Lecken und gegenseitigen Reiben wird plötzlich Spiel. Ein kleiner Löwe leckt einem etwas älteren Mitglied seiner Kohorte intensiv einen Vorderarm. Der Geleckte erhebt die Pranke, vielleicht um den Lecker von unten heranzulassen. Das sieht dieser aber anders, nämlich als Aufforderung zum Spiel. Und schon balgen sich beide. Das wiederum läßt dem Nachbarn keine Ruhe. Nahtlos ist Trockenlecken über soziales Lecken in Spiel übergegangen. In den kurzen Pausen zwischen Beißspielen lecken sich die Löwen wiederum. Bei allem Bemühen, in allen Verhaltensweisen biologische Prinzipien wiederzuerkennen, haben wir uns die Fähigkeit erhalten, einfach zuzusehen und auf jegliche Deutungen zu verzichten. Vor allem erscheint es uns immer wieder wichtig, Beobachtetes nicht zwanghaft in wissenschaftlich anerkannte Kategorien einordnen zu müssen.

Inmitten dieses gewaltigen Kraters und inmitten dieses Löwenrudels fragen wir uns, ob Deutungen von Verhaltensweisen und Erklärungen für deren Motivation nicht immer auch der unmittelbaren Anschauung bedürfen. Erfaßt eine mathematisch perfekte, computergestützte Weiterverarbeitung von Daten wirklich die Komplexität des Geschehens? Oder gibt das Sich-vereinnahmen-Lassen von den Vorgängen nicht ein umfassenderes Bild von der Welt der Tiere? Hier und heute, bei der Betrachtung des Komfortverhaltens einer Großsäugerart spüren wir mit großer Deutlichkeit den Wert des sorgfältigen Beobachtens, auch der Kleinigkeiten, die nicht als harte Daten erhoben, gesammelt und verarbeitet werden können.

Offene Sinne und einfach freudiges, ja beglückendes Auf-sich-wirken-Lassen erhalten uns die Fähigkeit, Löwen, ja die ganze Tierwelt Afrikas zu genießen. Die Analyse des Gesehenen mindert natürlich nicht den Erlebniswert; aber man kann sie auch auf später verschieben und zunächst mit allen Sinnen, mit Herz und Hirn beobachten.

Unsere Löwen im Ngorongoro-Krater vermindern ihr Komfortverhalten zunehmend. Die Zeit für den Aufbruch ist gekommen. Noch einmal kräftig gestreckt, noch einmal gut gegähnt, und auf geht's zur Jagd!

Recken, strecken, lecken: das Komfortverhalten

Unter dem Begriff des Komfortverhaltens wird im allgemeinen eine Reihe von Verhaltensweisen zusammengefaßt, denen grundsätzlich zwei verschiedene Bedeutungen zukommen. Zum einen sind damit all jene Maßnahmen gemeint, mit denen Tiere sich selbst und mit denen sie sich gegenseitig säubern oder kratzen. Zum anderen gehören dazu das Strecken und das Dehnen der Muskulatur, manchmal Sträuben der Haare und Sich-

Schütteln sowie Gähnen. Weil die der Körperpflege dienenden Handlungen ursächlich nichts mit dem Strecken, Sich-Schütteln und Gähnen zu tun haben, trennen einige Wissenschaftler die beiden Syndrome und bezeichnen das eine als Körperpflegehandlungen und das letztere als das sogenannte »Räkelsyndrom«.

Allerdings muß man zugeben, daß viele Verhaltensweisen, die im Rahmen der Körperpflege zu beobachten sind, auch dann ablaufen, wenn eine eigentliche Pflege gar nicht erforderlich ist. So lecken sich einige Katzen Vorderbeine und Pfoten, selbst wenn diese absolut sauber sind. Es geschieht auch nicht immer in der Absicht, Schmutz zu beseitigen, wenn sich Katzen, was oft vorkommt, gegenseitig lecken. Dieses Verhalten läuft nach dem gleichen Muster ab wie Maßnahmen zur Selbstreinigung.

Es ist durchaus wahrscheinlich, daß ein und dieselben komplexen Bewegungsabläufe sowohl der Reinigung dienen als auch zur Erzeugung einer gewissen Behaglichkeit ablaufen.

Das **Lecken** spielt bei Löwen eine große Rolle. Die Zunge dieser Großkatze ist sehr rauh, fast wie das oft zitierte Reibeisen. Die Erhabenheiten auf der Zunge sind von verhornter Haut gebildet, die beim Lecken stark abgenutzt wird und sehr schnell nachwächst. Mit diesem Instrument können Löwen ihr Fell selbst von verkrustetem Schmutz reinigen. Bei geringerem Druck auf die beleckten Partien kann die Zunge zu einem Organ freundlicher gegenseitiger Berührung werden. Auf Jungtiere wirkt das Belecken wie eine belebende Massage. Überdies werden alle beleckten Partien eingespeichelt und nehmen damit den Individualgeruch des leckenden Löwen an. Das kann für die gegenseitige Erkennung nützlich sein.

Soweit die Zunge reicht, lecken sich Löwen Lippen, Mundwinkel, Gesicht und Nase sehr häufig, wenn auch nicht so ausdauernd wie die Vorderpfoten. Fast die Hälfte der Zeit, die Löwen mit Komfortverhalten verbringen, geben sie sich dem systematischen Ablecken der Vorderbeine und -pranken hin. Hinterbeine und Körper werden demgegenüber sehr viel seltener beleckt. Auch den Hinterpranken wird nicht allzu viel Zeit zum Lekken gewidmet. Der Leistengegend und dem Bauch sowie der Anogenitalregion dagegen gilt ein nicht geringer Prozentsatz der in das Lecken investierten Zeit.

Die vordere Extremität wird meist während einer Bauchlage beleckt, es kann aber auch im Sitzen oder in Seitenlage geschehen. Gelegentlich werden die Pranken zum Kopf geführt, manchmal liegen sie aber auch auf dem Boden, und der Kopf bewegt sich mit der langen Zunge die Beine entlang bis zu den Krallen. Mit langen rhythmischen Strichen wird so fast immer mit der Richtung vom Körper weg zur Peripherie hin geleckt. Wenn das Hinterbein an der Reihe ist, wird meist die frei erhobene Pranke beleckt und nur selten die am Boden liegende untere. Bauch, Leisten- und Anogenitalgegend belecken Löwen fast nur unter gleichzeitigem Anheben eines Hinterbeines, das sogar, bei stark gekrümmter Wirbelsäule, auf die Schulter der gleichen Seite gelegt werden kann.

Löwin: Reinigung

Natürlich ist die Zeit, die Löwen aufwenden, um sich selbst zu lecken, auch davon abhängig, ob und in welchem Umfang das Lecken der Reinigung gilt. Von Regen eingenäßtes Fell wird meist kürzer geleckt als von Schlamm verdrecktes oder mit Blut besudeltes. Nicht alle Löwen haben das gleiche Bedürfnis zum Komfortverhalten, selbst wenn es unzweifelhaft der Reinigung dient. Wir haben in Botswana Löwen beobachtet, die sich beim Durchqueren eines Sumpfes mit schwarzem Erdreich ungewöhnlich schmutzig gemacht hatten. Eine halbe Stunde später hatten sich zwei Löwinnen selbst am gesamten Vorderkörper, am Bauch und an den Hinterpranken fast völlig sauber geleckt, während eine dritte Löwin und zwei Halbwüchsige überhaupt keine Anstalten gemacht hatten, sich zu säubern. Zwei etwa halbjährige Junglöwen waren von ihrer Mutter weitgehend gesäubert worden, während die Mutter selbst mit ihrer Reinigung erst halb fertig war. Ähnliches haben wir öfter am Ende einer Löwenmahlzeit am frischen Riß beobachtet. Einige Löwinnen lecken sich selbst sehr schnell wieder sauber, während bei anderen das Blut im Fell bereits verkrustet war und schon eine bräunliche Färbung annahm, ehe sie die ersten Anstalten zum Sauberlecken machten. Männliche Löwen haben wir sehr viel seltener und meist kürzere Zeit beim Sich-Lecken gesehen. Junge Löwen fangen schon mit vier bis sechs Wochen an, sich selbst ihre Vorderpfoten zu lecken, mit einem halben Jahr haben sie das gleiche Leck-Repertoire wie erwachsene Löwen.

Soziales Lecken, bei dem sich Löwen gegenseitig belecken, dient in erster Linie der Festigung des Sozialkontaktes im Sinne einer Beschwichtigung oder Ergebenheitsgeste. Es fördert den Zusammenhalt innerhalb eines Rudels und ist unter befreundeten Löwen besonders deutlich ausgeprägt. Das gegenseitige Belecken kann auch der Reinigung des Fells bei Kumpanen dienen. Am häufigsten haben wir nach Regenschauern beobachtet, daß Löwen sich gegenseitig belecken. Auch dann werden Kopf und Vorderpartie des Rumpfes sowie Vorderbeine und -pranken am intensivsten beleckt. Blut lecken Löwen sich oft gegenseitig ab, besonders im Gesicht, das sie nur schwer selbst reinigen können. Immerhin wischen sich Löwen gelegentlich mit den Pranken oder Vorderbeinen über das Gesicht. Dieses Verhalten haben wir nur beobachtet, wenn Schmutz, Wasser, Blut oder ein zudringliches Insekt abgewischt werden soll, nie aus Gründen, wie sie für das Komfort-Lecken typisch sind.

Männliche Löwen lecken sich untereinander, lassen sich auch von Löwinnen lecken, meist ohne dieses Verhalten zu erwidern. Der Beobachter hat den Eindruck, daß es den männlichen Löwen nicht besonders behagt, längere Zeit geleckt zu werden.

Gelegentlich sieht man mehr als zwei Löwen, die am gegenseitigen Lecken beteiligt sind, wobei einmal diese und dann wieder jene Löwin vom gleichen Individuum geleckt wird. Junge Löwen werden von ihren Müttern umso häufiger geleckt, je jünger sie sind. Umgekehrt wächst mit zunehmendem Alter die Bereitschaft der Junglöwen, auch andere Löwen zu lecken. Junglöwen lecken sich zwar auch innerhalb einer Altersgruppe gegenseitig, bevorzugen jedoch immer erwachsene Löwinnen.

Löwen pflegen ihre Wunden ausgiebig zu lecken und auf diese Weise zu reinigen und feucht zu halten. Diese Form des Leckens ist als Wundpflege anzusehen und nicht dem eigentlichen Komfortverhalten zuzuordnen.

Wenn männliche Löwen bei Löwinnen, die womöglich noch in Hitze sind, die Genitalregion belecken, hat das auch nichts mit Komfortverhalten zu tun, sondern ist in den Bereich des Sexualverhaltens einzuordnen. Junglöwen, die gezielt die Zitzen einer Löwin belecken, verfolgen ebenfalls weniger soziale Absichten, als daß sie mit diesem Lecken gelegentlich »anfragen«, ob sie etwas Milch bekommen können.

Kratzen wird zwar dem Komfortverhalten zugerechnet, bereitet jedoch offenbar nicht von sich aus Behaglichkeits- oder Komfortgefühl. Vielmehr kratzen sich Löwen gezielt wegen eines Juckreizes an bestimmten Stellen oder wenn Fliegen, Zecken oder andere Ektoparasiten (Außenparasiten) als lästig empfunden werden. Auch Wunden oder durch verkrusteten Schlamm verfilzte Haare werden manchmal gekratzt. Es ist erstaunlich, wie beweglich Löwen sind, sie können fast jeden Teil ihres Körpers mit einer Kralle

Mähnenlöwe: Kratzen

erreichen. Beim Kratzen sind die Hinterbeine bevorzugt im Einsatz, mit denen sie jede Stelle am Vorderkörper, an Kopf und Vorderbeinen erreichen können. Die Vorderpranken werden zum Kratzen sehr viel seltener eingesetzt, meist nur in kurzen Wischbewegungen, die allerdings hin und wieder rhythmisch wiederholt werden können. Wechselseitiges Kratzen haben wir nie beobachtet und auch in der Literatur darüber keine Angaben gefunden. Damit hat der Vorgang des Kratzens offenbar nur eine mechanische, auf ein bestimmtes Ziel gerichtete Funktion und steht nicht im Zusammenhang mit sozialem Kontaktbedürfnis. Kratzen kann auch im Sinne des Fellbeknabberns mit den vorderen Zähnen, sowohl den Schneidezähnen als auch den Eckzähnen, erfolgen. Auf den Hinterkeulen und am hinteren oberen Rumpf rund um die Schwanzwurzeln kratzen sich Löwen bevorzugt mit den Zähnen oder auch – sehr viel häufiger noch – mit der Zunge. Vom Komfortlekken ist dieses Verhalten dadurch zu unterscheiden, daß der Kratzvorgang abgebrochen wird, sobald das Insekt, der Parasit, ein im Fell steckender Dorn oder ein Dreckklumpen beseitigt ist.

Bodenkratzen mit den Hinterpranken kommt beim Harnen und besonders beim Harnverspritzen vor, wenn dies in markierender Absicht geschieht. Das sonst bei vielen Katzenarten übliche Bodenscharren beim Absetzen von Kot ist beim Löwen nicht üblich. Löwen vergraben auch, im Gegensatz zu den meisten Katzenartigen, ihren Kot nicht. Das Bodenscharren mit den Hinterpranken ist keineswegs notwendigerweise Bestandteil des Harnspritzens oder normalen Harnlassens. Es gibt Löwen und insbesondere auch Löwinnen, die nach ausgiebigem Bespritzen von Büschen, Bäumen oder Felsen mit Urin anschließend überhaupt nicht scharren. Andererseits haben wir gelegentlich beobachtet, daß der Spritzstrahl des Urins über die Horizontale hinaus nach hinten oben gerichtet wird und erst in etwa zwei Meter Entfernung auf einen Busch oder Baum trifft, während der Löwe trotzdem den gar nicht durchnäßten Boden aufscharrt. Die Verbreitung des Urins begünstigt also das Scharren sicherlich nicht oder zumindest nicht immer. Löwen, die markieren wollen, streben an, ihre Schwänze und die Sohlen der Pranken mit ihrem eigenen Urin zu imprägnieren, um auf dem Boden oder am vom Schwanz berührten Busch eine Duftspur zu legen. Das Kratzen an Gegenständen leitet über zu den Verhaltensweisen, die von manchen Wissenschaftlern als **Räkelsyndrom** zusammengefaßt

Löwin: Krallenschärfen

werden. Wie alle Katzen pflegen Löwen an senkrechten Baumstämmen oder, wie wir einmal beobachten konnten, an Termitenhügeln jenen Vorgang auszuführen, den man als das Schärfen oder Wetzen der Krallen bezeichnet und mit dem unsere Hauskatzen Möbel zu ruinieren pflegen. Dabei kauern sich die Löwen meist auf die Hinterbeine, richten den Oberkörper am Baumstamm auf und kratzen im schnellen Wechsel mit beiden Vorderpranken senkrecht nach unten. Am Baum hinterläßt das tiefe Kratzspuren. Es ist nicht sicher, ob Löwen dieses Verfahren auch im Rahmen des Markierverhaltens anwenden, wie das von Tigern als sicher gilt. Sehr häufig wird dieses Verhalten damit verbunden, daß auch die Wirbelsäule stark durchgebogen wird. Einen sehr ähnlichen Vorgang stellt das Kratzen des Bodengrundes mit den Vorderpranken bei stehenden Löwen dar. Dabei werden die Pranken weit nach vorn gestreckt und in schnellem Wechsel nach hinten gezogen, wodurch der Boden aufgekratzt wird. Auch dieses Verhalten ist häufig kombiniert mit dem Durchbiegen der Wirbelsäule, die Hinterbeine stehen dabei senkrecht, der Brustkorb kann breit dem Boden aufliegen, während wechselseitig mit beiden Vorderpranken gekratzt wird.

Löwin: Strecken (Räkelsyndrom)

Zu den typischen Bewegungen beim Komfortverhalten gehört das **Strecken der Glieder**. Löwen, die nach längerer Ruhe aufstehen und in Aktivität übergehen wollen, zeigen dies besonders deutlich. Fast immer werden zunächst die Vorderbeine einzeln gestreckt und erst dann die Hinterbeine. Geradezu regelhaft erfolgt eine Streckung erst nach vorn und dann nach hinten. Ein Bein wird so weit wie möglich nach vorn ausgestreckt, meist etwas erhoben und dann auf den Boden gesetzt. Dem folgt dann das andere Bein. Manchmal wird diese Bewegung mit einem kurzen Bodenkratzen abgeschlossen. Während des Vorstreckens der einzelnen Beine wird der Vorderkörper gesenkt und der Hinterkörper eher etwas erhoben. Manchmal geht das Tier dabei ein klein wenig nach rückwärts. Häufig schließt sich an das Strecken beider Beine dann das Strecken des Körpers an. Dabei werden beide Vorderpranken nebeneinander auf den Boden gelegt, der Brustkorb berührt den Boden, die Hinterbeine sind stark aufgerichtet und der Schwanz im Bogen vorn über den Rücken fast zum Kopf geschlagen.

Junglöwe: Katzbuckelndes Strecken

Manchmal schließt sich daran das typische Katzbuckeln an. Dazu wird die Wirbelsäule genau umgekehrt wie beim Strecken des Vorderkörpers stark nach oben durchgebogen. Diese Bewegung erfolgt immer im Stehen, wobei die Vorder- und Hinterpranken sehr dicht beieinander stehen. Der Kopf wird beim Strecken oft in den Nacken genommen, beim Katzbuckeln dagegen sehen die Löwen oft auf den Boden.

Gelegentlich werden auch die Hinterbeine einzeln zur Seite gestreckt. Man sieht dieses Verhalten nicht nur, wenn Löwen von Ruhe in Aktivität übergehen, sondern ab und zu auch dann, wenn sie während der Ruhephase ein paar Schritte zu einem anderen Platz gehen oder sich nach dem Strecken in einer anderen Körperhaltung wieder hinlegen.

Gähnen ist bei Löwen weit verbreitet. Die Funktion des Gähnens ist noch weitgehend unklar. Es wird immer wieder behauptet, es diene der besseren Sauerstoffversorgung. Dabei ist überhaupt nicht einzusehen, was das weite Aufreißen der Kiefer mit dem Gasstoffwechsel in der Lunge oder auch nur mit der Qualität der Einatmung zu tun haben soll. Es besteht jedoch kein Zweifel, daß Gähnen häufig im Zusammenhang mit dem Umschalten von der Wach- in die Schlafphase und umgekehrt stattfindet. Bei vielen Wirbeltieren kann es als gesichert gelten, daß der Vorgang des Gähnens auch eine Drohgebärde ist.

Löwen gähnen am häufigsten, wenn sie ihre Ruhephasen beenden und in gesteigerte körperliche Aktivität eintreten, so zum Beispiel vor dem Aufbruch zu einem längeren Marsch. Auch müde Löwen, die sich nach längerer körperlicher Aktivität in die Ruhephase begeben, gähnen oft, bevor sie eindösen oder einschlafen. Drohgähnen ist bei Löwen dagegen unbekannt. Im Gegenteil hat ihr Gähnen eine auf die Artgenossen besänftigende Wirkung. Es ist fraglich, ob – wie wir Menschen das empfinden – das Gähnen eine »ansteckende« Wirkung hat oder ob es nicht Bestandteil eines von mehreren Tieren gleichzeitig eingeleiteten Handlungsablaufes ist. Wenn ein Löwenrudel etwa gegen 17 oder 18 Uhr das Dösen beendet, um vielleicht auf Jagd oder zur Tränke zu gehen, sieht man fast immer mehrere Löwen wiederholt gähnen. Wahrscheinlich aber erfolgt das nur im Rahmen der Synchronisation anderer Bewegungen oder Handlungen. Von den Safaritouristen wird das Gähnen als besonders attraktive Verhaltensweise bei Löwen angesehen, weil es aufregende Fotos hergibt. Gähnende Löwen gestatten dem Betrachter zugleich einen mühelosen Einblick in das Gebiß als wichtiges Werkzeug und als Hinweis auf ihr Alter.

XVII.

Das ist die Liebe der Löwen

»Da müssen Sie mal hinfahren, da hinten, ganz selten: Löwen beim Liebesspiel! Gleich links hinter der Furt durch den Fluß. Toll!« Solche und ähnliche wohlmeinende Aufforderungen haben wir oft und in vielen Teilen Afrikas erhalten. Aber regelmäßig stimmt daran nichts, manchmal nicht einmal die Ortsbeschreibung.

Von Liebe oder Spiel kann ebensowenig die Rede sein wie davon, daß eine derartige Beobachtung Seltenheitswert hat. Wenn irgendwo in einer Gegend ein »Liebespaar« beim »Liebesspiel« entdeckt worden ist, spricht sich so etwas wie ein Lauffeuer herum, und jeder Besucher in der ganzen Gegend bekommt Gelegenheit, das Paarungsverhalten der Löwen zu beobachten.

Im Kidepo-Nationalpark in Norduganda haben wir einmal tagelang ein Rudel beobachtet, dessen Territorium sich über die Staatsgrenze zum Sudan erstreckte: Die Löwen sind ungewöhnlich scheu, sie haben offenbar mit Menschen schlechte Erfahrungen gemacht. Wir halten Abstand und wir haben gute Ferngläser. Wir können auch aus der Entfernung alle Einzelheiten beobachten. An einem Wasserloch sehen wir diese Löwen jeden Morgen zum Trinken kommen.

Eines Abends sind wir bei der Verfolgung von Pferdeantilopen noch einmal in diese Gegend gefahren und treffen dort auf ein Löwenpaar. Die Löwin ist – wie die meisten Weibchen dieses uns bekannten Rudels – noch recht jung, vielleicht vier oder fünf Jahre alt, die Nase ist noch ziemlich rosig, und ihre vollständig erhaltenen Zähne sind elfenbeinweiß. Ihr Partner ist ein alter Kämpfer mit vielen Narben im Gesicht, gelben Eckzähnen und nicht mehr vollzählig erhaltenen Schneidezähnen. Die beiden haben sich von dem Rudel abgesondert, um sich zu paaren. Das wird uns beim ersten Anblick klar, natürlich warten wir. Schon nach wenigen Minuten erhebt sich der Mähnenlöwe und geht die zwei Schritte auf die Löwin zu. Wangenreiben ist das erste. Dann beschnüffelt er seine Partnerin am ganzen Körper, auch – wenngleich nicht besonders intensiv – in der Gegend unter dem Schwanz. Die Löwin richtet zunächst den Oberkörper auf und stellt sich sodann etwas breitbeinig mit ihrem Hinterteil direkt vor seinem Gesicht auf. Sie hat den Schwanz stärker erhoben, als das sonst bei Löwinnen der Fall ist, und präsentiert ihm ihr Hinterteil. Der Löwe beriecht jetzt ausgiebig ihre Vulva, flehmt und folgt der langsam ein paar Schritte vorwärts gehenden Löwin. Ihr Schwanz umschlingt mal von links, mal von rechts den Kopf ihres Partners mit der mächtigen Mähne. Stehend blickt sie sich um und sieht ihm ins Gesicht. Dabei knurrt sie und macht ein Drohgesicht. Der Löwe reagiert seinerseits mit einem etwas lauteren und tieferen grunzenden Grollen und droht mimisch zurück.

Für mehrere Minuten entzieht sich die Löwin den Annäherungsversuchen. Eindeutig geht die Initiative jetzt vom Löwen aus. Die Löwin zeigt das, was in der Sprache der Ethologie als Sprödigkeitsverhalten bezeichnet wird: deutlich unwillige Abwehr, ohne jedoch den kopulationsbereiten Partner zu entmutigen. Gegen die sonstige Gewohnheit von Löwen, sich beim Hinlegen einfach auf die Seite fallen zu lassen oder erst hinten herunterzugehen und dann den Oberkörper folgen zu lassen, duckt sich unsere Löwin schließlich nur mit dem Vorderkörper auf den Boden. Der Löwe nähert sich ihr und legt eine Pranke auf ihren Rücken nahe der Schwanzwurzel. Unverzüglich geht die

63

Alle Löwen lassen sich individuell an ihrer Mimik, an ihrer Körperhaltung, an der Farbe ihrer Mähne und ganz besonders an ihrem persönlichen Verhalten voneinander unterscheiden. Zur individuellen Unterscheidung der einzelnen Löwen dient die Verteilung ihrer Schnurrhaare, die in Reihen, von oben, mit Reihe a beginnend, nach unten bis e oder f angeordnet sind und je Reihe von vorn nach hinten an der Anzahl der schwarzen Poren durchnumeriert werden (Abb. 62). Obwohl noch jung, trägt der Löwe auf Abb. 63 bereits kennzeichnende Narben. Auch wenn er inmitten seines Rudels ruht, läßt er es nicht an Wachsamkeit fehlen. Uneingeschränkte Selbstsicherheit drückt die Haltung des vollgefressenen, alten Löwenmannes aus. Wer sollte auch einem Löwen »im besten Mannesalter« gefährlich werden können? (Abb. 64). Er ist ein Symbol für Kraft und Stärke und signalisiert Furchtlosigkeit. Es gibt auch Schutzgebiete, in denen Löwen selten geworden sind. Im Mopanewald des Liwonde-Nationalparks in Malawi gehört viel Glück dazu, auf ein Löwenrudel zu treffen (Abb. 65).

64

65

66

67

68

69

Nach einem ausgiebigen Mahl marschiert das randvoll gesättigte Löwenrudel zum Wasser (Abb. 66). Das sodahaltige Wasser dieses Sees ist zum Trinken ungeeignet, aber sein Ufer bietet einen willkommenen Lagerplatz, an dem die Löwen in der Mittagsglut ein wenig Kühlung finden (Abb. 67). Auf der Höhe eines alten Termitenhügels ist ebenfalls ein kühler Ruheplatz, der den Löwinnen zugleich auch in der ebenen Landschaft eine gute Rundumsicht gewährt (Abb. 69). Löwen sind keineswegs wasserscheu. Um von einem Teil ihres Territoriums zum anderen zu gelangen, müssen diese Löwen im Samburu-Reservat in Kenia den Uaso Nyero durchqueren (Abb. 68). Einstweilen gelten Löwen in Afrika noch nicht als bedrohte Art. Dennoch ist es um ihre Zukunft nicht allzu rosig bestellt, denn der Mensch erhebt Anspruch auf immer mehr Land. Eines Tages wird er auch nach der riesigen Grassavanne ergreifen, in der dieser alte Kämpe mit dem Narbengesicht heute noch frei und ungehindert umherziehen kann (Abb. 70).

Löwin zu Boden, die Beine bis zu den Ellenbogen und Fersen dem Boden aufgelegt. Sie grollt erneut. Sogleich kriecht der Löwe förmlich von hinten über ihren Körper, wobei er lauter als vorher grollt. Die Einführung des Penis können wir gut erkennen. Wir legen Wert darauf, nur dann von einer Begattung zu sprechen, wenn dies wirklich geschehen ist. Wir haben auch Löwen beobachtet, bei denen das nicht gelang und deren Ejakulation danebenging. Nach ein paar kurzen Beckenstößen, denen die Löwin ihren Hinterkörper förmlich entgegenstemmt, ertönt ein lautes Grollen des Löwen. Während dieser ganzen Zeit hat der Löwe ein deutliches Drohgesicht gezeigt, das auch bei dem abschließenden Grollen beibehalten wird. Die Löwin droht mimisch erst am Ende der Begattung mit einem nach oben gewandten Gesicht. Ein Nackenbiß ihres Partners beendet die Paarung. Der Löwe erhebt sich fast gleichzeitig mit der Löwin, beide reiben ihre Schultern aneinander, trotten ein paar Schritte und lassen sich auf die Seite fallen. Die Löwin rollt sich dann auf den Rücken und streckt die Beine leicht angewinkelt in die Luft, so daß man ihren schneeweißen Bauch sehen kann.

Zwanzig Minuten später wiederholt sich das Geschehen in nahezu derselben Weise. Sehr deutlich ist für uns, daß die Initiative vom Löwen ausgeht, von seiner Partnerin aber durchaus mit einer bemerkenswerten Eigenaktivität aufgenommen wird.

Drei Tage später finden wir die beiden immer noch am selben Platz. Sie wirken auf uns lustlos. Sie kopulieren miteinander, als wäre das ihre persönliche Schuldigkeit gegenüber dem Trieb zur Fortpflanzung. Diesmal ist die Löwin die treibende Kraft. Sie ist als erste auf den Beinen und begibt sich in unnachahmlich träger Langsamkeit zu ihrem Partner. Er droht mimisch recht intensiv und grollt stärker als vor drei Tagen. Kaum den Kopf erhebend, droht sie zurück und grollt ebenfalls mehrfach. Ohne sich überhaupt erst voll auf die Beine zu stellen, nimmt sie die vertraute, in den letzten Tagen ja oft geübte Kauerstellung ein. Ihr Drohen und Grollen wirkt auf uns, als wolle sie ihren Sexualpartner antreiben, endlich zur Sache zu kommen. Die Kopula selbst verläuft in allen Einzelheiten so, wie wir das bei diesem Paar vor drei Tagen gesehen haben und wie wir es von unzähligen anderen Löwenpaaren kennen. Der Nackenbiß am Schluß hat nahezu nur noch Symbolcharakter. Dafür ist das abschließende Drohen heftiger und geräuschvoller. Der gesamte Vorgang wirkt auf uns mühevoller, so daß wir auch gut verstehen, daß sich beide, ohne noch ein paar Schritte zu gehen, an Ort und Stelle hinplumpsen lassen. Auch das Auf-den-Rücken-Rollen der Löwin bleibt diesmal aus.

Ihre Bäuche sind leer, gefressen haben sie sicher nichts. Zum Trinken haben wir die beiden nur am ersten Tage gehen sehen. Die Tränke liegt ja in unmittelbarer Nähe, sie erreichten sie gleichzeitig und waren auf dem Marsch dorthin und zurück zu ihrem Lagerplatz nie mehr als drei Meter voneinander entfernt, zum Teil sogar in unmittelbarem Körperkontakt.

Wenn sie mal nicht so will wie er

Löwen sind zwar bereits mit achtzehn Monaten physiologisch geschlechtsreif, das heißt, sie produzieren befruchtungsfähige Ei- und Samenzellen. Zu diesem Zeitpunkt sind sie jedoch noch nicht sozial geschlechtsreif. Gelegentlich finden zwar spielerische Begattungsversuche statt, doch zur ersten Befruchtung kommt es bei Löwinnen nicht vor Vollendung des dritten Lebensjahres, meist in der Mitte des vierten Lebensjahres. Männliche Löwen kopulieren etwas später zum ersten Mal erfolgreich. Wie alle Großkatzen sind sie das ganze Jahr über fortpflanzungsfähig; es gibt keine Zeiten mit ungewöhnlich starker Hitze oder überdurchschnittlicher Geburtenhäufigkeit. Der Sexualzyklus ist bei Löwinnen nicht sehr stabil. Sie kommen alle paar Wochen – viel genauer läßt sich das nicht angeben – in Hitze. Ganz selten sind die Intervalle zwischen zwei Östrusperioden auf weniger als zwei Wochen verkürzt. Diese Zeiträume können allerdings selbst bei ein und derselben Löwin sehr unterschiedlich sein.

Auch die Dauer der Brünstigkeit ist ganz verschieden. Sie reicht von einem knappen Tag bis zu drei Wochen. Kopulationsbereitschaft und Östrus-Signale müssen aber keineswegs mit einem Eisprung einhergehen (77). Unter bestimmten Umständen – etwa bei der Unruhe durch die Übernahme eines Rudels durch eine neue Löwenkoalition – können sogar trächtige Löwinnen in eine Art »Scheinöstrus« kommen (87). Ebenso zeigen nicht trächtige, halberwachsene Löwinnen manchmal die Zeichen des Östrus, ohne überhaupt einen Eisprung gehabt zu haben.

Eine Löwin, die – um es mit dem für Katzen üblichen Ausdruck zu sagen – »rollig« wird, fällt durch eine allgemeine Unruhe auf. Löwinnen in solcher Situation können nicht lange liegen. Sie stehen auf, wandern umher, bemühen sich um zahlreiche Körperberührungen aus dem Begrüßungszeremoniell mit anderen Löwinnen, reiben Kopf und Körper an Steinen, Baumstämmen oder an Artgenossen. Häufig legen sie sich kurzfristig auf den Rücken, alle Beine in die Luft gestreckt, dann wieder rollen sie über den Rücken von einer Seite zur anderen.

Wenn männliche Löwen in der Nähe sind, fordern sie diese ganz unmißverständlich auf, sexuell aktiv zu werden. Dazu präsentiert eine Löwin ihr Hinterteil mit besonders hoch erhobenem Schwanz. Dem kann ein Löwe kaum widerstehen: Er riecht an ihrer Vulva, leckt manchmal daran und folgt der Löwin. Solch ein Paar sondert sich vom Rudel ab und bleibt allein. Wenn das Rudel fortzieht, bleibt das Paar an Ort und Stelle. Solche Paarungsgemeinschaften bestehen etwa zwei bis sechs Tage, meist vier Tage. In der Serengeti wurden Löwenpaare aber auch länger zusammen gesehen, sogar für 14 bis 22 Tage (77). Ab und zu bleiben ein oder zwei männliche Löwen aus der Führungskoalition des Rudels in der Nähe. Auch bei nomadisierenden Löwen sieht man in der Umgebung eines kopulierenden Paares manchmal ein anderes oder sogar mehrere andere männliche Tiere.

Viele Beobachtungen sprechen dafür, daß eine Löwin sich während eines Östrus stets nur mit ein und demselben Löwen verpaart. Unter den männlichen Löwen einer Rudelkoalition gibt es – so vermuten verschiedene Wissenschaftler – keine unbedingte Konkurrenz um eine begattungsbereite Löwin. Dennoch hat Schaller beobachtet, daß eine Löwin in einer Östrusperiode mit zwei verschiedenen männlichen Löwen kopulierte. Auch umgekehrt kommt es vor, daß ein männlicher Löwe über mehrere Tage mit zwei heißen Weibchen verbunden ist und mit beiden kopuliert. Demjenigen Löwen, der als erster kopuliert, wird von den anderen Löwen der Koalition für ein paar Tage ein gewisses Recht auf Monogamie eingeräumt. Damit ist zu erklären, daß in manchen Rudeln nicht-brünstige Löwinnen von einzelnen Löwenmännern besonders bewacht werden, vielleicht »vorsorglich«, um bei Eintritt des Östrus der erste zu sein. Dieses Verhalten ist von Rudel zu Rudel, aber auch von Gegend zu Gegend unterschiedlich. Im Ngorongoro-Krater in Tansania ist ein solches Vorgehen beispielsweise häufiger als in der benachbarten Serengeti (63).

Nach unseren eigenen Beobachtungen muß ein Löwe, der über mehrere Tage eine Löwin begattet, dieses Recht gegen seine männlichen Kumpane gelegentlich sehr heftig verteidigen. Zum Beispiel im Tarangire-Nationalpark in Nord-Tansania, wo sich zwei männliche Löwen vor und nach fast jeder Kopula mit dem anderen prügelten, bis hin zu blutigen Verletzungen. Wir bewunderten den Energie-Einsatz über mehrere Tage, während der die Löwen keine Nahrung aufnahmen. Die Intensität, mit der zwei Koalitionslöwen in solchen Situationen gegeneinander kämpfen, ist übrigens unabhängig davon, ob sie miteinander verwandt sind (63).

Auch im Queen-Elizabeth-Nationalpark in Uganda mußte sich ein männlicher Löwe drei Tage lang sehr häufig und sehr ernsthaft mit einem männlichen Konkurrenten auseinandersetzen. Dieser versuchte mehrfach – von der Löwin nie abgewehrt – mit dieser zu kopulieren, sobald der ständige Begleiter der Löwin sich mehr als fünf Meter von ihr entfernte. Zehn Tage vorher waren beide Löwen innerhalb des Rudels noch ausgesprochen friedlich miteinander umgegangen. Zu derartigen,

derartigen, scheinbar rivalitätsbedingten Kämpfen kommt es, wenn sich die Löwin von sich aus dem nicht mit ihr liierten Löwen nähert oder sogar anbietet. Selten wird der Versuch vom männlichen Löwen unternommen, eine mit einem Koalitionspartner fest verpaarte Löwin zu begatten.

In den ersten Tagen einer solch kurzfristigen Paarungsgemeinschaft zeigt auch der männliche Löwe eine ganze Reihe von sexuell motivierten Verhaltensweisen. Er spritzt viel mehr Urin gegen Büsche oder Steine als sonst und reibt seinen Kopf in dieser Zeit besonders häufig an Körper und Kopf der brünstigen Löwin. Auch wenn zunächst noch keine Kopula zustandekommt, bleibt der Löwe stets in der Nähe der sexuell interessanten Artgenossin. Er beschnüffelt ihren Körper sehr oft, ebenso den von ihr gelassenen Urin. Fast regelmäßig macht er dabei die als Flehmen bezeichnete Urinkontrolle mit der typischen grimassierenden Mimik des Flehmgesichtes.

Bei den ersten Begattungsversuchen wird solch ein Löwe sehr häufig von der Löwin energisch verjagt. Das geschieht durch mimisches Drohen mit Knurren und Fauchen sowie gelegentlichen Schlägen mit einer Vorderpranke. Doch selbst bei schmerzhaften Hieben läßt sich der Löwe nicht abweisen.

Der ersten Kopulation folgen dann oft in schneller Folge die nächsten. Viel ist über die Häufigkeit von Begattungen bei Löwen diskutiert worden. Bygott, Bertram und Hanby geben an, daß pro neugeborenem Löwen die Eltern etwa 3000mal kopulieren müßten. Bei Serengeti-Löwen fand Schaller ein durchschnittliches Intervall von zwölf Minuten zwischen den einzelnen Begattungen, der kürzeste Zwischenraum betrug eine Minute, der längste lag bei 108 Minuten. Kühme stellte eine durchschnittlich 17minütige Pause zwischen zwei Kopulationen fest und maximal eine von zwei, drei Stunden – besonders nachts und in den frühen Morgenstunden. Eine Begattung kann oft nur zehn Sekunden, gelegentlich aber auch fast eine Minute dauern. Der Durchschnitt liegt bei etwa zwanzig bis fünfundzwanzig Sekunden. Für die Zahl der Kopulationen während einer Begattungsperiode lassen sich schwer Normen aufstellen. Auch bei ein und demselben Paar schwanken die Intervalle zwischen den Kopulationen zwischen oft nur wenigen Minuten und manchmal ein oder zwei Stunden. Es ist nicht ersichtlich, wodurch dieser Rhythmus bestimmt wird.

In den ersten Tagen des Zusammenlebens einer solchen Paarungsgemeinschaft geht die Initiative vom männlichen Tier aus. Der Löwe muß das weibliche Tier oft mehrere Schritte verfolgen, wobei er meistens einen ständigen Nasenkontakt zu ihrer Vulva hält. Den Schwanz nimmt die Löwin meist besonders hoch und krümmt ihn über ihren Rücken. Manchmal drückt der Löwe das weibliche Tier mit einer Pranke nieder; nimmt die Zahl ihrer Verpaarungen zu, setzt sich die Löwin meist hin. Das männliche Tier steigt dann von hinten mit beiden Vorderpranken über sie hinweg, behält dabei alle vier Pranken auf dem Boden und nimmt, nach vorn gebeugt, sitzende Stellung ein. Das Weibchen legt dann meist den Brustkorb auf die Erde und verharrt in dieser Sphinxstellung bis zum Ende der Kopula. Während der Begattung, oft schon bevor diese beginnt, läßt die Löwin ein dauerndes dumpfes Grollen hören, das manchmal an- und abschwillt und zum Ende der Kopula oft in ein Knurren übergeht.

Von männlichen Löwen ist bei der Kopula viel seltener etwas zu hören, gelegentlich ein Knurren, mit dem sie den Nackenbiß vollziehen. Dieser erfolgt fast immer am Ende der Kopula, offenbar am heftigsten während der Ejakulation. In vielen Fällen ist dieser Nackenbiß aber nur angedeutet. Es wirkte auf uns beinahe wie eine symbolische Handlung, als beispielsweise ein und derselbe Löwe bei verschiedenen Kopulationen innerhalb eines halben Tages manchmal sehr heftig und manchmal nur sehr oberflächlich zubiß. Gelegentlich haben wir Kopulationen ohne jeden Nackenbiß gesehen, andererseits konnten wir aber auch beobachten, daß der männliche Löwe für die gesamte Dauer der Kopula die Nackenhaut der Löwin fest zwischen den Zähnen hielt.

Besteht die Paarungsgemeinschaft schon eine Weile, übernimmt die Löwin die Initiative zur

nächsten Kopula. Dabei nähert sie sich auffordernd dem liegenden oder sitzenden Männchen, präsentiert ihm Hinterteil und hochgenommenen Schwanz oft mehrere Schritte im Rückwärtsgang. Je mehr Paarungen in den letzten Tagen vorausgegangen sind, desto müder und interesseloser wirkt der Löwe. Es drängt sich der Eindruck auf, er entledige sich mit der nächsten Kopula einer ihm an sich lästig gewordenen Pflicht. Dennoch sind auch die letzten Begattungen in ihrem Ablauf nicht träger, sowohl der Nackenbiß als auch das aggressive Anfauchen am Ende der Kopula werden noch in unveränderter Intensität praktiziert. Gelegentlich nimmt das Interesse eines Löwen gegen Ende der Zeit der häufigen Begattungen so stark ab, daß er seine Partnerin verläßt. Dann hat ein anderes Mitglied der Löwenkoalition die Möglichkeit, die Löwin bis zum Ende ihres Östrus zu begatten, oft sogar mit Fortpflanzungserfolg (63). Nach der Begattung bleibt die Löwin manchmal liegen, oft wirft sie sich auch auf den Rücken, vielfach wälzt sie sich auf die Seite, gelegentlich geht sie ein paar Schritte und läßt sich dann fallen. Der männliche Löwe legt sich vielfach an Ort und Stelle zu Boden, geht aber seinerseits auch oft noch ein paar Schritte, bevor er dann meist zu dösen beginnt – es sei denn, er muß gerade einen Mitbewerber androhen oder die Gegend nach Gefahren absuchen.
Während einer Zeit häufiger Paarungen wird nur in Ausnahmefällen gejagt, dagegen gehen meist beide Partner regelmäßig dicht nebeneinander zur Tränke. Um Blase oder Darm zu entleeren, entfernen sie sich ein wenig voneinander, selten mehr als sechs bis acht Meter, und stellen möglichst bald die Nähe zueinander wieder her.

XVIII.

Der Nachwuchs ist da

Das Rudel am Sandfluß im Samburu-Nationalreservat in Nordkenia kannten wir lange. Schon in früheren Jahren hatten wir ihren Platz ausfindig gemacht: eine große, von ziemlich steilen Hängen umgebene Mulde mit sehr vielen und großen Büschen – ein ideales Gelände für Löwen. Oft war dieser Platz, von uns als Löwenschlucht bezeichnet, Mittelpunkt des Lebens dieses Rudels, das wir nach dem alten Luftlandestreifen in unmittelbarer Nähe das »Old Airstrip Pride« genannt hatten. Jedesmal, wenn wir in Samburu sind, suchen wir die Gegend dort sorgfältig nach Löwen ab. Früher war hier stets mit ihnen zu rechnen, aber seit einigen Jahren sind die Löwen verschwunden.

1981 haben wir das Glück, dort eine Löwin mit fünf Jungen anzutreffen. Die Kleinen sind fünf bis sechs Wochen alt und halten ihre Mutter in Atem. Ihr Versteck wechselt oft, manchmal von Tag zu Tag. Mal sind sie in einem der Salvadoribüsche verborgen, mal in einem tiefen, grabenartigen Geländeeinschnitt, mal in einem Dickicht aus Salsolabüschen, jenen Pflanzen, die nur auf alkalischen Böden wachsen. Die Lebhaftigkeit der Kleinen bereitet der Mutter Probleme. Sie packt sie mit lockerem Biß ins Nackenfell und trägt sie einzeln in ihr jeweiliges Versteck zurück – was die Kleinen nicht davon abhält, gleich wieder herauszukrabbeln. Manchmal entfernt sich eines der Jungen so weit, daß es ihm – menschlich ausgedrückt – unheimlich wird. Dann miaut es solange, bis die Mutter erscheint, und läuft ihr entgegen. Fast immer spielt sich dann das gleiche Ritual ab. Die Mutter beleckt das Baby, wälzt es mit der Vorderpranke auf den Rücken, beleckt den Bauch und schubst es förmlich in Richtung des Verstecks. Dabei geht sie – wie wir das im Umgang zwischen Mutter und Löwenbaby oft gesehen haben – recht ruppig mit dem Kleinen um. Das kann aber niemals bös gemeint sein, denn unmittelbar danach schmusen beide wieder miteinander. Will sich ein Junges nicht zum Versteck zurückführen oder mit sanfter Gewalt nach Hause »schubsen« lassen, faßt es die Mutter kurzerhand in den Nacken und trägt es heim.

Fünf Junge – so finden wir – sind für eine Löwenmutter einfach zu viel. Zum Glück befindet sich ihr Rudel seit ein paar Tagen ziemlich ortsfest nur zwei Kilometer den trockenen Flußlauf aufwärts. Dorthin folgen wir der Mutter an drei Tagen in den frühen Abendstunden. Zweimal ruht das Rudel, einmal hat es einen Riß. An der Mahlzeit nimmt die Löwin auf die gleiche Art und Weise wie immer teil. Sie genießt keinerlei Privilegien einer stillenden Mutter. Gleich nach der Ankunft nimmt sie sofort einen Platz am Riß ein. Eine Begrüßung mit den Rudelgenossen findet heute nicht statt. Wer frißt, ist vollauf beschäftigt, und andere Löwen, die sie hätte begrüßen können, sind nicht da. Sobald die Löwenmutter leidlich satt ist, verschwindet sie unverzüglich. An den anderen beiden Tagen, an denen kein Riß vorhanden war, begrüßt sie alle Rudelmitglieder und legt sich mehrfach zu den anderen. Wir glauben, daß sie wohl gern noch beim Rudel bleiben würde. Denn immer wieder begrüßt sie einzelne Rudelmitglieder besonders intensiv oder sogar zweimal, schmust mit ihnen und steht unschlüssig zwischen ihren Rudelgenossinnen. Erst dann verschwindet sie wieder mit ruhigem, dennoch raumgreifenden Schritt zu ihren Jungen.

In den ersten beiden Tagen findet sie ihre Kleinen im Salsolagestrüpp, dort, wo sie sie auch verlassen hat. Am dritten Tag sind sie jedoch nicht in jenem Salvadoribusch, in dem sie die Babys diesmal zurückgelassen hat. Sie schnüffelt in der gesamten Umgebung, an einigen Plätzen sogar mehrfach. Manchmal scheint sie mit der Nase am Boden eine Spur zu verfolgen. Dann beginnt sie mit waagerecht gehaltenem Kopf zu maunzen, was wie ein ganz leises, verkürztes und hochtoniges Brüllen klingt. Danach blickt sie in verschiedene Richtungen, wiederholt das Maunzen und wechselt zu einem anderen Platz. Dort spielt sich dasselbe ab. Schließlich ertönt das klägliche Miauen eines Kleinen, und kurz darauf stürzen drei Kleine auf die Mutter zu. Sie leckt die Jungen, die sich zum Teil von allein auf den Rücken legen und quirlig um ihre Beine herumspringen. Dann legt sie sich und bietet den Babys ihr volles Gesäuge. Aber wo sind die anderen beiden?

Die Löwin hat den Verlust offenbar nicht bemerkt, denn sie ist völlig entspannt und gelassen. Die drei Kleinen genießen es, endlich mal wirklich eine Zitze für sich zu haben. Wenn alle fünf trinken, kommt es immer zu kleinen Streitereien, weil eine Löwin nur vier Zitzen hat.

Natürlich sind wir sehr besorgt. Nur allzu leicht könnte während der Abwesenheit der Mutter ein Leopard die beiden Jungen töten. Wir kennen zwei Leoparden, deren Streifgebiete diesen Platz einschließen, nicht zu vergessen die drei Geparden zu beiden Seiten des Sandflusses. Tüpfelhyänen sollen zwar im Samburu-Nationalreservat äußerst selten vorkommen, aber rechnen muß man trotzdem mit ihnen. Selbst ein Schabrackenschakal kann diesen kleinen Löwen noch gefährlich werden.

Warum – um Himmels willen – unternimmt die Löwin nichts, um die zwei fehlenden Kinder zu suchen? Sie hätte noch ein wenig weiterrufen sollen oder an anderen Plätzen einmal nachsehen können, wo sich die beiden aufhalten. Sollen wir selbst einmal suchen und aktive Familienzusammenführung betreiben? Die Versuchung ist in solchen Situationen groß, aber in einem Wildreservat sollten menschliche Eingriffe unterlassen werden. Gerade als die Dunkelheit uns zur Rückkehr in die Lodge zwingt, hören wir ein leises Miauen. Die Löwin ist blitzartig auf den Beinen und läuft in Richtung des Rufes. Zu sehen ist nichts, aber das klägliche Schreien hält an, so daß sich die Mutter gut orientieren kann. Ein Kleines hat die tiefer gelegene Löwenschlucht verlassen, ist irgendwo die Wandung hochgeklettert. Nun steht es da oben, ausgerechnet an einem besonders steilen Abhang, und weint. Für die Mutter ist der senkrechte Absatz zu hoch, um hinaufzuspringen. So macht sie einen Umweg über eine Strecke mit weniger starkem Gefälle und holt – ohne noch weiter Zeit zu verlieren – das Kleine mit Nackenbiß zum Lagerplatz zurück.

Fieberhaft denken wir über eine Ausrede für unsere viel zu späte Rückfahrt zur Lodge nach, weil wir immer noch auf die Heimkehr des fünften Löwenbabys warten. Es kommt nicht.

Gleich bei Sonnenaufgang sind wir wieder zur Stelle. Ein wenig Hoffnung haben wir schon noch, daß auch das letzte Baby von seiner Mutter wiedergefunden wird. Unsere Enttäuschung ist grenzenlos. Die Löwenschlucht ist leer. Spuren über Spuren. Trittsiegel der Kleinen und der Mutter, aber das ist alles. Nach zweistündiger Suche, jeden Busch umfahrend und durchforschend, geben wir auf und fahren in Richtung des alten Luftlandestreifens weiter, um nach anderen Tieren zu suchen.

Plötzlich stehen zwei erwachsene Löwinnen – eine davon die Mutter – und fünf Junge völlig frei vor uns. Die Spuren im roten Sand dieses fast vegetationslosen Fleckens zeigen an, daß die Löwen hier ganz schön getobt haben. Die fremde Löwin haben wir vorher beim Rudel nicht gesehen. Sie wäre uns sicher aufgefallen, denn ihr fehlt die Schwanzquaste. Ist sie eine Nomadin? Oder ein Rudelmitglied, das sich für einige Zeit in die Einsamkeit begeben hat? Unser langjähriger Freund und Fahrer, der Kikuyu Wilson Muja Mangure, berichtet uns später brieflich, die Löwin ohne Schwanzquaste hätte sich mit der Mutter der fünf Kleinen zusammengetan und wenige Tage nach unserer Abreise selbst zwei Junge bekommen. »Unsere« Mutter sei immer in der Nähe des dichten Salvadoribusches geblieben, in dem ihre fünf Babys zur Welt gekommen waren. Nur zwei waren aber schließlich übriggeblieben, als unser Freund die Löwinnen und ihre Jungen nach sechs Wochen zum erstenmal wiedersah. Die beiden Mütter seien später – so berichtete uns ein Jahr später der Warden des Reservates – nach Nordosten gezogen, ohne sich wieder dem Rudel angeschlossen zu haben. Sie sind nicht mehr im Park gesehen worden.

Höhlen-Geburt

Als Tiere der offenen und halboffenen Savanne haben Löwen keine Wohnhöhlen, obwohl manche Laien dies wegen der sprichwörtlichen »Höhle des Löwen« immer wieder vermuten. Dennoch suchen manche Löwinnen zum Gebären ihrer Jungen tatsächlich Höhlen auf. Meist sind das Löcher oder Spalten in Felsen oder in den über weite Teile Afrikas verstreuten sogenannten Kopjes. Diese – auch Inselberge genannten – Ansammlungen von riesigen felsigen Brocken aus metamorphen Urgesteinen (meist Gneis oder Quarzit) stehen in der flachen Ebene. Ursprünglich lagen diese Gesteine unter der Erde, die dann durch Regen und Wind abgetragen wurde, so daß diese Urgesteinsmassen scheinbar aus der Erde herauswuchsen. Löwen lieben solche Inselberge. Sie haben von dort einen weiten Überblick über das Land und einen luftigen Ruheplatz. Auf den Kuppen gibt es wenig Fliegen und andere Plagegeister. Außerdem speichern die Kopjes über Tag die Sonnenwärme und bilden deshalb optimale Nachtquartiere. Löwinnen, die ihre Jungen in solchen Inselbergen zur Welt bringen, haben damit auch eine gewisse Gewähr, daß ihr Rudel von seinen Streifzügen hierher öfter zurückkehrt. Damit ist für die jungen Mütter das Problem der Nahrungsversorgung gelöst und gleichzeitig der Schutz ihrer Jungen gewährleistet.
Wenn Löwinnen keine Felsspalten oder -höhlen zum Gebären finden, ziehen sie sich in Dickichte, Dornbüsche, trockene Korongos oder andere Verstecke zurück. Während des Geburtsvorganges bleibt die Löwin allein.

Winzig und tapsig

Eine Löwin ist zwischen 102 und 113 Tagen trächtig und bringt meist zwei bis drei Junge zur Welt. Viele Autoren geben eine durchschnittliche Tragzeit von 108 Tagen an, und die Zahl der Neugeborenen schwankt von eins bis sechs pro Wurf (Kingdon erwähnt sogar einen Wurf von neun Jungen). Die Größe eines Wurfs hängt beispielsweise im Nairobi-Nationalpark in Kenia davon ab, welches Nahrungsangebot der Mutter zum Zeitpunkt der Empfängnis zur Verfügung steht (73), ein Zusammenhang, der bei anderen Säugetieren ebenfalls gefunden wurde (75). Die Kleinen sind bei der Geburt hilflos und tolpatschig. Angaben über das Geburtsgewicht schwanken. Dorst und Dandelot erwähnen Geburtsgewichte von nur 0,5 kg, Smithers dagegen auch solche von 1,5 kg, Ewer von 1,2 bis 1,4 kg und Kingdon von 1,0 bis 2,0 kg. Von der Schnauze bis zur Schwanzspitze messen Löwenbabys rund 30 cm.
In der Literatur findet man keine einheitlichen Angaben darüber, ob die Augen bei der Geburt noch geschlossen oder bereits geöffnet sind. Nach dem deutschen Säugetierkundler Haltenorth werden Löwen blind geboren, die Kennerin der Raubtiere, Ewer, erwähnt dagegen, daß Löwen mit offenen Augen geboren werden und damit eine Ausnahme unter allen Katzen darstellen. Kingdon, ein Experte für Afrikas Säuger, vertritt die Ansicht, daß Löwen blind geboren werden und erst nach ein bis vierzehn Tagen die Augen öffnen.
Die Schwierigkeit, darüber allgemeingültig etwas auszusagen, liegt darin, daß in freier Natur nur wenige Neugeborene und sehr junge Löwenbabys genau genug beobachtet werden können. Von drei neugeborenen Wurfgeschwistern, die wir im Masai-Mara-Nationalreservat in Südkenia an ihrem zweiten Lebenstag sahen, hatten zwei offene Augen, während wir dies beim dritten Jungen erst nach sechs Tagen entdecken konnten. Gegen Lichteinfall sind neugeborene Löwen sehr empfindlich, zumal ihre Regenbogenhaut erst wenig Pigment eingelagert hat. Dadurch wirken die Augen der Löwenbabys graublau, sie werden erst im

dritten Lebensmonat gelb. Im dichten schattigen Buschwerk oder in einer Höhle kann man die Kleinen mit einem Fernglas nur schwer beobachten, wenn man in einer Entfernung bleiben will, in der man nicht stört. Vor allem läßt sich so oft einfach nicht entscheiden, ob die Augen geöffnet sind oder nicht. Wenn sie ans Licht krabbeln, sind die Jungen von der Helligkeit geblendet und schließen die Augen möglicherweise aktiv.

Die richtige Babynahrung

Löwenbabys sind für sechs Wochen ausschließlich auf Muttermilch angewiesen. Die erste feste Nahrung nehmen sie nach Ansicht der Forscher mit acht, nach Dorst und Dandelot erst mit zehn Wochen auf. Löwenjunge trinken aber noch bis zum 7. oder 8. Monat Muttermilch, danach wird es weniger (20, 84).
In den ersten Wochen ihres Lebens sind Löwen in vollem Umfang auf ihre Mütter angewiesen. Das Schicksal eines Junglöwen hängt weitgehend davon ab, ob er eine erfahrene, fürsorgliche Mutter hat oder eine, die ihre Jungen nicht ordentlich betreut. Mütterliche Qualitäten können bei Löwen recht unterschiedlich sein. Wie bei fast allen Säugetieren steigert sich die Erfahrung von Wurf zu Wurf. Nachkommen älterer Mütter haben demzufolge eine bessere Überlebenschance als die von Erstgebärenden. Bei einigermaßen ungestörten Verhältnissen hat eine Löwin innerhalb von zwei Jahren einmal Junge (20). Auch die Anzahl der Wurfgeschwister spielt für die Überlebenschancen von Löwenjungen eine wichtige Rolle. Es ist für eine Mutter am einfachsten, zwei oder drei Kinder gut zu versorgen. Sind es mehr Babys, mag in Notzeiten die Milchproduktion der Mutter nicht ausreichen.

Einzelkinder sind Sorgenkinder

Ein Sonderfall ist es, wenn nur ein Junges geboren wird oder wenn von den Geschwistern nur eines am Leben bleibt. Dann hat die Mutter es schwer, dieses Junge am Wurfplatz zurückzulassen, um zu jagen, zu trinken oder eventuell das in der Nähe befindliche Rudel aufzusuchen. Eine Löwin kann ihr Junges zwar durch ein akustisches Signal oder durch Anstupsen auffordern, mit ihr zu kommen – notfalls trägt sie das Kleine auch –, aber es gibt keinen mütterlichen Befehl, der einem Jungen signalisiert, am Ruheplatz zu bleiben.

Mutter und Kind (Jungtier oben: zwei Monate, unten: vier Monate)

Als ausgesprochene Kontaktlieger brauchen junge Löwen zum Schlafen und Dösen die Berührung mit anderen Löwen. Zumindest solange sie sehr jung sind, halten sie am liebsten Kontakt mit der Mutter, später sorgen aber auch Geschwister untereinander durch den wechselseitigen Körperkontakt für das nötige Sicherheitsgefühl. Wenn die Jungen aneinander gekuschelt liegen und schlafen, kann sich eine Mutter buchstäblich auf leisen Sohlen und unbemerkt davonstehlen. Wacht doch einmal ein Junges auf, schläft es aber auch beruhigt wieder ein, wenn es die Geschwister hautnahe spürt.

Eine Mutter, die nur ein Kind hat, weckt dieses beim Fortgehen also häufig allein dadurch, daß sie ihm den Körperkontakt entzieht. Trottet das Baby dann hinter ihr her, schleppt die Mutter es oft sofort zurück. Dazu fassen Löwenmütter ihre Kleinen behutsam am Nackenfell. Die Jungen verfallen dann in eine sogenannte Tragstarre. Eigentlich ist das ein schlechter Begriff, denn sie werden nicht starr, sondern sind nur völlig bewegungslos und schlaff mit ganz entspannten Muskeln.

Mutter und Kind (Jungtier oben: sechs Monate, unten: acht Monate)

Wenn es nicht gelingt, das Junge am Schlafplatz zu halten, wird das Kleine die Mutter bei ihrer jeweiligen Aktivität meist empfindlich stören. Außerdem setzt sich das Löwenkind selbst großen Gefahren aus. Zwar wird kein Raubtier das Kleine anfallen, solange die Mutter in der Nähe ist. Aber zumindest werden Hyänen und Schakale oder andere Raubtiere auf das Löwenbaby aufmerksam. Wenn es der Mutter gelingt, sich unbemerkt davonzustehlen, ruft ein einzelnes Löwenkind womöglich nach der Mutter, wenn es aufwacht, verläßt vielleicht den Lagerplatz und begibt sich dadurch in große Gefahr. Einzelkinder sind also für Löwen richtige Sorgenkinder.

Im Masai-Mara-Reservat in Kenia haben wir beobachtet, wie eine Mutter den Versteckplatz ihres einzigen Kindes nicht verlassen konnte, weil das Junge ihr sofort folgte. Die Löwin wollte das verhindern, indem sie sehr schnell verschwand. Aber das mißlang immer wieder, weil das Kleine der geruchlichen Spur folgte oder rein zufällig der Mutter nachstolperte. Die Löwin versuchte dann, sich leise und langsam davonzustehlen, aber ebenfalls ohne Erfolg. Mehrere Stunden lang trug die Mutter das Kind immer wieder in sein Buschversteck zurück. Erst nach einer reichlichen Milchmahlzeit gelang es ihr endlich, sich vom schlafenden Jungen zu entfernen.

Auch Mutter braucht mal »Ausgang«

Unter normalen Umständen verlassen Löwenmütter ihre Babys oft für viele Stunden. Je kleiner die Jungen, desto größer die Wahrscheinlichkeit, daß sie an ihrem Ruheplatz auf die Mutter warten. Mütter von Junglöwen müssen entweder selbst jagen oder sich anderweitig um Nahrung bemühen. Das kann sehr zeitaufwendig sein. Wenn das Rudel der Löwenmutter in der Nähe ist, kann sie selbstverständlich dort an einem Riß teilhaben. Oft sind Mütter dann aber in einer Zwickmühle. Auf der einen Seite zieht es sie instinktiv zu ihren Jungen. Auf der anderen Seite möchten solche Löwinnen ihre Sozialkontakte befriedigen und beim Rudel bleiben. Bei einer »guten» Mutter siegt der Drang, zu den Jungen zurückzugehen. Bei einer »schlechten« überwiegt das Bedürfnis, zumindest noch eine Weile beim Rudel zu bleiben. Es soll vorgekommen sein, daß Löwenbabys die Abwesenheit ihrer Mutter bis zu sechs Tagen lebend überstanden haben (26).

Löwenmütter lassen ihre Kleinen aber auch allein, ohne durch »dringliche« Erledigungen wie Jagen,

Trinken, Essen und dem Bedürfnis nach Sozialkontakten dazu getrieben zu werden. Rein menschlich gesehen hat man den Eindruck, sie möchte gelegentlich »auch mal ein paar Stunden ganz für sich alleine« haben. Das haben wir oft genug beobachtet: Im Krüger-Nationalpark in Südafrika beispielsweise ließ eine Löwenmutter ihre vier Jungen für viele Stunden in einer Schlucht zurück, um unter einem Baum zu dösen. Erst als eine Elefantenfamilie erschien, begab sich die Löwin wieder zu ihren Jungen. Im Meru-Nationalpark in Nordkenia ruhte eine Löwin etwa hundert Meter von dem Abliegeplatz ihrer Jungen entfernt und ließ sich nicht im mindesten davon beeindrucken, daß sich eine Schabrackenschakal-Familie den Junglöwen näherte. Andere Löwinnen dagegen wichen ihren kleinen Jungen nicht von der Seite, nahmen wahrscheinlich viele Tage lang keine Nahrung zu sich und beeilten sich beim Trinken immer sehr.

Durchschnittliches Gewicht bei heranwachsenden Löwen

0.–1. Jahr	Kleine Jungtiere		bis 50 kg
1.–2. Jahr	Große Jungtiere		50– 90 kg
2.–4. Jahr	Halberwachsene	♀	75–120 kg
		♂	100–180 kg
ab 4. Jahr	Erwachsene	♀	bis 120 kg
		♂	bis 240 kg
ab 7. Jahr	Ende des Wachstums	♀	bis 130 kg
		♂	bis 260 kg

In Abwesenheit der Mutter verhalten sich die Jungen meist still. Eine zu ihren Jungen zurückkehrende Löwenmutter geht in vielen Fällen keineswegs zielstrebig auf den Platz ihres Nachwuchses zu. Sie kontrolliert die Gegend, in der sie ihre Jungen verlassen hat, oft sehr eingehend, beschnüffelt Büsche, Bäume und Steine. Es wirkt auf den Betrachter so, als wüßte sie den Weg zurück nicht ganz genau und müßte nach vertrauten Wegmarken suchen. Ähnlich unsicher scheinen zurückkehrende Löwinnen auch, wenn sie in der Nähe der Jungen häufig mit erhobenem Kopf im Gehen, Stehen oder Sitzen in verschiedene Richtungen maunzen. Nach dieser Lautäußerung wenden sie den Kopf hin und her. Kommt keine Antwort, gehen sie weiter und wiederholen das klagend wirkende Maunzen. Offenbar warten sie darauf, daß die Kleinen hochtonig miauen oder ihnen entgegenlaufen. Die Babys tauchen dann plötzlich aus dem Busch oder hohen Gras auf und rennen oder stolpern auf die Mutter zu. Mit einer stürmischen Begrüßung und häufig schon erstem Milchsuchen und Milchfordern der Kleinen endet dann das laute Rufen. Jetzt wird nur ganz leise miaut oder mütterlich gebrummt. Wenn die Gegend sicher ist und die Löwin sich stark fühlt, säugt sie ihre Jungen oft im offenen Gelände. Sonst zieht sie sich lieber in die Geborgenheit des Jungenverstecks zurück.

... und plötzlich ist das Baby weg

Es ist gar nicht so unwahrscheinlich, daß Löwenmütter die Plätze, an denen sie ihre Jungen zurücklassen, nicht immer exakt wiederfinden. Denn alle paar Tage bringt die Mutter ihre Kleinen in ein neues Versteck. Das erfolgt ganz routinemäßig und nicht etwa, weil das Versteck aufgespürt wurde. Der häufige Ortswechsel vermindert von vornherein die Wahrscheinlichkeit, daß ein Lagerplatz überhaupt erst von Raubtieren entdeckt wird, die das häufige Kommen und Gehen der Löwenmutter beobachten. Hat die Mutter den neuen Versteckplatz gefunden, bringt sie die Jungen nacheinander dorthin, indem sie sie mit den Zähnen im Nackenfell greift. Diese Art des Transportes, bei der die Babys in Tragstarre fallen, funktioniert perfekt. Wir haben einmal eine Löwin zweimal nacheinander mit je einem Jungen im Maul an derselben Stelle über einen breiten Wassergraben springen sehen. Das Kleine pendelte im Maul der Mutter, ohne herunterzufallen.
Löwen können nicht zählen und eine Löwenmutter »weiß« auch nicht, wieviel Junge sie hat. Deshalb geht sie zwischen altem und neuem Versteck so oft hin und her, bis kein Junges mehr zurückgeblieben ist. Dabei kann es vorkommen, daß sich eine Löwenmutter »verrechnet«. So haben wir es

Babytransport

im Samburu-Nationalreservat in Nordkenia erlebt, daß eine Mutter eins ihrer drei Jungen beim Umzug zurückgelassen hatte, ohne sich noch weiter darum zu kümmern. Wir hatten die uns bekannte Mutter mit zwei ihrer Jungen bereits an dem neuen Platz gesehen und vermutet, das dritte sei entweder dort versteckt oder von einem Raubtier geholt. Als wir es schließlich nach zwei Tagen noch im alten Versteck fanden, »rettete« der mit uns gut befreundete Warden das Löwenbaby. Unter Mithilfe der berühmten Autorin Joy Adamson, die mit jungen Großkatzen viel Erfahrung hatte, wurde das vier Wochen alte Löwenbaby sachgemäß von Menschenhand betreut, bis die Löwenmutter mit ihren beiden verbliebenen Babys wieder ausfindig gemacht werden konnte. In einer Kiste wurde das verlorene Junge dorthin gebracht und freigelassen, ohne daß sich Menschen dabei zeigten. Es wurde trotz mancher sicher fremder Gerüche von der Mutter sofort wieder angenommen, als wäre es nie von ihr getrennt gewesen.

Für die ersten vier Wochen bleiben die Wurfgeschwister unter sich. Mit zunehmendem Alter trauen sie sich immer mehr aus dem Versteck heraus und werden dann auch nicht so energisch von der Mutter zurückgeschickt. Nur wenn in der Umgebung des Löwenverstecks viele Gefahren lauern, bleiben die Kleinen auch jetzt noch fast den ganzen Tag versteckt. Ist dagegen »die Luft rein«, kommen sie – vor allem in den frühen Abendstunden vor Sonnenuntergang – gelegentlich ins Freie zum Spielen oder zum Trinken.

Nicht allzu selten bringen zwei Löwinnen etwa zur gleichen Zeit und am gleichen Ort ihre Jungen zur Welt. Das erleichtert den Müttern die Jungenaufzucht und gibt den Babys eine besondere Sicherheit.

Hauptsache, die Milch fließt

Das Säugen der jungen Löwen kann in verschiedenen Körperlagen erfolgen. Meist liegen die Mütter auf der Seite und heben dabei oft das obere Hinterbein, um den Jungen den Zugang zum Gesäuge zu erleichtern. Auch in Rückenlage der Mutter können die Kleinen trinken, dann liegen sie zu beiden Seiten der Mutter. Sehr kleine Babys können auch bei der stehenden Mutter saugen. Dabei kommen sie stets von der Seite, jedoch nie von hinten – zwischen den Beinen der Mutter hindurch –, wie das bei etlichen anderen Säugetierarten durchaus der Fall ist. Manchmal versuchen kleine Löwen von der »falschen« Seite an die Zitzen zu gelangen. Sie legen sich dabei auf den Körper der in Seitenlage befindlichen Mutter und versuchen vom Rücken her – also »von oben« – die Milchquelle zu erreichen. Wenn die Mutter das Trinken beenden will, rollt sie sich über den Rükken einfach auf die andere Seite. Kommen die Jungen dann dorthin, kann sie diese abwehren, indem sie ihnen mimisch und akustisch droht, mit ein paar Klapsen nachhilft oder einfach aufsteht und fortgeht. Sehr durstige Babys folgen ihr, werden aber, wenn die Mutter das Säugen wirklich beenden will, energisch abgewimmelt. Junge Löwen dürfen – wie mehrfach erwähnt – bei allen Löwinnen des Rudels trinken.

Gefahren lauern überall

Leoparden, Tüpfelhyänen, alle drei afrikanischen Schakalarten können kleine Löwen erbeuten und auffressen. Das mag auch einem Karakal oder Honigdachs gelingen. Sogar Kampf- und Kronenadler schlagen hin und wieder Löwenjunge. Aber auch Tiere, die nicht ihre Freßfeinde sind, können die Kleinen aus ihrem Versteck herausscheuchen und bedeuten deshalb ebenfalls eine Gefahr. Wenn zum Beispiel Elefanten, Büffel, Gnus, Zebras und andere große Antilopen beim Grasen oder auf der Wanderung kleine Löwen unabsichtlich vertreiben, können Raubtiere die Jungen leicht entdecken.
Von den großen Reptilien können Krokodile, Warane und Schlangen den Löwenkindern gefährlich werden. Im Masai-Mara-Nationalreservat in Südkenia beobachteten wir eine Löwin, die in einem dicht bebuschten Korongo zwei Junge zur Welt gebracht hatte. Das eine davon starb vor unseren Augen bereits am zweiten Tag ohne eine für uns erkennbare Ursache offenbar an allgemeiner Lebensschwäche. In den letzten Stunden vor dem Tod hatte sich die Mutter um das Kleine überhaupt nicht mehr gekümmert und auf seine klagenden, schwächer werdenden Rufe nicht reagiert. Als es tot war, wälzte die Mutter den kleinen Leichnam für mehrere Stunden alle paar Minuten nach allen Seiten. Auf die leisesten Signale des anderen Kindes hatte die Mutter dagegen stets reagiert und dieses auch vorbildlich versorgt. Offenbar hatte das gestorbene Kleine Signale an die Mutter gesandt, die von dieser einfach nicht verstanden wurden. Am nächsten Tag bemerkten wir einen deutlichen Verwesungsgeruch in diesem Löwenversteck. Wir führten das auf das verstorbene Löwenbaby zurück, dessen Leiche unversehrt am alten Platz lag.
Vielleicht durch diesen Geruch angelockt, suchte ein 1,5 m langer Nilwaran die Gegend systematisch ab. Unaufhörlich züngelte die große Echse, um an allen Plätzen nach der Ursache des Verwesungsgeruches zu suchen. Dabei gelangte sie bis auf wenige Meter an das überlebende Löwenbaby heran, das ziemlich frei auf dem Grunde des Korongos im Sand lag. Die Löwenmutter war ungewöhnlich wachsam und machte ständig Ausfälle in Richtung auf den Waran. Dieser wich dann ein paar Meter zurück, machte aber nach einiger Zeit erneut Vorstöße in Richtung auf das Löwenkind. Die sehr aufgeregte Mutter griff den Waran von allen Seiten an, landete jedoch niemals einen ihrer blitzartigen Schläge auf dem Körper des Warans. Sobald dieser seinen Kopf in ihre Richtung drehte, sprang die Löwin so erschrocken zurück, als sei sie ängstlich. Wir hatten den Eindruck, so müßte sich eine Löwin benehmen, die zum ersten Mal Kontakt mit einem unbekannten Reptil hat. Vielleicht mag auch für Löwen eine gewisse Ähnlichkeit zwischen einem Waran und einer Schlange bestehen, von der Löwen stets Abstand halten. Schließlich entschied sich die Mutter für den Kompromiß, ihr Junges ein paar Meter tiefer in den Busch zu tragen. Daraufhin gelang es ihr durch fortgesetzte Angriffe, den Waran zu vertreiben. Das verbliebene Löwenjunge haben wir noch zehn Tage lang fast täglich an zwei verschiedenen anderen Versteckplätzen wiedergefunden.
Ein anderes Mal sahen wir in Botswana, daß eine Löwenmutter eine Tüpfelhyäne, die sich dem Versteckplatz der Jungen näherte, über mehrere hundert Meter verfolgte und, ungeachtet der Gegenwehr der Hyäne, diese körperlich attackierte und verletzte.

Die durchschnittliche Entwicklung eines jungen Löwen

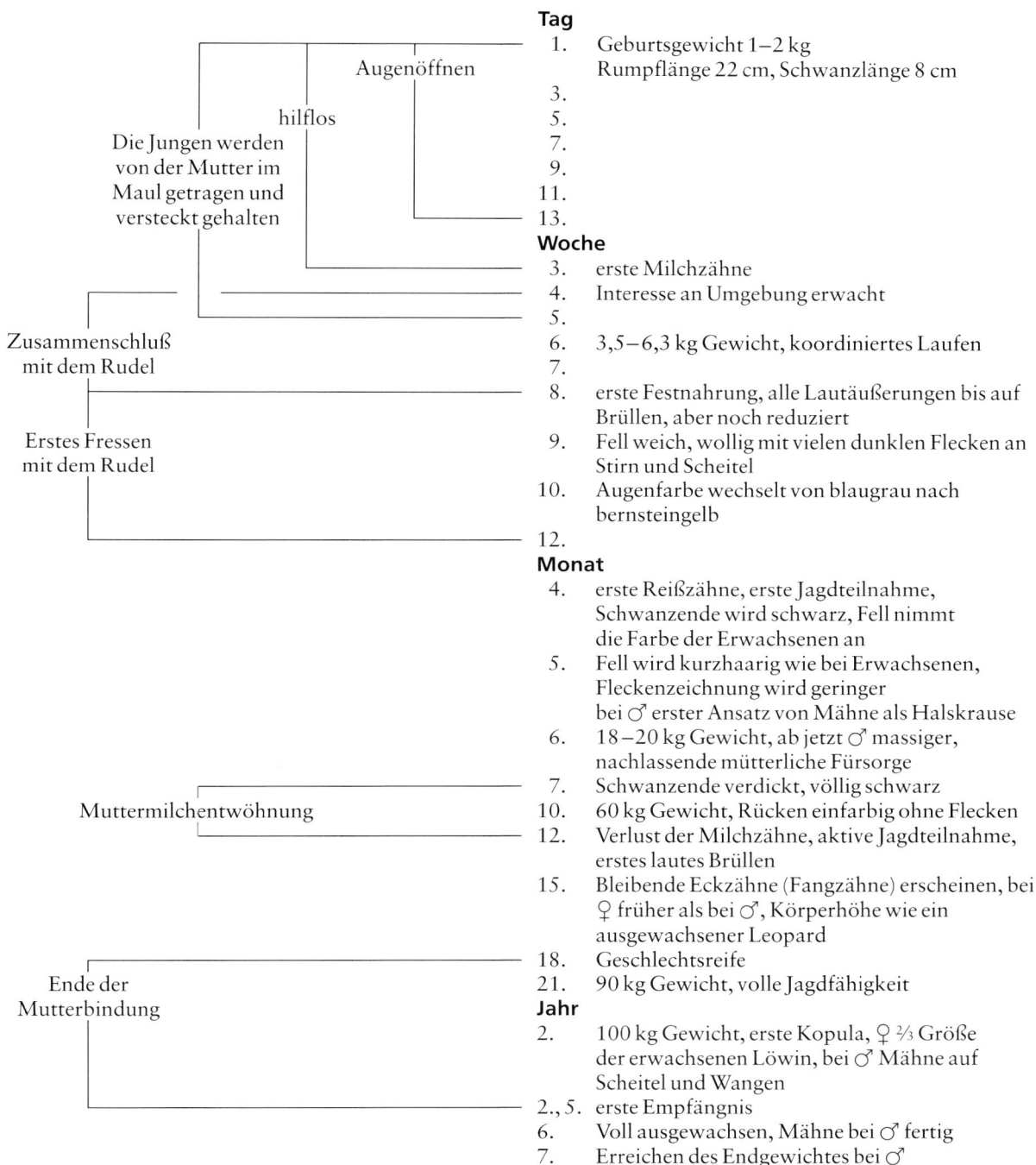

Tag

1. Geburtsgewicht 1–2 kg
   Rumpflänge 22 cm, Schwanzlänge 8 cm
3.
5.
7.
9.
11.
13.

Woche

3. erste Milchzähne
4. Interesse an Umgebung erwacht
5.
6. 3,5–6,3 kg Gewicht, koordiniertes Laufen
7.
8. erste Festnahrung, alle Lautäußerungen bis auf Brüllen, aber noch reduziert
9. Fell weich, wollig mit vielen dunklen Flecken an Stirn und Scheitel
10. Augenfarbe wechselt von blaugrau nach bernsteingelb
12.

Monat

4. erste Reißzähne, erste Jagdteilnahme, Schwanzende wird schwarz, Fell nimmt die Farbe der Erwachsenen an
5. Fell wird kurzhaarig wie bei Erwachsenen, Fleckenzeichnung wird geringer bei ♂ erster Ansatz von Mähne als Halskrause
6. 18–20 kg Gewicht, ab jetzt ♂ massiger, nachlassende mütterliche Fürsorge
7. Schwanzende verdickt, völlig schwarz
10. 60 kg Gewicht, Rücken einfarbig ohne Flecken
12. Verlust der Milchzähne, aktive Jagdteilnahme, erstes lautes Brüllen
15. Bleibende Eckzähne (Fangzähne) erscheinen, bei ♀ früher als bei ♂, Körperhöhe wie ein ausgewachsener Leopard
18. Geschlechtsreife
21. 90 kg Gewicht, volle Jagdfähigkeit

Jahr

2. 100 kg Gewicht, erste Kopula, ♀ ⅔ Größe der erwachsenen Löwin, bei ♂ Mähne auf Scheitel und Wangen

2.,5. erste Empfängnis

6. Voll ausgewachsen, Mähne bei ♂ fertig
7. Erreichen des Endgewichtes bei ♂

- Augenöffnen (Tag 1 – Tag 13)
- hilflos (Tag 1 – Woche 3)
- Die Jungen werden von der Mutter im Maul getragen und versteckt gehalten (Tag 1 – Woche 5)
- Zusammenschluß mit dem Rudel (Woche 4 – Woche 8)
- Erstes Fressen mit dem Rudel (Woche 8 – Woche 12)
- Muttermilchentwöhnung (Monat 7 – Monat 12)
- Ende der Mutterbindung (Monat 18 – Jahr 2.,5.)

Gemeinsam sind die Jungen stark

Im Normalfall bringt eine Mutter isoliert von anderen Löwen ihre Jungen zur Welt und versorgt diese ohne fremde Hilfe – für die Mutter eine harte und entbehrungsreiche Zeit. Sie erstrebt deshalb auch, bald wieder dauernden Anschluß an ihr Rudel zu bekommen. Es kann sogar vorkommen, daß sich – wie Hanby und Bygott es beschreiben – eng benachbarte, aber bislang dennoch getrennt von den eigenen Müttern betreute Geschwistergruppen vereinigen und die zurückkehrenden Mütter vor die vollendete Tatsache stellen, jetzt gemeinsam aufwachsen zu wollen.

Neugeborenes beim Transport

Dem Rudel werden die Jungen erst vorgestellt, wenn sie vier bis sechs Wochen alt sind. Vorher kann es allerdings geschehen, daß sich eine Tante oder gute Freundin zu der Mutter gesellt und sich an der Aufzucht beteiligt. Das ist hin und wieder sowohl bei nomadisierenden Löwinnen als auch bei Rudellöwinnen der Fall. Für die Mutter wird es dann natürlich leichter. Eine der beiden Löwinnen bleibt fast immer bei den Jungen, so daß diese quasi rund um die Uhr bewacht sind. Die andere Löwin kann währenddessen auf Jagd und zur Tränke gehen oder sich von der Jungenbetreuung dösend erholen.

Gelegentlich bekommen mehrere Löwinnen desselben Rudels zur gleichen Zeit ihre Jungen und bleiben zusammen. Dann unterstützen sie sich gegenseitig bei der Jungenbetreuung und -aufzucht. Für die Jungen wiederum entsteht der Vorteil, daß sie von Beginn ihres Lebens an in der Kohorte – wie man solche Jungengemeinschaften nennt (s. S. 49) – leben. Das bindet die Jungen sehr stark aneinander, aber auch an ihre Tanten, bei denen alle jederzeit trinken können.

Im Masai-Mara-Nationalreservat in Kenia bekamen zwei Löwinnen im Abstand von zwei Tagen je zwei Junge, die gemeinsam betreut wurden und im gleichen Versteck abgelegt wurden. Als wir nach sechs Monaten in die Gegend zurückkehrten, fanden wir die beiden individuell gut erkennbaren Löwinnen mit drei inzwischen kräftig herangewachsenen Jungtieren innerhalb eines zwölfköpfigen Rudels wieder. Die Verbundenheit dieser beiden Mütter untereinander war ungewöhnlich groß. Immer noch verbrachten sie die weitaus längste Zeit des Tages gemeinsam. Ihre verbliebenen drei Jungen, die wir keiner der Mütter individuell zuordnen konnten, waren immer in der Nähe. Diese fünf Tiere bildeten eine besonders eng aneinander gebundene Gruppe innerhalb ihres Rudels.

Rudellöwen-Koalitionen, die aus vier oder mehr Tieren bestehen, werden immer von Mitgliedern der gleichen Kohorte gebildet (62,63,65). Die weiblichen Mitglieder solcher Kohorten bleiben als Rudellöwinnen in ihrem Geburtsrudel. Sie haben weniger Neigung, dieses zu verlassen als einzeln groß gewordene Löwinnen. Männliche Löwen, die allein groß werden, müssen sich später mit fremden Artgenossen zu Koalitionen zusammenschließen.

Solche Vergesellschaftungen von Müttern mit Jungen ähnlichen Alters sind – trotz der Vorteile, die solche Bindungen bieten – nicht von vornherein stabil. Im Musiaragebiet des kenianischen Masai-Mara-Nationalreservates hatten sich zwei Mütter mit je zwei Jungen im Alter von sechs bis acht Wochen für drei Tage fest zusammengeschlossen – mit der bereits erwähnten Arbeitsteilung, von der alle profitierten. Dann trennten sie sich wieder für vier Tage. In dieser Zeit hatte die Mutter der kleineren Jungen Kontakt mit ihrem Rudel. Die Mutter der älteren Löwenkinder dagegen hatte ihren Nachwuchs dem Rudel eine Woche später immer noch nicht vorgestellt.

Löwenmütter wählen den Zeitpunkt, zu dem sie ihre Jungen dem Rudel zuführen, nicht nach der Reife der Löwenbabys, sondern nach Möglichkeit so, daß kein weiter Weg zurückgelegt werden muß. Die Kleinen sind in den ersten Lebenswochen nämlich noch recht schlecht zu Fuß. Ist das Löwenrudel also sehr weit von dem kleinen Mutter-Kind-Verband entfernt, wartet die Löwin offenbar, bis das Rudel von sich aus in die Nähe kommt. Das kann in Gegenden mit wenig Beutetieren und daher großen Ausmaßen der Territorien unter Umständen viele Wochen dauern.

Bei der Vorstellung selbst gibt es keine Probleme. Die Rudelmitglieder begrüßen Mutter und Kinder in typischer Weise und ohne Aggressionen. Junge Löwen sind gegenüber Artgenossen überaus zutraulich. Sie beginnen mit jedem anderen Löwen meist ein Spiel, auf das dieser zumindest symbolisch kurzfristig eingeht. Selbst gegenüber den Mitgliedern der Führungskoalition können sich kleine Löwen allerlei herausnehmen, was die »alten Männer« sicher stört, aber nicht zu Aggressionen veranlaßt. Die dem Rudel zugeführten Junglöwen werden unverzüglich integriert. Sie schließen sich besonders leicht an andere Jungtiere an, mit denen sie durch das Spiel intensive Kontakte knüpfen und eine Kohorte bilden. Dennoch führen manche Mütter ihre Jungen auch oft für Stunden oder Tage wieder vom Rudel fort, um sie sicherheitshalber vorübergehend in einem Busch oder einer Felsspalte zu verstecken.

Immer diese blöden Tanten

Kinder von nomadisierenden Löwinnen stoßen bei anderen Nomaden-Löwen auf wenig familiäres Verständnis. Im Etoscha-Nationalpark in Namibia, in dem Anfang der achtziger Jahre viele Löwen durch Brandzeichen markiert und dadurch für uns leicht persönlich zu identifizieren waren, folgten wir einige Tage einer Löwin mit nur einem verbliebenen sechs Wochen alten Jungtier. Diese stieß eines Tages auf eine andere nomadisierende Löwin. Offenbar kannten die beiden einander, denn sie begrüßten sich freundlich. Die fremde Löwin mißhandelte das Jungtier jedoch in einer Weise, die auf uns sehr brutal wirkte. Sie schlug nach dem Baby, das sich mehrfach überkugelte, kläglich jammerte und sich nach mehreren solcher Mißhandlungen kaum noch fortbewegen konnte. Die eigene Mutter behandelte das Kind zwar liebevoll, leckte es, stupste es mit der Nase an und ging sehr behutsam mit dem Kleinen um. Sie hinderte die fremde Löwin aber nicht daran, immer wieder so rabiat mit ihrem Kind umzugehen. Drei Tage später fanden wir die Mutter allein; die andere Löwin hatte sie verlassen. Das Jungtier haben wir nicht wiedergesehen.

XIX.

Wenn Löwen sterben müssen

Im Masai-Mara-Nationalreservat in Kenia ist – jedenfalls bis zur Abfassung dieses Manuskriptes im Jahre 1992 – das Verlassen der Fahrwege gestattet. In der Nähe von Keekorok, ein paar hundert Meter von einem Hauptweg entfernt, liegt ein gelbbraunes Etwas regungslos im Gras. Ist es ein Baumstamm? In dieser Gegend gibt es keine Bäume. Termitenhügel? Kommt auch nicht in Frage, denn die stehen nicht einzeln. Ein Tier? Kann auch nicht angehen, denn es bewegt sich nicht. Nun haben wir die eherne Angewohnheit, alles Unbekannte zunächst mit Ferngläsern zu überprüfen und, wenn es damit nicht zu klären ist, so nahe wie möglich heranzufahren.

Diesmal ist es eine Löwin, genauer: das Jammerbild eines mit Löwenhaut überzogenen Skelettes. Die Löwin liegt auf der Seite, ihre Atembewegungen sind kaum noch zu erkennen. Schwach, aber regelmäßig zieht sich die dünne Muskulatur zwischen den Rippen ein und wölbt sich danach wieder vor. Wir sind tief ergriffen angesichts dieses natürlichen Sterbens. Die Löwin ist unversehrt. Im Laufe der nächsten Stunden sehen wir, daß die Löwin noch alles bewegen kann, wenn auch nur selten und mühsam. Das Fell ist keineswegs struppig oder schmutzig, sondern glatt; es glänzt sogar in der Sonne. Hin und wieder zuckt ihr Schwanz, wehrt sogar noch ein paar Fliegen ab. Ohne für uns erkennbaren Anlaß erhebt die Löwin ihren Kopf und blickt so weit in die Runde, wie die Seitenlage ihr das gestattet. Die Augen sind klar, meist hält sie die Lider geschlossen. Die Lippen sind leicht geöffnet, an den Zähnen erkennen wir ihr hohes Alter. Es ist bejammernswert, wie mager diese Löwin ist. Sie muß wochenlang keine Nahrung mehr zu sich genommen haben. Die Beckenknochen scheinen nur noch Aufhänger für das Fell zu sein. Muskeln sind am Hinterteil und an den Beinen nicht mehr erkennbar. Die bei Löwen sonst so stark ausgeprägte Halsmuskulatur ist verschwunden; die Pranken am Ende der dürren Beine wirken besonders groß. Nur der Kopf ist nicht so extrem abgemagert wie der übrige Körper.

Löwen haben eine sehr ausdrucksvolle Mimik, wie wir an anderer Stelle (s. S. 31 ff.) berichteten. Die unterschiedlichen Gesichtsausdrücke der Löwen mit ihren unterschiedlichen Bedeutungen haben uns immer fasziniert. Diese sterbende Löwin wirkt – obwohl sie wach ist – wie eine Schlafende. Manchmal denken wir, sie sei schon tot. Aber dann zwinkert sie eine zu groß gewordene Fliegenschar von ihren Augenlidern fort oder zuckt mit den Ohren. Ganz selten einmal schließt sie den meist halboffenen Mund, leckt sich ein wenig die Lippen. Nein, tot ist sie nicht. Tot ist sie noch nicht. Sie lebt, aber der Lebensfaden ist zum Zerreißen dünn.

Unsere Töchter, die uns begleiten, haben noch nicht viel mit dem Tod und noch gar nichts mit dem unmittelbaren Sterben zu tun gehabt. Sie sind innerlich bewegt, tief erschüttert. Ohne daß sie schluchzen, laufen ihnen die Tränen über die Wangen. Wir Älteren sind ganz ernst. Die Bewegungen sind die einzigen Hinweise dafür, daß das Leben noch nicht erloschen ist. Sie laufen völlig koordiniert ab. So wie immer. So wie im gesamten Leben dieser Löwin, deren Alter wir auf dreizehn oder vierzehn Jahre schätzen. Ihre Reizschwellen für das Abwehren der Insekten sind herabgesetzt. Vorbeiziehende Tiere, von fern kommende Geräusche oder auch uns im 30 Meter entfernt stehenden Fahrzeug registriert die Löwin kaum noch oder verzögert, auf jeden Fall nur mit geringer Intensität.

Das alles nehmen wir zunächst noch relativ sachlich wahr, analysieren die sichtbaren Vorgänge beim Sterben eines Großsäugers. Aber unausweichlich kommen immer mehr Emotionen in unsere Gedanken.

»Quält sie sich wohl?«, fragen wir uns. Niemand kann das genau erfahren, denn Löwen können sich uns nicht mit einer präzisen Sprache offenbaren. Wir sind auf Analogieschlüsse angewiesen. Und Löwen, von denen wir annehmen müssen, daß sie sich quälen, haben wir oft gesehen. Humpelnde, blutende, verletzte, verstümmelte Löwen jeden Alters. Sie alle waren unruhig, gaben uns Hinweise auf die Ursache ihrer Qual, indem sie Wunden leckten, zerschmetterte Gliedmaßen beim Gehen schonten, stöhnten, schwer atmeten. Das werteten wir als Ausdruck akuten, quälenden Schmerzes. Heute bemerken wir davon nichts. Diese sterbende Löwin scheint sich wirklich nicht zu quälen.

»Leidet sie denn?« Bei der Beantwortung dieser Frage sind wir noch mehr auf Spekulationen angewiesen. Aus den Lebensäußerungen läßt sich so etwas nicht schließen. Warum sollte sie leiden? Vielleicht will sie aufstehen? Sicher wird sie trinken wollen. Aber das meinen wir jetzt nicht mit dem Leiden.

Abstraktes ist Tieren fremd. Tod und Leben sind keine Kategorien, in denen Löwen denken. Ein sterbendes Tier resümiert weder sein verdämmerndes Leben noch denkt es an eine unbekannte Zukunft nach Eintreten des Todes. An der Gewißheit, bald tot zu sein, leidet diese Löwin ganz sicher nicht.

Wir haben in den letzten 25 Jahren viele hochtragende Löwinnen gesehen und ganz junge Babys, auch einige Neugeborene. Wir haben Löwen in allen Situationen ihres Lebens und in allen Altersstufen über Jahrzehnte kennengelernt. Vom Leben der Löwen haben wir wirklich viel gesehen. Mit ihrem natürlichen Sterben treffen wir in dieser Intensität das erste Mal zusammen. Dennoch ist uns ganz klar, wie unmittelbar Leben und Sterben zusammengehören. Wir reihen diesen Vorgang des Sterbens ein in die Lebensäußerungen – so wie Zeugung, Geburt, Schlafen, Fressen, Trinken, Spielen, Jagen und Kämpfen. Solange noch Leben in dem Tier ist, ist das Sterben nur eine besondere Schicksalsphase. Diese Löwin stirbt langsam, bedächtig. Sie stirbt ohne Dramatik.

In den letzten Jahrzehnten dieses für uns Menschen an Leiden und Sterben so reichen Jahrhunderts war immer mehr von der Würde des Menschen die Rede. Durch die moderne Medizintechnik und die damit fast zwangsläufig anwachsende Seelenlosigkeit ist uns weitgehend das Gefühl verlorengegangen, daß Sterben etwas mit Menschenwürde zu tun haben kann. Durch die Auslagerung des Sterbens aus der vertrauten Umgebung in die sterile Welt der lebensverlängernden Apparatemedizin vertreiben wir diese Würde. Die sterbende Löwin im Savannengras ihrer vertrauten Heimat darf endgültig friedlich einschlafen. Wir sind darüber froh, wir gönnen ihr diesen Tod.

Im letzten Viertel dieses Jahrhunderts wird dem zivilisierten naturfremden Menschen die Würde des Tieres immer mehr als Thema nahegebracht, über das er nachdenken sollte. Es gehört zum Verdienst des Tierschutzes, endlich das kartesische Denken zu überwinden, wonach Tiere seelenlose Maschinen sind. Dennoch ist es für den heutigen technisch eingestellten Menschen schwer, sich deutlich zu machen, was es mit der Würde des Tieres auf sich hat. Er hat in seinem zivilisierten Leben so gut wie nichts mehr mit Tieren in ihrer natürlichen Umgebung zu tun – und schon gar nicht mit der Würde des Tieres beim Sterben. Auf dem Schlachthof, bei der Schädlingsbekämpfung oder im Tierversuch hat der Gedanke an die Würde des Tieres keinen Platz. Jäger, die sich für die letzten naturverbundenen Menschen der Welt halten, gaben diesen Überlegungen einen neuen Impuls: Leidende Tiere – was darunter zu verstehen ist, definieren sie selbst – könne man durch einen gezielten Schuß »erlösen«. Der Anflug des Göttlichen beim Entscheid über Leben und Tod eines Mitgeschöpfes drückt sich in der Wortwahl der Jäger aus, wenn sie von einem »Gnadenschuß« reden – eine ungewöhnliche Anmaßung.

Und wie verhielt es sich mit der Würde des Sterbens bei unserer Löwin? Hätte ein »Gnadenschuß« dieses Lebewesen »erlöst«? Als Augenzeugen dieses Sterbevorgangs wird uns die Ungeheuerlichkeit derartig blasphemischer Gedanken und Vorschläge mit großer Eindringlichkeit bewußt. Unser Gespräch über diese Thematik im Anblick der sterbenden Löwin auf der weiten Grassavanne ihres Territoriums gibt uns die ethische Sicherheit, daß diese Löwin nicht erlöst werden muß. Erlöst – wovon? Und sie muß auch keine Gnade empfangen. Von wem? Sie leidet auch nicht. Woran? Vielmehr durchlebt sie die letzte Phase ihres alten Lebens, so wie sie vor dreizehn oder vierzehn Jahren im Bauch ihrer Mutter ihre ersten Bewegungen machte. Unbewußt.

Den Vorgang mit wachen Sinnen, offenem Herzen und aufgeschlossener Seele miterleben zu können, ist für uns eine große Bereicherung. Wir haben ein Stück mehr erfahren vom Leben der Löwen und wir sind dankbar für die Anschauung von der Würde im Sterben.

Sterben viele Löwen in Würde? Läßt man sie in Würde sterben? Sterblich sind wir alle, Menschen, Löwen, Lanzettfischchen, Pantoffeltierchen und Gene. Das Sterben an sich ist nicht würdevoller oder würdeloser als das Leben. Würdelosigkeit kommt erst beim Töten auf. Das Töten ist geradezu die vorsätzliche Verhinderung des Sterbens in Würde. Wovon soll ein Lebewesen erlöst werden, wenn es so natürlich stirbt wie diese Löwin? »Erlösung« oder »Gnade« werden ihm aufgezwungen, wenn es vorsätzlich getötet wird.

Unsere Überlegungen werden abrupt gestört. Vom Hauptweg nähert sich ein Touristenfahrzeug. Die Leute haben uns so lange mitten im Feld stehen sehen und vermuten, hier gäbe es etwas Besonderes. Eigentlich freuen wir uns nicht, wenn wir allein ein Tier beobachten und andere Leute dazukommen, aber wir unternehmen sonst auch nichts, um das zu ändern. In diesem Fall aber wollen wir verhindern, daß ein zweites Fahrzeug dazukommt. Möglicherweise kommen bald noch mehr Sensationshungrige und bilden eine Wagenburg um die sterbende Löwin. Das wollen wir mit allen Mitteln unterbinden. So fahren wir dem anderen Fahrzeug entgegen und lügen den Touristen vor, wir hätten an dem gelbbraunen Sandfleck Rennvögel beobachtet und die wären gerade fortgeflogen. Wir glauben, der Löwin damit den Dienst erwiesen zu haben, wirklich in Würde sterben zu können.

Als wir zwei Stunden später zu dem Platz zurückkommen, ist sie tot. Sie liegt in der Stellung, in der wir sie verlassen haben, und macht den Eindruck einer Schlafenden – ganz so, wie zu dem Zeitpunkt, als wir sie entdeckten.

Hunger als Todesstoß

Außer dem Menschen haben Löwen keine Feinde! Das ist zwar eine sehr verbreitete Meinung, die jedoch in dieser Vereinfachung nicht richtig ist. Zunächst einmal sind junge Löwen vielfältigen Gefahren durch andere Raubtiere ausgesetzt. Sodann sind auch ausgewachsene Löwen, wenn sie infolge von Parasiten oder Krankheiten geschwächt sind, durch Raubtiere gefährdet, zumindest wenn diese in Gruppen auftreten. Insgesamt spielen Tötungen durch andere Raubtiere bei Löwen jedoch keine große Rolle. Die Haupttodesursache ist zweifellos das Verhungern.

Den größten Tribut fordert Nahrungsmangel bei Junglöwen. Das liegt nicht – wie man zunächst vermuten könnte – daran, daß sie zu schwach sind, sich am Riß ihren Anteil zu holen. Vielmehr ist die hohe Sterberate durch Verhungern bei jungen Löwen darin begründet, daß sie einen relativ hohen Nahrungsbedarf haben. Ein erwachsener Löwe muß Nahrungsstoffe in seinen Erhaltungsstoffwechsel einspeisen, er braucht nur so viel Nahrungsstoffe, wie zum Erhalt seines Lebens notwendig ist. Junglöwen dagegen müssen wachsen. Sie benötigen dafür mehr Nahrung. Man spricht in diesem Zusammenhang von einem Baustoffwechsel. Solange junge Löwen noch voll von der Muttermilch abhängig sind, also während ihrer ersten zwei Lebensmonate, haben sie eine geringfügig verbesserte Chance, dem Hungertod zu entgehen, als wenn sie etwas älter sind. Wenn das Rudel allerdings keine Jagderfolge hat und die Mütter hungern, vermindert sich deren Milchproduktion so stark, daß die Löwenbabys sozusagen am Gesäuge verhungern. Wir haben in Afrika häufig milchgebende Löwinnen gesehen, die allein oder mit ihrem Rudel in beklagenswertem Ernährungszustand waren und ihren Jungen praktisch keine Milch mehr anzubieten hatten.

Es sind dramatische Szenen des Hungerns, die man dabei beobachten kann. Die Jungen, die in diesem Stadium meist schon geschwächt und abgemagert sind, setzen alles daran, aus dem leeren Gesäuge ihrer Mütter und Tanten noch etwas Milch herauszubekommen. Das bereitet den milchgebenden Löwinnen offensichtlich Schmerzen. Wir haben auch oft wundgescheuerte oder blutig gebissene Zitzen gesehen, aus denen Jungtiere verzweifelt noch etwas Milch herauszusaugen versuchten. Diese Löwinnen werden zunehmend rabiater gegen die Kleinen und lassen sie zum Schluß gar nicht mehr an ihr Gesäuge. Als erstes Zeichen des Milchmangels haben wir beobachtet, daß Löwinnen, die wir individuell kannten, von einem zum anderen Tag ältere, aber noch regelmäßig saugende Junglöwen nicht mehr an ihr Gesäuge ließen. Sie gestatten es dann nur noch ihren eigenen Kindern, Milch zu trinken. Fremde Jungtiere werden unabhängig von ihrem Alter abgewiesen. So sahen wir 1979 im Mikumi-Nationalpark in Südtansania, wie eine milchgebende Löwin zwei etwa sechs Wochen alte fremde Babys nicht an ihr Gesäuge ließ, während sie ihren beiden eigenen, etwa fünf Monate alten Kindern noch das Saugen gestattete, wenn auch nur kurzzeitig und unter fortgesetztem gegen die Kinder gerichteten Drohen und Knurren. Dabei ist die Toleranz von Löwenmüttern gegenüber Junglöwen, die jünger sind als die eigenen Kinder, normalerweise recht groß. Die Löwin läßt ein fremdes Junges eher trinken, wenn dieses jünger ist als ihre eigenen, als daß sie größeren den Zugang zur Milchquelle gestattet.
Dort, wo diese Frage untersucht wurde, ist eine eindeutige Beziehung zwischen Sterblichkeit der Jungen und Verknappung der Nahrung festzustellen. Das gilt für den Serengeti-Nationalpark in Nordtansania (5) und den Queen-Elizabeth-Nationalpark in Uganda (58). Uneinheitlich sind die Forschungsergebnisse in der Frage, ob es auf die Jungensterblichkeit günstigen Einfluß hat, wenn im Rudel mehrere milchgebende und betreuende Mütter vorhanden sind. Diese Ergebnisse sind sogar in gleichen Gebieten uneinheitlich. So fand der Feldforscher Bertram (6) heraus, daß sich die Überlebenschance der Jungen verbessert, je mehr milchgebende Löwinnen im Rudel vorhanden sind. Im gleichen Gebiet beobachteten dagegen Hanby und Bygott, daß mehrere milchgebende Löwinnen die Überlebenschancen der Jungen nicht verbesserten, ein Ergebnis, das auch bei Feldforschungen im Queen-Elizabeth-Nationalpark bestätigt wurde (58). Wahrscheinlich hängt das damit zusammen, daß der Ernährungszustand aller Löwen eines Rudels ungefähr gleich ist. In üppigen Zeiten sind alle Löwen wohlgenährt und die Löwinnen sehr freigebig mit ihrer Milch, in mageren Zeiten sind alle gleichmäßig schlecht ernährt und die Milchproduktion sinkt bei allen Weibchen gleichzeitig und gleichmäßig.

Sobald die Junglöwen von der Muttermilch völlig unabhängig sind, also mit Sicherheit im 9. Lebensmonat, verhungern viele, weil sie sich am Riß gegen die stärkeren Rudelgenossen nicht durchsetzen können und nur dann Fleisch bekommen, wenn der Jagderfolg entsprechend groß war. Es ist eine unerbittliche Regel, daß am Riß nicht durchsetzungsfähige oder für ihren Beuteanteil nicht kampfbereite Löwen verhungern. Die Chance der Junglöwen, das erste Lebensjahr zu überleben, richtet sich nach dem Nahrungsangebot in der schlechtesten Zeit des Jahres.

Wenn die Beutetiere knapp werden, muß das Löwenrudel auf der Suche nach Nahrung große Strecken zurücklegen. Das hat erhöhten Energieverbrauch zur Folge. So kann es geschehen, daß hungernde Löwen nicht mehr die Kraft aufbringen, dem Rudel auf dem Marsch zum nächsten

Riß zu folgen. Sie bleiben im wahrsten Sinne des Wortes auf der Strecke. Selbst wenn sie sich noch zu einem Platz schleppen können, an dem Beutetiere vorhanden sind, haben sie nicht mehr die Kraft, selbst zu jagen. Im Masai-Mara-Nationalreservat in Kenia haben wir erlebt, daß sieben erwachsene Löwinnen aus Erschöpfung nicht in der Lage waren, ein Gnu zu Boden zu bringen. Eine dieser Löwinnen hatte ein Gnu nur deshalb erwischt, weil es direkt in die erschöpft im Gras liegende Löwin hineintrottete. Drei andere Löwinnen kamen sofort zu Hilfe, vermochten das Gnu aber nicht zu töten. Zwei der hinzugekommenen Löwinnen legten sich daraufhin neben dem Gnu nieder, während zwei weitere ebenfalls versuchten, das Gnu zu töten, aber ebenfalls erfolglos blieben. Das Gnu entkam dem Rudel dieser stark geschwächten Löwen, ohne daß auch nur eine Löwin den Versuch gemacht hätte, der bereits angeschlagenen Beute zu folgen.

Wie bereits erwähnt, übernehmen Löwen nicht selten von anderen Raubtieren deren Beute. Wenn die Löwen durch Hunger bereits deutlich geschwächt sind, haben sie keine Aussichten, einem Hyänenrudel oder auch nur einem einzelnen Leoparden seine Beute abzunehmen. Selbst mit Schabrackenschakalen und Geiern werden sie dann manchmal nicht fertig. Im Nairobi-Nationalpark in Kenia haben wir beobachtet, wie ein geschwächter Mähnenlöwe nicht in der Lage war, den Kadaver einer Grantgazelle gegen Geier zu verteidigen. Es handelte sich dabei um Reste einer Gepardenmahlzeit, die von den gefleckten Katzen schon verlassen war, weil sie satt waren. Mit äußerster Kraftanstrengung versuchte der alte Mähnenlöwe, die fast nur noch aus Sehnen und Knochen bestehenden Überreste unter eine Dornenakazie zu schleppen. Nachdem ihm das endlich gelungen war, stibitzten mehrere Schabrackenschakale in kurzen Vorstößen noch die allerletzten Fleischfetzen.

Für alte Löwen gibt es noch eine Variante des Verhungerns, die nichts mit Verknappung der Beute zu tun hat. Im Alter zwischen zwölf und sechzehn Jahren werden die Zähne zunehmend unbrauchbarer (86). Alte männliche Tiere, die ihr Leben allein führen müssen, können mit einem miserablen Gebiß nicht mehr allein Beute machen. Ihre Kumpane – oft ehemalige Koalitionsgenossen – sind meist gleich alt und mit ihren Zähnen ebenso schlecht dran. Alte nomadisierende Löwinnen haben ähnliche Probleme, sie werden aber eher am Riß jüngerer Nomadinnen geduldet. Selbst mit der Übernahme von Beute anderer Raubtiere ist das Problem für alte Löwen nicht mehr zu lösen. Denn nicht nur die für den Beuteerwerb benötigten vorderen Zähne, sondern auch die hinteren, als Brechschere dienenden Zähne sind dann kaum noch zu gebrauchen.

Wenn es Löwen in Gefangenschaft auf ein Alter bis zu 29 Jahren gebracht haben, so hat das sicher nicht nur mit den im Zoo fehlenden Feinden zu tun, sondern auch mit der Tatsache, daß sie mit einfach zu bewältigendem, vorbereitetem Fleisch gefüttert werden.

Zu viele Menschen, zuwenig Beute

Mangel an Beutetieren hat viele Gründe. Einerseits können die typischen Beutetiere durch ungewöhnliche klimatische Bedingungen, wie außergewöhnliche Trockenzeiten oder Überschwemmungen, fortgewandert sein. Andererseits kann eine Seuche sie dahingerafft haben. Zunehmend häufiger vertreiben menschliche Aktivitäten die typischen Beutetiere der Löwen aus ihren angestammten Gebieten. Die Rudellöwen können darauf nicht schnell genug durch Aufgabe ihrer Territorien reagieren und müssen deshalb Hunger leiden. In der Gegend um das Fort Ikoma an der Nordgrenze Tansanias außerhalb der Grenzen des Serengeti-Nationalparks gab es vor Jahren sehr gute Wildbestände, so daß dort viele Löwenrudel ihr Auskommen hatten. Durch zunehmende menschliche Besiedlung und daraus resultierende menschliche Aktivitäten wie Ackerbau und Viehwirtschaft sind dann viele Beutetiere der Löwen abgewandert. Unter derartigen Umständen geraten die verbleibenden Tiere unter starken Bejagungsdruck der Löwen, so daß sie oft fortziehen,

auch wenn sie nicht durch menschliche Aktivitäten gestört werden.
Aber oft kennen wir die Gründe nicht, warum charakteristische Beutetiere des Löwen aus einer Gegend verschwinden, in der sie über viele Jahre häufig vorkamen. Fraglos spielen langfristige großklimatische Änderungen eine Rolle. Die Vegetation hat sich in manchen Gebieten Afrikas in wenigen Jahren dramatisch verändert. Sie bietet dann natürlich auch anderen Pflanzenfressern Lebensgrundlagen. An diese neuen Tierarten können Löwen schlechter angepaßt sein. Die neu in ein Gebiet Eingewanderten sind vielleicht für die Löwen zu schnell, zu gefährlich, zu wachsam, oder sie sind ihnen einfach zu wenig vertraut.
Eine große Gefahr für die Löwen stellt die Landnahme der stetig wachsenden Bevölkerung in Afrika dar. Das Bevölkerungswachstum wirkt sich einerseits auf die Beutetiere des Löwen aus, andererseits ist eine direkte Verfolgung des Löwen, des vermeintlichen oder tatsächlichen Freßfeindes der Haustiere, die Folge.

Am Zaun ist es mit der Wanderschaft vorbei

Sofern Menschen in ehemals von Löwen besiedelten Gebieten Ackerbau betreiben, wird dadurch die Landschaft dramatisch verändert, wenn nicht gar die Beutetiere des Löwen ganz vernichtet werden oder von sich aus verschwinden. Manchmal werden die Wanderungen der Beutetiere durch landschaftliche Nutzung behindert, ohne daß die Äcker direkt im Lebensraum des Löwen errichtet werden.
Dafür ist der sehr kleine Nairobi-Nationalpark in Kenia ein Beispiel. Dieser Park war immer nach Süden und Südosten hin offen für die jahreszeitlich bedingte Ein- und Auswanderung der Huftiere. Seit die Besiedlung und damit die Landwirtschaft bis an die Nationalparkgrenzen heranreichen, sind die Wanderungen der Huftiere gestört. Einerseits werden sie durch Zäune behindert, andererseits werden die Tiere direkt verfolgt, weil sie den Farmern und Kleinbauern die Ernte wegfressen. Die Wanderungen der Zebras, Kongonis und Gazellen zum und vom Nairobi-Nationalpark werden deshalb immer stärker eingeschränkt. Der Park selbst ist aber zu klein, um den Tieren das Überleben zu ermöglichen. Zäune zum Schutz der Landwirtschaft stellen noch keine lückenlosen Barrieren für die Wanderungen dar. Man staunt immer wieder, mitten in dicht besiedelten und landwirtschaftlich genutzten, eingezäunten Gebieten Wildtiere auf der Wanderung zu sehen. Sie finden Landstriche, die ihnen das gestatten, weil diese (noch) nicht eingezäunt sind oder die Tiere Lücken in den Zäunen finden.
Es gibt in Afrika aber bereits Wildzäune, die speziell zu dem Zweck errichtet werden, die Wanderungen zu verhindern. Solche Zäune gibt es zum Beispiel in Botswana, wo sie gezielt errichtet wurden, um das Wild an seinen traditionellen Wanderungen zu hindern. Das geschieht, um Haustiere, in erster Linie Rinder, vor der Ansteckung mit Maul- und Klauenseuche und anderen Tierseuchen zu schützen, die von den Wildtieren verbreitet werden können. Derartig einschneidende Maßnahmen haben unmittelbar an den Zäunen ein Massensterben riesiger Herden wandernder Wildtiere, wie etwa des Südlichen Streifengnus in der Kalahari, zur Folge. Durch die Wirkung auf die Wanderungen der Pflanzenfresser haben die Wildzäune auch drastische Rückwirkungen auf die von ihnen abhängigen Raubtiere. Es ist unmittelbar einleuchtend, daß Menschen ihr Hab und Gut schützen wollen. Andererseits dreht sich jedem, der nur ein wenig Einblick in ökologische Zusammenhänge hat, das Herz im Leibe um, wenn er sich die vielfältigen Folgen dieser Schutzmaßnahmen des Menschen auf die Wildtiere vor Augen führt.

»Viehräuber« – nur ein billiger Vorwand für Löwenjäger

Auch die direkte Verfolgung durch den Menschen kann für den Löwen schwerwiegende Folgen haben. Dabei ist keineswegs sicher, daß alle Löwen, die von Hirten und Viehhaltern angeblich zum Schutze ihrer Tiere getötet werden, auch tatsächlich Viehdiebe sind. Vielfach ist der Viehdiebstahl nur ein Vorwand, Löwen zu töten. Das ermöglicht in manchen Fällen die Ausdehnung landwirtschaftlich genutzter Flächen auf Gebiete, die wegen ihrer Löwenbesiedlung als unsicher galten. Es soll aber keineswegs bestritten werden, daß es Situationen gibt, in denen Löwen den Viehhaltern erheblichen Schaden zufügen können. Allerdings gibt es andere Möglichkeiten, die Löwen vom Vieh fernzuhalten, als sie zu töten. Dornenverhaue, in die das Vieh nachts hineingetrieben wird, neuerdings auch Elektrozäune und regelmäßig organisierte Wachdienste können gefährdete Viehherden durchaus effektiv vor dem Zugriff der Löwen schützen. Aber es ist in der Tradition aller afrikanischen Völker begründet, diese Frage mit Waffengewalt zu lösen. Dabei spielt sicher die Überlieferung eine große Rolle, daß es in vielen Völkern für junge Männer zu den Mutproben gehörte, einen Löwen zu töten. Besonders bei den Nomadenvölkern ist diese Sitte, trotz strenger staatlicher Verbote, noch keineswegs aus dem traditionellen kulturellen Kodex verbannt.

Löwen in Gefahr: die Traditionen der Masai

Die Masai in Ostafrika als typisches Nomadenvolk haben bis heute die Sitte beibehalten, Löwen zu speeren. Die Zahl der Löwen reicht heute nicht mehr aus, daß jeder männliche Masai »seinen« Löwen töten kann. Von Zeit zu Zeit aber werden zumindest Situationen fingiert, aus denen die Masai die einzig zulässige Begründung ableiten, zum Schutze ihrer Herden die Löwen töten zu müssen. Wie groß die Dunkelziffer der auf diese Weise getöteten Löwen tatsächlich ist, vermag niemand zu sagen. Gelegentlich werden den Behörden jedoch einzelne Fälle bekannt, und die werden dann auch verfolgt. Mit der Einstellung des Verfahrens ist natürlich immer dann zu rechnen, wenn der Nachweis geführt werden kann, daß der Löwe eine eindeutige Bedrohung für das Vieh darstellte und getötet werden mußte. Die Zeugen für diesen Nachweis sind oft selbst an der Jagd beteiligt gewesen.

Einen Löwen zu speeren ist eine mutige Tat – so beklagenswert diese Tat aus verschieden Gründen auch sein mag. Nur mit Schild und Speer bewaffnet einem so wehrhaften Tier entgegenzutreten, erfordert – neben Kraft, Geschick und Beherrschung der Waffen – vor allem Mut.
Nicht immer sind solche Jagden erfolgreich. Wir haben Löwen mit mehreren üblen Speerverletzungen gesehen, die aber noch entkommen konnten. Löwen fliehen schon in weiter Entfernung vor den Masai. Es wird immer wieder behauptet, dies läge am Geruch der Masai, die ja Körperpflege mit tierischen Fetten, die schnell ranzig werden, betreiben und auch andere stark riechende Substanzen benutzen. Der wiegende, weit ausgreifende Schritt der Masai, ihre traditionelle ockerrote Kleidung und überhaupt ihre bereits auf große Entfernung erkennbare Erscheinung sollen auch für den Löwen erkennbare charakteristische Merkmale sein. Für diese Erklärung spricht die Tatsache, daß Löwen vor den durch die Steppe schreitenden Masai früher, schneller und weiter fliehen als vor anderen Menschen.

Zu Fuß unterwegs – und dann ist der Löwe da ...

Es unterliegt keinem Zweifel, daß Löwen grundsätzlich dem Menschen ausweichen, wenn er sich ihnen aus größerer Entfernung in auffälliger Weise nähert. Einer unserer Fahrer in Kenia und Tansania, mit dem unsere ganze Familie seit Jahrzehnten eng befreundet ist, hat uns das schon vor vielen Jahren einmal – allerdings verbotenerweise – demonstriert. Wir fuhren mit unserem VW-Bus auf hundert Meter an einen einzelnen, unter einer Akazie liegenden Löwen heran, und unser Freund Hamisi stieg aus. Der Löwe bemerkte ihn sofort. Als Hamisi sich ihm mit zügigen Schritten näherte, erhob sich der mächtige Mähnenlöwe und trottete langsam davon. Viermal wiederholten wir das Spiel, bis es dem Löwen zuviel wurde. Er grollte drohend, setzte eine intensive Drohmimik auf und machte ein paar Ausfallschritte in Richtung auf unseren Freund, der wie der viel zitierte geölte Blitz zu unserem Fahrzeug zurückwetzte.

Dasselbe unerlaubte Spiel hat unser Freund dann bei einer späteren Gelegenheit mit einem Löwenrudel demonstriert. Hier setzte sich das ganze Rudel, es waren sicher mehr als zehn Tiere, in Bewegung, nur weil sich ein einzelner, unbewaffneter Mensch – noch dazu von kleiner körperlicher Statur – näherte. Auch wir selbst sind, wenn wir – wo es erlaubt war – zu Fuß unterwegs waren, gelegentlich auf Löwen gestoßen, die sich so gut wie immer verzogen. Stets geschah das ohne Hast und ohne daß dieser Rückzug wie eine feige Flucht wirkte. Vielmehr haben wir das Verhalten der Löwen aus unserer Perspektive stets so empfunden, daß sie sich lieber ein wenig fort bewegten, als sich in einen kräftekostenden Streit einzulassen. »Nur jeden überflüssigen Streit vermeiden«, das scheint die Devise der Löwen zu sein. Daß man sogar Löwen von ihrem Riß vertreiben kann, haben wir schon an anderer Stelle erwähnt (s. S. 96), allerdings klappt das wohl nur mit einigermaßen gesättigten, jedenfalls nicht sehr hungrigen Löwen.

Außerhalb der Nationalparks knallt's

Es kommt auch vor, daß Farmer Löwen töten, ohne daß diese unmittelbar ihr Vieh gefährden. Auf Farmen, die im Süden und Südosten unmittelbar an den Etoscha-Nationalpark in Namibia grenzen, sind solche Ereignisse nicht eben selten bekannt geworden. Die Nationalparkgrenze ist dort durch einen Zaun markiert, trotzdem gelingt es den Löwen gelegentlich, diese Absperrung zu passieren. Die Eigner der angrenzenden Großfarmen haben aus dem Nationalpark entwichene Löwen rücksichtslos abgeschossen, zum Teil sogar angeködert und an Großwildjäger zum Abschuß verkauft.

Dabei sind auch Löwen erschossen worden, die zu einem Rudel gehörten, an dem jahrelange Feldforschung betrieben wurde und die »Hauptdarsteller« in dem berühmten Film von Jean und Des Bartlett, »Lions of Etosha«, waren. Der Leiter dieses Forschungsprojektes und damalige Chefökologe des Etoscha-Nationalparks, Dr. Berry, hätte – wie er uns persönlich versicherte – auf eine leicht zu übermittelnde Nachricht hin selbstverständlich die ausgewanderten Löwen dazu veranlassen können, wieder in den Nationalpark zurückzukehren. Das hätte er schon deshalb getan, um seine Forschungsarbeit zu retten, die durch den Tod dieser Löwen zunichte gemacht wurde, aber auch als großer Freund der Löwen. Die Bevölkerung von Namibia war damals (1985) über das Verhalten der Farmer so empört, daß angesehene Zeitungen in Windhoek ausführlich darüber berichteten.

Im Farmland südlich der Etoschapfanne wurden 1982 79 ausgewanderte Löwen – bei einem Gesamtbestand von 500 – geschossen, 1983 waren es 39 und 1984 23 getötete Löwen. Der Gesamtbestand im Etoscha-Nationalpark betrug in jenem Jahr nur noch 250 Löwen.

Beim Bau der Eisenbahnlinie von Mombasa nach Nairobi gab es im Gebiet des heutigen Tsavo-Nationalparks die berühmt-berüchtigten »Maneater vom Tsavo«. Dort ist es nachgewiesenermaßen dazu gekommen, daß Löwen häufig Gleisarbeiter töteten und auffraßen. Selbstverständlich wurden die Löwen, wenn man ihrer habhaft wurde, erschossen; insbesondere, weil sich diese Tiere von der Wehrlosigkeit des Menschen überzeugt hatten und in ihm auch künftig mühelos zu überwältigende Opfer sahen.

Löwen werden auch Opfer von Wilderern. Diese verkaufen die Trophäen der Löwen, und manchmal töten sie Löwen nur deswegen, weil sie ihnen bei der Wilderei gefährlich werden könnten. Zahlen darüber sind nur sehr schwer zu ermitteln. Im Weideland nördlich des Masai-Mara-Reservates in Kenia haben wir eine Löwin, mit einer noch eiternden, zirkulären Wunde rund um den Bauch herum beobachtet. Die Wunde war offensichtlich von einer Drahtschlinge verursacht, aus der sich die Löwin befreien konnte. Die Art dieser Verletzung entsprach genau den Wunden, die wir schon bei anderen Tierarten gesehen hatten, die den Schlingen von Wilderern entkommen waren.

XX.

Zoo, Menagerie und Zirkus: Das Los der Löwen in Gefangenschaft

Die Zeiten, als Löwen für zoologische Gärten, Menagerien oder Zirkusse gefangen werden mußten, sind lange vorbei. Heute besteht im Gegenteil ein Überschuß von in Gefangenschaft gezüchteten und für diese Zwecke viel besser geeigneten Löwen. In einigen zoologischen Gärten geht die Zahl der dort geborenen Löwen inzwischen in die Hunderte. Es besteht also wirklich kein Bedarf, Löwen der freien Wildbahn zu entnehmen, um sie zur Schau zu stellen.

Sieht man von den wenigen zoologischen Gärten ab, die den Löwen eine einigermaßen artgerechte Haltung bieten, dann ist die Zur-Schau-Stellung von Löwen ein entwürdigender Umgang mit diesen großartigen Tieren. Ein Zirkuslöwe, der auf das Kommando eines Peitschenknalls von einem grell bemalten Podest über einen inmitten von Sägespänen Männchen machenden Eisbären hinwegspringen muß, wird nicht nur als Löwe, sondern auch als Mitgeschöpf unserer Erde verunglimpft. Der oft vorgegebene erzieherische Wert solcher Darbietungen kann nur darin gesehen werden, daß sich ein Dompteur selbst darstellt und ein großes, leidensfähiges Tier nur als Instrument zur Wahrnehmung kommerzieller Interessen benutzt.

XXI.

Großwildjagd auf Löwen

Ein besonderes Kapitel stellt die Trophäenjagd auf Löwen dar. Die offenbar ernst gemeinten Behauptungen aller Trophäenjäger, Tiere mit ganzer Seele zu lieben und die Krönung dieser Liebe in deren gewaltsamem Tod und dem Erbeuten ihrer Trophäen zu sehen, können wir auf keiner Ebene verstehen. Wir möchten diese in unseren Augen geradezu absurde Begründung deshalb auch nicht in diesem Buch diskutieren. Die biologischen Folgen der Trophäenjagd für den Löwen sind auch nicht Gegenstand dieses Buches. Löwen aus Lust am Töten oder aus Freude an der Beute, aus Liebe zum Tier oder irgendwelchen anderen, aus der Sicht unserer heutigen Moralvorstellungen primitiven Motiven überhaupt zu töten, lehnen wir allerdings mit äußerster Intoleranz ab.

Der Löwenforscher Schaller konnte in der Serengeti und in den angrenzenden Gebieten in Tansania eine ganze Anzahl von Löwen über viele Jahre individuell identifizieren. Er gab ihnen Namen oder bezeichnete sie nach fortlaufenden Nummern. 1973 wurde außerhalb der Grenzen des Serengeti-Nationalparks in Nordtansania der Löwe Nr. 57 von einem Großwildjäger getötet. Der keineswegs zu Sentimentalitäten neigende Schaller (76) schreibt dazu:

> »Ich weiß, daß ein Landrover oder vielleicht auch ein Toyota nahe an sie heranfuhr und anhielt. Ein Mann mit einem Gewehr stieg aus in der Annahme, das Gesetz damit nicht zu übertreten. Die Löwenmänner hatten keine Angst vor Autos, und auch ein Mann zu Fuß bewirkte bei ihnen nur Unbehagen. Vielleicht standen sie auf, um zu überwachen, was da geschah. Vielleicht schleppten sie sich auch nur schwerfällig ein bißchen weiter, um an einem anderen Platz ihr Ruhen fortzusetzen. Auf jeden Fall schmetterte ein Geschoß den Löwen Nr. 57 zu Boden. Der Jagdveranstalter sandte mir die Ohrmarke, das war eine großzügige Geste. Ich barg die silberne Ohrmarke mit furchtbarer Trauer in meiner Hand. Ich hätte den Löwen Nr. 57 lieber in meiner Erinnerung behalten, wie er durch die riesigen Grasflächen und die unermeßliche Weite seines Königreichs zog. Nun habe ich sein Bild vor mir, wie er an die Wand genagelt ist, aus Glasaugen herunterstarrt, mit entblößten Zähnen, dabei demütig flehend.«

So ähnlich, wie Schaller das Geschehen in einfachen Worten schildert, ohne Großwildjäger zu verunglimpfen, werden das alle seelisch gesunden Menschen empfinden. Nicht als König der Tiere, nicht als ästhetisch schönes Tier, nicht als von der Ausrottung bedrohte Art, sondern als gleichberechtigtes Mitgeschöpf rührt uns das Schicksal des Löwen Nr. 57 an. Schaller kannte die näheren Umstände des Todes dieses Löwen nicht. Vielleicht mußte sich das Tier zusätzlich quälen. Vielleicht konnte der Löwe Nr. 57 verstümmelt vorübergehend entkommen und seinem Peiniger das zusätzliche, »den ganzen Mann fordernde Nachsuchen« bescheren. Vielleicht saßen die Fangschüsse aber auch besser? Vielleicht kürzten sie die Pein ab? Schaller spricht nicht über das Leid der zurückgebliebenen Rudelgenossen, obwohl er weiß, daß sie den Verlust ihres langjährigen Bruders ähnlich empfinden wie wir Menschen, wenn uns ein nahestehender Verwandter oder Freund stirbt. Auch die Unruhe des Rudels bei unvorhergesehenen Änderungen der Sozialstruktur bleibt in seinem Bericht unerwähnt.

XXII.

Wildlife-Management – und was es für die Löwen bringt

Es werden heute vielfältige Anstrengungen unternommen, um dem Löwen als Art das Überleben in unserer immer enger werdenden Welt zu garantieren. Noch gibt es in Afrika eine nicht einmal geringe Anzahl von Löwen, die außerhalb von Schutzgebieten leben. Mit zunehmender Dichte der menschlichen Besiedlung werden sie jedoch alle schon in wenigen Jahrzehnten vertrieben, gewaltsam getötet oder ausgehungert sein. Wenn eine kleine Anzahl Löwen in einem räumlich sehr begrenzten Gebiet lebt, können sie sehr gefährdet sein. Krankheit, Parasitenbefall, unerwartete klimatische Veränderungen können eine solche Population auslöschen oder so stark dezimieren, daß es Jahre dauert, bis die Verluste ausgeglichen sind. Außerdem werden derart isolierte Bestände schnell unter dem fehlenden Austausch von Erbmaterial anderer Löwengruppen leiden. Solange noch Wanderungen aus dem nicht geschützten Gebiet oder von anderen Schutzgebieten durch dieses hindurch möglich sind, besteht diese Gefahr nicht. Aber bei fortschreitender Landnahme der stark wachsenden Bevölkerung ist sie in wenigen Jahrzehnten überall in Afrikas Schutzgebieten unvermeidlich.

Hinzu kommt, daß es in Afrika kaum einen Nationalpark oder ein Reservat ohne Wildlife-Management gibt. Der Mensch greift unaufhörlich ein, um die Kopfzahlen der Tiere auf jenes Maß zu trimmen, das ein paar Wildschutzleute für richtig halten. Dabei wissen sie ebensowenig wie wir, welche Kopfzahlen für die einzelnen voneinander abhängigen Tierarten in einem begrenzten Gebiet natürlich sind. Die Zahlen werden am grünen Tisch festgelegt, und danach werden dann die Bestände »reguliert«. Vielfach – besonders im südlichen Afrika – geschieht das mit Pulver und Blei. In einem so großen Gebiet wie dem Krüger-Nationalpark in der Südafrikanischen Republik, aber auch in anderen Schutzgebieten des südlichen Afrika ist der Abschuß von zahlreichen Tierarten aus Gründen der Regulation so sehr zur Gewohnheit geworden, daß darüber kaum noch nachgedacht wird. Das populärwissenschaftliche Löwen-Buch des Südafrikaners Smuts (86) beweist, in welchem Umfang dort bereits Management durch Abschüsse zur nicht mehr hinterfragten Selbstverständlichkeit geworden ist. Kritik am Ausmaß des praktizierten Managements ist auf jeden Fall angebracht (29).

Abschuß und Manipulation einer Tierart auf eine bestimmte Kopfzahl wird im südlichen Afrika *culling* genannt. Es geschieht in guter Absicht. Aber der Nachweis der Unbedenklichkeit für dieses *culling* wird nicht geführt. Wir lehnen es deshalb strikt ab (29). Durch die Methode des *culling* drastisch verkleinerte Löwenbestände erholen sich ganz ungewöhnlich schnell durch Einwanderung aus Gegenden mit großer Löwendichte und durch fortpflanzungsbiologische Anpassung der Löwenpopulation. Es werden mehr Löwen geboren, es überleben mehr Jungtiere, das durchschnittliche Lebensalter steigt, die Sterberate sinkt. Als Folge davon muß das *culling* verstärkt, es müssen also noch mehr Löwen abgeschossen werden, falls die Ziele des Wildlife-Managements nicht neu bestimmt werden. »Die Beziehungen zwischen Raubtieren und ihren Beutetieren ist heikel und komplex«, gibt Smuts (86) zu. Beim *culling* von Löwen steigt aber die Anzahl der Halberwachsenen schnell an, die dann mehr fressen als alte Löwen und damit keineswegs den schonenden Erfolg für ihre Beutetiere bieten, den die Veranlasser des *culling* erhoffen.

Wenn sogar aus dem südlichen Afrika – auch in bezug auf Löwen – berichtet wird, das *culling* sei praktisch, ethisch und ästhetisch nicht vertretbar (45), so ist das zwar einsichtsvoll, jedoch nur ein Lippenbekenntnis und daher unzureichend. Denn der erbbiologische Aspekt ist dabei überhaupt nicht berücksichtigt, und zwischen dem *culling* und den von Menschenhand ungestörten ökologischen Verhältnissen klafft eine riesige Wissenslücke. Wir haben kein gesichertes Wissen über die noch so gut gemeinten und theoretisch plausibel erscheinenden Grundüberlegungen des eingreifenden Managements in die Bestände frei lebender Mitgeschöpfe. Es wird erst gehandelt und dann – viel später, wenn die Folgen erkennbar werden – nachgedacht.

Von wenigen Ausnahmen abgesehen, in denen der Mensch das Gleichgewicht in der Natur massiv durcheinandergebracht hat, besitzt die Natur eine außergewöhnliche Fähigkeit zur Selbstregulation. Allerdings kann diese für den Umfang der Löwenbestände bedeuten, daß sich die Kopfzahlen vieler Tierarten dramatisch ändern. Es kann auch ein natürliches Regulativ sein, daß viele Löwen verhungern. Sosehr das einen Tierfreund bekümmern mag, ist dieses natürliche Regulativ doch das auf lange Sicht sicherste und harmloseste für die Erhaltung der Population. Mit großer Wahrscheinlichkeit hat es in den natürlichen Beständen der Pflanzen und Tieren immer sehr langwellige zyklische Schwankungen gegeben, die sich oft über Jahre oder Jahrzehnte erstreckten. Heutiges Management geht nach dem Kalender. Die auf das Kalenderjahr rein theoretisch berechneten Bestandszahlen müssen stimmen. Darauf zielt Wildlife-Management ab – ob das mit den natürlichen Fluktuationen eines Ökosystems übereinstimmt oder nicht.

Der Versuch, eine zu große Löwenpopulation medikamentös, mit einer Art Antibabypille zu regulieren, ist wissenschaftlich sicher interessant, kann das Problem aber langfristig nicht lösen. So hat man in der Etoschapfanne geschlechtsreife Löwinnen betäubt, gefangen und ihnen ein empfängnisverhütendes Medikament in den Körper eingepflanzt(4, 56). Solange dieses wirksam war, bekamen die Löwinnen keine Jungen. Diese erzwungene Unfruchtbarkeit konnte rückgängig gemacht werden durch Entfernung des Medikaments und durch Abklingen der eisprunghemmenden Hormonwirkung. Auf diese Weise wird das Erbgut der vorübergehend von der Fortpflanzung ausgeschlossenen Tiere erhalten. Das ist sicherlich eine bessere Methode als das Totschießen. Dennoch wird oder würde eine langfristig durchgeführte geplante künstliche Empfängnisverhütung als unnatürliche Maßnahme auf lange Sicht für die Löwen Nachteile bringen.

Ganz anders ist die Situation der an anderer Stelle (s. S. 18) erwähnten letzten Indischen Löwen im Ghir-Forest zu beurteilen. Diese letzten Zeugen ihrer Art können nur noch durch intensives menschliches Management überleben und sind vollständig darauf angewiesen, daß der Mensch ihren Schutz übernimmt, für ihre Nahrung und Tränke sorgt und die Bestände im Zweifelsfall auch reguliert.

Schutzgebiete müssen natürlich vor dem Eindringen menschlicher Haustiere bewahrt werden. Im Masai-Mara-Nationalreservat in Südkenia war im Jahre 1991 vielen Masaifamilien wegen schlechter Weideverhältnisse die politisch motivierte Konzession gemacht worden, ihre Herden vorübergehend ins Reservat zu bringen. Die Folgen des Eindringens von Tausenden von Rindern war nach unseren Beobachtungen (30) für viele wilde Tierarten, besonders für die Löwen, schwerwiegend. Wir haben beobachtet, daß sich die Zusammensetzung uns langjährig bekannter Löwenrudel dramatisch veränderte. Tiere, die nicht bei ihrem Rudel waren, wurden durch zwischen sie und den Rest ihrer Familie getriebene Rinderherden für Tage getrennt und in Nachbarterritorien abgedrängt, wo sie von den dort beheimateten Artgenossen verprügelt und vertrieben wurden. Löwen wurden von Masai verfolgt, verletzt und innerhalb des Reservats getötet. Die natürlichen Beutetiere der Löwen wurden als Nahrungskonkurren-

ten der Rinder rein passiv vertrieben und wanderten fort. Seßhafte Pflanzenfresser als Ausweichbeute der Löwen wurden ihres angestammten Wohngebietes beraubt, weil dort vorübergehend Masai-Siedlungen und Krale für deren Rinder errichtet wurden.
Die äußeren Lebensbedingungen für die Löwen wurden also erheblich verschlechtert. Rudelstrukturen wurden zerstört, Junge kamen nicht auf die Welt, und ein Jahr später – die Masai waren schon lange fortgezogen – war die Ordnung in den Sozialstrukturen der Löwen dieses Gebietes immer noch nicht wiederhergestellt. Dieses Beispiel mag dafür stehen, wie empfindlich jahrelang stabile Ökosysteme durch den Menschen gestört werden können. Dabei war das Argument der Masai, »es ist doch Gras genug vorhanden«, vordergründig betrachtet richtig. Theoretisch hätten auch Tausende von Rindern von dem Gras leben können, das sonst Gnus, Zebras, Gazellen, Leier-, Kuhantilopen und Büffeln vorbehalten war. Die hier aufgezeigten Sekundärfolgen wurden aber nicht bedacht, wenn immer wieder die scheinbar beruhigende Feststellung getroffen wurde, es sei Gras genug für alle, für Wildtiere und Rinder, vorhanden.
Wir sind davon überzeugt, daß man der natürlichen Selbstregulation weit mehr vertrauen kann, als den Maßnahmen des von Menschen erdachten Managements. Der vernünftigste Weg, allzu starke Bestandsschwankungen zu dämpfen, besteht in der Vergrößerung und Ausweitung, aber auch Neuschaffung von Schutzgebieten. Dies kommt ganz besonders einer Tierart wie den Löwen zugute, die einen großen Raumbedarf hat, weil sie auf große Bestände von Beutetieren angewiesen ist. In Nationalparks und Reservaten haben die Löwen so lange eine Überlebensgarantie, wie diese Gebiete genügend groß sind und auch Lebensraum für genügend Beutetiere der Löwen bieten. Aber wie lange bestehen diese Voraussetzungen noch und in wievielen Parks und Reservaten? Möge es niemals so weit kommen, daß wir unseren Kindern oder Enkeln sagen müssen: »In Afrika lebten einstmals Löwen!«

Literaturverzeichnis

1 Alexander, R. McN. and G. M. O. Maloiy: Locomotion of African Mammals, in: Jewell, P. A. and G. M. O. Maloiy: The biology of large African mammals in their environment, Clarendon Press Oxford 1989

2 Anderson, C. J.: Reisen in Südwestafrika bis zum See Ngami, Leipzig 1858

3 Ansell, W. F. H.: A Multiple Kill by Lions and a Stolen Kill, Puku 5, 214–215 (1969)

4 Berry, H. H.: First catch your lion, Rössing Magazin 1983, 1–7, Rössing Uranium Ltd. Windhuk

5 Bertram, B. C. R.: Lion population regulation, E. Afr. Wildl. J., 1, 215–225 (1973)

6 Bertram, B. C. R.: Social factors influencing reproduction in wild lions, J. Zool. Lond. 17, 463–482 (1975)

7 Bertram, B. C. R.: Kin selections in lions and in evolution, in: Bateson P. P. G. & R. A. Hinde (eds.): Growing Points in Ethology, 281–301 Cambridge University Press, Cambridge 1976

8 Binford, L. zit. nach Johanson, D. und J. Shreeve: Lucy's Kind, Piper München, Zürich 1990

9 Bygott, J. D., B. C. Bertram and J. P. Hanby: Male Lions in large Coalitions gain reproductive advantages, Nature, London, 282, 839–841 (1979)

10 Caraco, T. and L. L. Wolf: Ecological determinations of group sizes of foraging lions, Am. Nat. 109, 343–352 (1975)

11 Clark, C. W.: The lazy adaptable lions: a Markovian model of group foraging, Anim. Behav. 35, 361–368 (1987)

12 Cooper, S. M.: Optimal hunting group size: the need for lions to defend their kills against loss to spotted hyaenas, Afr. J. Ecol. 29, 130–139 (1991)

13 Cullen, A.: Window onto Wilderness, East African Publishing House Nairobi 1969

14 Dennis, A.: Cats of the world, Constable & Co, London 1964

15 Dorst, J. und P. Dandelot: Säugetiere Afrikas, Parey Hamburg und Berlin 1970

16 Elliott, J. P., I. McT. Cowan and C. S. Holling: Prey capture by the African lion, Can. J. Zool. 55, 1811–1828 (1977)

17 Eloff, F. C.: On the predatory habits of Lions and Hyaenas, Koedoe, 7, 105–112 (1964)

18 Eloff, F. C.: Lion predation in the Kalahari Gemsbok Nationalpark, J. Sth. Afr. Wildl. Mgmt. Ass., 3, 59–63 (1973)

19 Eloff, F. C.: The ecology and social behavior of the Kalahari lion, in: Eaton, R. (ed.): The world's cats, World Safari Winston Oregon 1973

20 Ewer, R. F.: The carnivores, Weidenfeld and Nicolson London 1973

21 Fosbrooke, H. A.: The stomoxys plague in Ngorongoro, E. Afr. Wildl. J., 1, 124–126 (1965)

22 Forster, B. and D. Kearney: Nairobi Nationalpark Game Census 1966, E. Afr. Wildl. J., 5, 112–120 (1967)

23 Gittleman, J. L.: Carnivore body size: Ecological and taxonomical correlates, Oecologia, 67, 540–554 (1985)

24 Gittleman, J. L. Carnivore Group living, in: Gittleman, J. L. (ed.): Carnivore Behavior, Ecology and Evolution, Comstock Publishing Associates Cornell University Press, Ithaca New York 1989

25 Grzimek, B.: Grzimeks Tierleben Band I, Kindler Zürich 1969

26 Guggisberg, C. W. A.: Simba, the life of the lion, Howard Timmins Cape Town 1961

27 Guggisberg, C. A. W.: Wild cats of the World, Taplinger New York 1975

28 Hagen, H.: Raubtiere Afrikas, Landbuch Hannover 1984

29 Hagen, H.: Zur Situation der Wildlife Conservation in Afrika, Natur und Landschaft 67 (2), 62–65 (1992)

30 Hagen, H. und W. Hagen: Masairinder überschwemmen das Masai-Mara-Nationalreservat in Kenia, Fotografie draußen, 22 (3), 36–37 (1991)

31 Hagen, W. und H. Hagen: Was Tiere sich zu sagen haben, Rasch und Röhring Hamburg 1991

32 Haltenorth, Th. und H. Diller: Säugetiere Afrikas und Madagaskars, BLV München, Bern, Wien 1977

33 Hanby, J. P. and J. D. Bygott: Emigration of subadult lions, Anim. Behav., 35, 161–169 (1987)

34 Hausfater G. and S. B. Hrdy (eds.): Infanticide: comparative and evolutionary perspectives, Aldine, 31–42 New York 1984

35 Hendrichs, H.: Lebensprozesse und wissenschaftliches Denken, Verlag Karl Alber Freiburg – München 1988

36 Hoof, J.A.R.A.M. van: zit. bei Schaller 1972 a. a. O.

37 Howland, H. C.: Optimal strategies for predator avoidance: the relative importance of speed and manoeuvrability, J. theor. Biol., 47, 333–350 (1974)

38 Hrdy, S. B.: Male-male competition and infanticide among the Langurs (Presbytis entellus) of Abu, Rajasthan, Folia primatol. 22, 19–58 (1974)

39 Hrdy, S. B.: Infanticide among animals, Ethology and Sociobiology, 1, 13–40 (1979)

40 Jackman, B. und J. Scott: The Marsh Lions, Elm Tree Books Ltd. London 1982

41 Kingdon, J.: East African Mammals, Bd. IIIA, Academic Press London, New York, San Francisco 1976

42 Kleiman, D. G. u. J. F. Eisenberg: Comparisons of Canide and Felide social systems from an evolutionary perspective, Anim. Behav., 21, 637–659 (1973)
43 Koenig, W. D.: Coalitions of male lions: making the best of a bad job, Nature, 293, 413 (1981)
44 Kruuk, H.: The spotted Hyaena, The University of Chicago Press, Chicago – London 1972
45 Kruuk, H. und M. Turner: Comparative Notes on Predation by Lion, Leopard, Cheetah and Wild Dog in the Serengeti Area, East Africa, Mammalia, 31, 1–27 (1967)
46 Kühme, W.: Weggewohnheiten bei Löwen, in: Hediger, H.: Die Straßen der Tiere, Vieweg & Sohn Braunschweig 1967
47 Leyhausen, P.: Verhaltensstudien an Katzen, Parey Hamburg Berlin 1975
48 Lorenz, K.: On aggression, Methuen & Co. London 1963
49 Macdonald, D. W.: The ecology of carnivores social behaviour, Nature, London, 301, 379–384 (1983)
50 MacNaughton, S. J.: Ecology of a grazing ecosystem: the Serengeti, Ecol. MKonogr. 55, 259–295 (1985)
51 Makacha, S. and G. B. Schaller: Observations on lions in the Lake Manyara National Park, E. Afr. Wildl. J., 7, 99–103, (1969)
52 Mallory, F. F. und R. J. Brooks: Infanticide and other reproductive strategies in the collarded lemming (Dicrostonyx groenlandius), Nature, 273, 144–146 (1978)
53 Mazak, V.: The Barbary Lion, Panthera leo leo (Linnaeus 1758), some systematic notes, and an interim list of the specimens preserved in European Museums, Z. Säugetierk., 35, 34–45 (1970)
54 Mitchell, B. L., J. B. Shenton and J. C. M. Uys: Predation on large mammals in the Kafue National Park, Zool. Africana, 1, 297–318 (1965)
55 Mohnot, S. M.: Some aspects of social changes and infant killing in the Hanuman Langur, Presbytis entellus (Primates: Cercopithecidae) in Western India, Mammalia, 35, 175–198, 1971
56 Orford, H. J. L., M. R. Perrin and H. H. Berry: Contraception, reproduction and demography of free-ranging Etosha lions (Panthera leo), J. Zool., 216, 717–733 (1988)
57 Orsdol, K. G. van: Lion predation in Rwenzori Nationalpark Uganda, PhD Thesis, Univ. Cambridge 1981
58 Orsdol, K. G. van: Ranges and food habits in Rwenzori National Park Uganda, Symp. Zool. Soc. Lond., 49, 325–340 (1982)
59 Orsdol, K. G. van: Foraging Behaviour and Hunting Success of Lions in Queen Elizabeth National Park, Uganda, Afr. J. Ecol., 22, 79–99 (1984)
60 Orsdol, K. G. van, J. P. Hanby und J. D. Bygott: Ecological correlates of lion social organisation (Panthera leo), J. Zool. (Lond.) 206, 97–112, (1985)
61 Owen, M. und D. Owen: Cry of the Kalahari, Houghton Mifflin Boston 1984
62 Packer, C.: The ecology of sociality in felides, in: Rubenstein, D. J. and R. W. Wrangham (eds.): Ecological Aspects of Social Evolution, Princeton University Press Princeton 1986
63 Packer, C. and A. E. Pusey: Cooperation and competition within coalitions of male lions: kin selection or game theory?, Nature, 296, 740–742 (1982)
64 Packer, C. and A. E. Pusey: Male takeovers and female reproductive parameters: a simulation of oestrus synchronicy in lions, Anim. Behav., 31, 334–340 (1983)
65 Packer, C. and A. E. Pusey: Intrasexual cooperation and the sex ratio in African lions, Am. Nat. 130, (5), 636–642 (1987)
66 Packer, C. and A. E. Pusey: Infanticide in carnivores, in: Hausfater G. and S. B. Hrdy (eds.) Infanticide: comparative and evolutionary perspectives, Aldine, 31–42 New York 1984
67 Packer, C. and L. Ruttan: The evolution of cooperative hunting, Am. Nat., 132, 159–198 (1988)
68 Packer, C., D. Scheel and A. E. Pusey: Why lions form groups: food is enough, Am. Nat., 136, 1–19 (1990)
69 Pienaar, U. de V.: Predator-prey relationships amongst the larger mammals of the Kruger National Park, Koedoe, 12, 108–178 (1969)
70 Pusey, A. E. and C. Packer: The evolution of sex-based dispersal in lions, Behav., 101 (4), 275–310 (1987)
71 Pusey, A. E. and C. Packer: Philopatry and dispersal in lions, Behaviour, 101, 275–310 (1987)
72 Räder, W.: pers. Mitt. 1991
73 Rudnai, J. A.: The social life of the lion, MTP Lancaster England 1973
74 Rudran, R.: Adult male replacement in one-male troops of purple-faced langurs (Presbytis senex senex) and its effect on population structure, Folia primatol., 19, 166–192, (1973)
75 Sadleir, R. M. F.: The ecology of reproduction in wild and domestic mammals, Methuen London 1969
76 Schaller, G. B.: Life with the king of beasts, Nat. Geogr., 135, 494–519 (1969)
77 Schaller, G. B.: The Serengeti lion, University of Chicago Press, Chicago and London 1972
78 Schaller, G. B.: Serengeti Kingdom of Predators, William Collins Sons, London, Glasgow, Sidney, Oakland, Toronto, Johannisburg 1973
79 Schaller, G. B. and G. R. Lowther: The relevance of carnivore behavior to the study of early hominids, Southwest J. Anthropology, 25, 307–341 (1969)
80 Scheel, D. and C. Packer: Grouphunting behaviour of Lions: a search for cooperation, Anim. Beh., 41, 697–709 (1991)
81 Schenkel, R.: Play, exploration and territoriality in the

wild lion, Symo. zool. Soc. London 18, 11–22 (1966)
82 Schenkel, R.: Zum Problem der Territorialität und des Markierens bei Säugern am Beispiel des Schwarzen Nashorns und des Löwens, Z. Tierpsychol. 23, 593–626 (1966)
83 Selous, F.: African nature notes and reminiscences, Macmillan London 1908
84 Smithers, R. H. N.: The mammals of the Southern African Subregion, University of Pretoria, Pretoria 1983
85 Smuts, G. L.: Population characteristics and recent history of Lions in two parts of the Kruger Nationalpark, Koedoe 19, 153–164 (1976)
86 Smuts, G. L.: Lion, Macmillan, Johannesburg 1982
87 Smuts, G. L., J. Hanks and J. G. Whyte: Reproduction and social organisation of Lions from Kruger National Park, Carnivore, 1, 17–28 (1978)
88 Smuts, G. L., G. A. Robinson and I. J. White: Comparative growth of wild male or female lions (Panthera leo), J. Zool. Lond. 190, 365–373 (1980)
89 Stander, P. E. and J. Stander: Characteristics of Lion roars in Etosha National Park, Madoqua, 15 (4), 315–318 (1988)
90 Starfield, A. M., P. R. Furness and G. L. Smuts: A model of lions population dynamics as a function of social behavior, in: Fowler, C. W. und T. D. Smith: Dynamics of large mammal

200 Seiten, durchgehend
4farbig illustriert
geb. mit Schutzumschlag

320 Seiten, durchgehend
4farbig illustriert
geb. mit Schutzumschlag

350 Seiten
s/w illustriert
geb. mit Schutzumschlag

215 Seiten
davon 8 Seiten
4farbig illustriert
geb. mit Schutzumschlag

240 Seiten
durchgehend s/w illustriert
und 8 Seiten farbig illustriert
geb. mit Schutzumschlag

184 Seiten
durchgehend farbig
und s/w illustriert
geb. mit Schutzumschlag

400 Seiten
mit zahlreichen
s/w Abbildungen
geb. mit Schutzumschlag

200 Seiten
durchgehend farbig
illustriert
geb. mit Schutzumschlag

224 Seiten
durchgehend farbig
illustriert
geb. mit Schutzumschlag

144 Seiten
durchgehend s/w
illustriert
geb. mit Schutzumschlag